Japanese Expressions
일본어표현연구방법론

김원호 지음

UUP

일본어표현연구방법론

2008년 1월 19일 재판 인쇄
2008년 1월 29일 재판 발행
2001년 8월 30일 초판 발행

지은이 | 김원호
발행인 | 정정길
발행처 | UUP(울산대학교출판부)

출판등록 | 제 370-1996-000001호(1996.3.13)
주소 | 680-749 울산광역시 남구 대학로 102(무거동) 울산대학교
전화 | (052) 259-2488
팩스 | (052) 277-3011
편집·표지 디자인 | 지미정·김수연

값 15,000원

ISBN 978-89-7868-137-7

머리말

나는 어릴 적부터 그다지 많은 문학작품을 읽어본 적이 없다. 나의 게으름탓이기도 하지만 입시의 굴레 속에서 차분히 문학작품이나 동화집을 읽어본 적이 없었다는 말로 변명해도 괜찮을 듯하다. 그런데 중1때 마음먹고 몇 권의 문학작품을 읽어 본 적이 있는데, 특히 그 중 외국 문학인 「15少年의 표류기」가 그 하나이다. 어린 시절 상당히 호기심과 탐험심을 가졌던 것으로 기억된다. 그런 것을 보면 그만큼 나는 책읽기를 좋아하지 않았던 것 같다.

대학에 입학한 후 신문, 잡지에 실려있는 지적인 내용들이 나의 대학생활을 지탱하게 해 주었던 것 같다. 예를 들면, 신문 속에 실려있는 시사내용이나 연재소설 내용은 그렇다 치더라도, 심금을 울리는 명 칼럼, 사회에 경종을 울리는 사설, 시론 등 좋은 내용들을 열심히 정독한 것 같다. 그리고 한편으로는 이러한 우리말의 문장을 내 나름대로 이리저리 음미하면서 분석해 보기도 했다. 그래서 아름다운 우리말의 매력에 더욱 심취했던 것 같다.

나는 늘 언어학에 흥미가 많다. 특히 이웃 나라 말 「일본어」에 무척 관심을 가지게 되었고, 어떻게 하면 「한국어와 일본어」를 잘 연구할 수 있을까하는 생각이 늘 머리 속에 남아있었다. 어느 때는 일본어 어휘를 '가나' 순으로 나열하고 그 뜻풀이를 하여 알기 쉽게 설명해 보는 작업이 재미있을 것 같았다. 또는 우리 나라의 유명 문학작품을 수십 권 선별하여 그 속에 표현되어 있는 아름다운 어휘나 보석 같은 어구들을 골라 '가나다' 순으로 나열하여 음미해 보고 싶을 때도 자주 있었다. 때로는 우리말과 일본어를 비교 대조해 봄으로써 새로운 어학적 연구 분야를 추출해보고 싶을 때도 있었다.

본서는, 「일본어의 의미와 표현」에 관한 연구방법서이다. 「표현」이라고 하면, 화자(話者)의 입장에서 본 용어이다. 수없이 발화(発話)되고 수없이 들리는 언어의 소리를 듣고 있노라면, 우리말이든 영어든 일본어든 모두 같은 언어의 이치일 것이라 생각된다. 특히 일본어 표현은 우리말과 너무 유사하여 더욱 오묘한 외국어라 생각한다.

본서에서는, 먼저 「意味」와 「類義語」의 개념을 설명하고, 다음으로 일본어의 다양한 표현에 대하여 몇 가지로 나누어 설명해 보았다. 주로 문말에서 발화되는 것들에 한하여 고찰해 보았는데 助動詞 내지는 助動詞類(소위 複合辞)의 것들이 대부분이다. 본서에 서술된 것 이외에도 수많은 표현들이 있겠지만 그 중에서 중요하게 생각되는 것, 집중적으로 연구해 볼 가치가 있는 것, 또는 연구시 문제점으로 제기할 수 있는 것들을 실었다.

본 연구서는, 오랫동안 일본어를 연구하는 자의 입장에서, 또는 가르치고 있는 입장에서 쓴 것이다. 1991년 가을 울산대학교 일문과에 부임한지 올해가 정확하게 10년이 되는데, 그 동안 「일본어의미론」 「일본어 표현론」을 강의하면서 연구하고 기획한 것이다. 평상시 일본어를 배우고 연구하는 자를 위하여 뭔가 눈에 띄는 명쾌한 연구방법서가 없을까 고민하던 차에, 이번에 준비해 둔 자료를 분석 정리하여 출간하게 되었다.

대학에서 전공이 무엇이든 일본어에 관심이 있는 학생, 또는 현장에서 일본어를 가르치는 교육자 등 누구라도 일목요연하게 소화해 낼 수 있는 연구지침서로 보면 좋을 것 같다. 나아가 어학에 관심이 있는 분이라면 누구라도 쉽게 부딪쳐 보고 싶은 책이 될 것으로 본다. 특히 학부, 대학원에서 논문을 준비하는 학생이라면 더욱 권장하고 싶다. 왜냐하면, 해설한 내용이 「일목요연하게」 정리되어 있어 연구에 대한 의욕도 생길 것으로 생각하기 때문이다.

특히, 본 연구에 사용한 용례문들은, 어휘의 의미와 표현성을 명료하게 분석하기 위하여 다양한 참고문헌에서 보편타당성(普遍妥当性) 있는 좋은 예문을 채록하는데 심혈을 기울였다. 하나 하나의 표현에 대하여 본서의 논리방식으로 연구해 보면 효과적인 연구 방법이 되지 않을까 생각한다.

아직 미진하고 부족한 부분이 많지만 여러분들의 많은 조언과 질책을 바라마지 않는다. 본서가 발간되기까지 많은 분들에게 도움을 청하였는데 일일이 기명하지 않기로 한다. 다시 한번 이 기회를 빌어 고마운 마음을 전하면서 본 대학 출판부장님과 편집부 여러분들에게도 감사를 드린다.

2001년 7월 1일

무거동 寓居에서　저 자

일러두기

1. 본서의 구성은, 「1장 意味」「2장 類義語」「3장 말의 意味」「4장 表現別 類型研究」의 네 장으로 되어 있다.
2. 「4장 表現別 類型研究」는, 편의상 와타나베 미노루(渡辺実)의 「助動詞의 二種三類語順」 規則을 바탕으로 순서를 배열하였다. 즉, 각각의 조동사의 活用有無, 活用形의 完備 不完備에 따라 「行か・せ・られ・た・そうで・なかっ・たろ・う」와 같이 相互間의 承接順位를 갖추고 있다는 이론에 근거한다. [상세한 내용은, 渡辺実의 『国語構文論』(1971.9, 塙書房, 113~141頁)을 참조 바람]
3. 본서에 사용하는 일본어의 각 품사와 활용형의 명칭은, 편의상 다음과 같이 약어(略語)로 표시하기로 한다.

가. 품사의 약어

名詞 ⇒ N

動詞 ⇒ V

5단활용동사	⇒ 5단v	上1단활용동사	⇒ 上1v
下1단활용동사	⇒ 下1v	か行変格동사	⇒ くる
さ行変格동사	⇒ する		
自動詞	⇒ 自v	他動詞	⇒ 他v

形容詞 ⇒ A

形容動詞 ⇒ Av

助動詞 ⇒ 助v

나. 活用形의 약어

基(基本形)	未(未然形)	用(連用形)
体(連体形)	終(終止形)	仮(仮定形)
命(命令形)	已(已然形)	

4. 본문 속에 있는 〔**문제제기**〕의 표시는, 특히 연구의 「대상」이 될 수 있고 저자가 평상시 의문시되어 연구할 「가치」가 있는 것을 말하며, 연구자에게 큰 도움이 될 것으로 본다.
5. 본서의 각 표현마다 실려있는 〈**참고문헌**〉은, 연구자를 위하여 「単行本」과 「論文」으로 구분하였고 가능한 한 출판일자 순으로 배열해 두었다. 다시 「単行本」에는 「기본서」 「심화서-1」 「심화서-2」로, 「論文」은 「기본논문」 「심화논문-1」 「심화논문-2」로 나누어, 연구내용을 점점 심화시켜 연구에 편리를 도모하였다.
   ⇒ A.<기본서> <기본논문> : 「해당 표현 연구」에 대하여 가장 기본적이고 중요한 참고자료이다. 반드시 정독(精読)할 필요가 있는 문헌을 말한다.
   ⇒ B.<심화서-1> <심화논문-1> : A의 참고문헌보다 한층 심화(深化)된 내용으로 연구에 큰 도움이 될 수 있는 문헌을 말한다.
   ⇒ C.<심화서-2> <심화논문-2> : B의 참고문헌보다 더욱 전문적이며 심화된 자료라 할 수 있으며, 고전어(古典語)에 대한 연구문헌이 대부분이다.
6. 한국어와 일본어의 <색인>란을 별도 설정하여, 해당 어휘 및 의미·표현에 관한 주제어를 찾아보기 쉽도록 최대한 배려하였다.
7. 본문의 모든 용례문에는 「한글해석」을 해두어 韓·日対照比較에 도움이 되도록 하였다. 단, 용례문의 해석은 원문내용을 최대한 정확하게 전달하기 위하여 경우에 따라 직역에 가깝게 한 것도 있음을 부언해 둔다.
8. 본문에 사용한 〈**용례문의 참고문헌**〉은 다음과 같다.
   ⇒ 본문에 사용한 해당용례에는 「약어」로 그 출전(出典)을 마지막에 명기하였으며, 숫자는 그 용례가 소재한 페이지를 표시한다. 그리고, 표현의 상황 및 의미·용법을 정확히 설

정하기 위하여 문학소설 · 신문 · 잡지류 등에서도 참고하기로 한다. (단, 소설 · 신문 · 잡지류는 출전을 「약어」로 하지 않고 그대로 밝히기로 한다. 또한, 용례문의 수집이 여의치 않을 경우 임의로 용례를 들고 부호 *로 표기하기로 한다.)

〈용례문의 참고문헌〉

- 출판일자 순 -

辞典・事典・理論書 類 **[약어]**

・国立国語研究所 報告3 (1951),『現代語助詞・助動詞 - 用法と実例 -』, 秀英出版 ⇛ [語研]
・吉田金彦(1971),『現代語助動詞の史的研究』, 明治書院 ⇛ [史的]
・文化庁(1973. 8),『外国人のための基本語用例辞典』, 大蔵省印刷局 ⇛ [文化庁]
・市川保子(1977),『日本語誤用例文小辞典』, 凡人社 ⇛ [誤用]
・阪田雪子・倉持保男(1980), 教師用日本語教育ハンドブック④『文法2』- 助動詞を中心にして -, 国際交流基金 ⇛ [国際]
・日本語教育学会(1982),『日本語教育事典』, 大修館 ⇛ [教育]
・大阪外国語大学 朝鮮語研究会編(1985. 8),『朝鮮語大辞典(上)』, 角川書店 ⇛ [朝鮮-上]
・＿＿＿＿＿＿,『朝鮮語大辞典(下)』, 角川書店 ⇛ [朝鮮-下]
・北村孝一 (1987.10),『世界のことわざ辞典』, 東京堂出版 ⇛ [ことわざ]
・北川千里・井口厚夫(1988),『外国人のための日本語例文・問題シリーズ8 - 助動詞 -』, 荒竹出版 ⇛ [日本語]
・森田良行・松木正慧(1989),『日本語表現文型』, アルク ⇛ [表現]
・中村明(1989),『感覚表現辞典』, 6版, 東京堂 ⇛ [感覚]
・安田吉実・孫洛範(1991),『民衆엣센스 日韓辞典』, 3刷, 民衆書林 ⇛ [엣센스]
・林史典・つるおか昭夫(1992.2),『15万例文・成句 現代国語用例辞典』, 教育社 ⇛ [現代]
・森田良行(1994),『基礎日本語辞典』, 角川書店(『基礎日本語』1,2,3의 合本) ⇛ [基礎]
・小島義郎・竹林 滋・中尾啓介(1996),『Lighthouse Japanese English Dictionary』, 研究社 ⇛ [Lighthouse]
・生田目弥寿(1996.1),『現代日本語表現文典』, 凡人社 ⇛ [文典]
・グループ・ジャマシイ 編(1998.2),『日本語表現文型辞典』, くろしお出版 ⇛ [文型]
・山岸勝営・外多数(2000.1),『スーパー・アンカー和英辞典』, Gakken ⇛ [スーパー]

日本語教材 類 **[약어]**

- 国際学友会(1957),『日本語読本巻一』 ⇒〔学友-読1〕
- ＿＿＿＿＿(1955),『日本語読本巻二』 ⇒〔学友-読2〕
- Japanese Language Promotion Center(1970),『INTENSIVE COURSE IN JAPANESE : Elementary』 DIALOGUES and DRILLS Part 1 ⇒〔Intensive-初-1〕
- ＿＿＿＿＿(1970), 上同, Part 2 ⇒〔Intensive-初-2〕
- ＿＿＿＿＿(1980), 上同, intermediate ⇒〔Intensive-中〕
- 早稲田大学 語学教育研究所 (1967),『外国学生用 日本語教科書 初級』 ⇒〔早稲-初〕
- ＿＿＿＿＿(1972),『外国学生用 日本語教科書 中級』 ⇒〔早稲-中〕
- 水谷修・水谷信子(1977),『An Introduction to Modern Japanese』, The Japan Times ⇒〔Modern〕
- 東京外国語大学外国語学部附属 日本語学校 (1979),『日本語 II』, 凡人社 ⇒〔日本語 II〕
- 筑波大学 日本語教育研究会(1983),『日本語表現文型 中級 I』, 凡人社 ⇒〔筑波-中-1〕
- ＿＿＿＿＿(1983),『日本語表現文型 中級 II』, 凡人社 ⇒〔筑波-中-2〕
- 国際交流基金(1986),『日本語初歩』, 改訂3刷, 凡人社 ⇒〔初歩〕

목차

제1장 意味

1.「意味」의 의미

「意味」란 무엇인가?

말에는 일정한 의미가 있고, 하나 하나의 말에는 그 고유의 형(形)과 의미를 갖고 있다. 어형(語形)과 어의(語義)를 겸비함으로써 단어가 될 수 있는 것이며, 어형은 음성 또는 문자의 형태를 말하고 어의는 그 형태가 없는 것이라 말할 수 있다.

「愛」라는 일본어 단어의 예를 들어보자. 이 말은「ai」라고 발음하되,「あい」로 표시하게 되면 문자에 지나지 않는다.「愛」그 자체는「あい」의 의미가 될 수 없는 것이다.

「意味」에 관한 정의는 일반적으로 쉽게 규정하기 어렵다. 언어에서의「의미」는, 외적인 음성형식에 의해 나타나는 심적 내용을 말한다.[1] 사회적 또는 역사적으로 보아 일정한 음성형식이란, 일정한 의미를 가지고 있으며 그것에 의해 커뮤니케이션이 이루어진다. 동적으로 표현하고 이해하는 것 자체가 언어이든 정적으로 사용하는 기호가 언어이든 간에, 언어에는 다같이「음성적인 외적 형식」과「정신적인 심적 내용」이 있다. 이러한 심적 내용을「意味」혹은「意義」(meaning)라고 부르고 그 문자는 음성의 2차적 기호라 할 수 있

---

1) 松村 明(1981),『日本文法大辞典』, 明治書院, 34~35頁

다. 심적 내용만을 직접 나타내는 1차적 기호의 경우에는「부호」로서의 역할밖에 수행하지 못한다.

그러므로, 언어에 관계하는「意味」또는「意義」는, 언어형식에 의해 나타나는 것이어서 심적 현상 일반을 말하는 것도 아니며 표현되는 외계(外界)의 대상 그 자체를 말하는 것도 아니다. 음성 형식을 통하여 그 심적 내용을 추정하고 연구하는 학문이 언어학 분야에서「意味論」이라 할 수 있다.

「의미」자체가 순수하게 정신적인 현상이기 때문에 심리학이나 철학이 대상이 되어 서로 연관되어 연구가 진행되는 것이다. 또한 사회적이고 역사적인 관습으로 볼 때, 의미의 실질적 연구가 필요하므로 民俗学・民族学・社会学・歴史学 등과도 관련이 깊다고 볼 수 있다.

의미의 특징의 하나로「文體」나「文化」와 관련되어 있는 것이 많이 보인다.

우리말에 다음과 같은 표현을 예로 들어보자.

영수가 병원에 입원했어예. 다리가 절단 났어예.

이 표현에서「절단 났어예」는 잘못 들으면 크게 오해할 수 있는 말이 된다. 왜냐하면 경상도 지방에서만 사용되는 말로서「다리를 다쳤다」는 뜻이다.「다리가 잘렸다」는 끔직한 말은 아니다. 또한「한오백년 살자구나」라는 말도 우리생활에 널리 사용되는 관용적인 표현이며, 최근「썰렁하네」「쫀쫀하네」「통크게 (삽시다)」라는 말도 많이 사용하고 있다. 이것은 속어적인 표현으로 젊은이나 어른이 많이 사용하는 일종의 위상어(位相語)인 것이다. 일본어에도「まじで!」「すげえ!」「ありばば」[2] 등 수많은 표현들이 사용되고 있다.

2)「ありばば」는,「早稲田大学から高田馬場駅まで歩いていくこと」라는 의미의 대

그리고「性別」이나「年齢」에 의하여 그 특징을 찾아 볼 수 있는데, 일본어의 경우,「うらめやましい」「ウルウル」「チョバチョブ」등의 표현은, 나이와 남녀성별에 따라 적당한 뉘앙스의 차이를 풍기면서 사용되는 말이기도 하다.3)

더욱이, 한일 양국어에서의 구문적인 특징도 비교해 볼 필요가 있다. 우리말의「혹시」「어쩌면」이라는 부사는, 문말 술어에「～ㄹ지 모른다」등 불확실함을 나타내는 말과 함께 나타난다. 마찬가지로 일본어에서도 진술부사「もしかしたら」「ひょっとしたら」는 반드시 문말 술어에「かもしれない」를 동반하면서 호응관계를 보이고 있다. 이는 의미의 관점에서 유사한 점으로 매우 흥미로운 현상이 되기도 한다.

학가의 말이다. 이외「朝一」(아침1교시 수업),「院試」(대학원 시험),「演博」(西早稲田大campus5号館内),「切る」(학점탈락) 등 많은 어휘가 조사되어 있다.(『早稲田大学キャンパス言葉辞典』, 1997. 1.31, 早稲田大学文学部国語学研究班編에서)

3)「うらめやましい」는,「うらめしい」와「うらやましい」의 混交語로 어떤 일이「부러워서 아니꼽다」는 뜻의 여성어이고,「ウルウル」는 어떤 일이「자기 생각대로 되지 않았을 때」말하는 여성어이다. 또「チョバチョブ」는, 1996년에 유행했던「超バッド超ブルー」의 약어로「굉장히 기분이 나쁠 때」사용하는 コギャル語이다. 그러나 지금은 이러한 말은 그다지 사용되지 않는다.

⇒ 和代「優子, 誕生日に彼に指輪もらったらしいわ」
増美「ほんまに? もらってんちゃうん?」
和代「うん, こないだもらった」
増美「<u>うらめやましい</u>わ」

⇒ 直子「なあなあ, この前のテストどうやったん?」
香代子「<u>ウルウル</u>。もうぼろぼろ」

⇒ みゆき「他にまだあるの?」
ともみ「それがまだあって−, 車に水かけられてさ−, スカートびしょぬれで− <u>チョバチョブ</u>だよ」(米川明彦,『若者ことば辞典』, 1997, 東京堂, 32, 33, 140頁 참조)

2.「意味」의 분석

언어에 있어서 의미를「어휘적 의미」와「문법적 의미」로 분석하는 일이 있다.[4] 예를 들면,「象は鼻が長い」「鼻が赤い」「鼻を高くする」,「歴史は長い」「李氏朝鮮の歴史」등의 음성 형식에는 공통의「鼻」「歴史」라는 어휘적 의미가 있다. 또한「電車がこんでいる」「電車が早い」「電車が来る」등과 같이 음성 형식에서는「電車」는 다같이「주어」의 의미로 사용되고 있으며,「遊びに行く」「買い物に行く」「つりに出かける」에서 조사「に」는 동작의「목적」으로 사용되는 문법적인 의미를 발견할 수 있다.

그리고, 언어의 사회적이고 역사적인 관습에서 보면, 일반적이고 항상적(恒常的)인 성격, 장면적・개인적 응용으로써 특수적・임시적 성격이 있으므로 의미에도「일반적 의미」와「특수적 의미」로 구별하게 된다.

예를 들면,「愛には友愛, 性愛, 宗教的愛, 人間愛がある」에서와 같이 일반적인「사랑」(愛)이 있는가 하면,「愛は涙の種」(사랑은 눈물의 씨앗)와 같이 상대적으로 특수할 뿐 아니라 비유적인 느낌을 나타내는「사랑」의 표현도 있다.

또,「雨」라는 음성표현을 생각해 보자. 이 표현은, 다양한 장면과 억양에 따라 여러 가지 희로애락(喜怒哀楽)의 감정을 나타내는 재미있는 표현이 되기도 한다. 즉,「雨」는 비를 애타게 기다리는 농부에게는 기쁨이 될 수 있지만, 수재민들에게는 노여움으로 바뀔 수 있는 말이 되기도 하는 것이다. 또한, 하염없이 내리는 빗 속의 연인들의 이별 장면에서도 비는 뭔가 아쉬움과 슬픔을 나타내기도 한

---

4) 이 경우,「어휘적인 의미」는「辞書的 意味」「ものごと的 意味」라고도 하고,「문법적인 의미」는「機能的 意味」「構造的 意味」라고 하여 분석하기도 한다.(松村 明(1981), 前掲書, 35頁)

다. 뿐만 아니라 비를 소재로 한 아름다운 팝송('Rhythm Of The Rain' 등)을 듣고 있노라면 뭔가 오묘한 즐거움과 정감 어린 기분을 자아낼 수 있는 표현이 되는 것이다.

이와 같이 「임시적 의미」는, 어휘적이고 문법적인 의미와는 다르게 생각해야 할 것이다.

3. 「意味論」의 연구대상

「의미론」이란, 한마디로 말하면, 의미의 조직적인 연구를 말한다. 언어학에서는 「의미론」을 심리학, 사회학, 철학 등 주변 학문과 함께 연구하고 있는데, 다음과 같이 몇 가지로 나누어 연구의 대상으로 하고 있다.

1) 통사적(通史的) 의미의 변천 연구

하나의 어휘가 역사적으로 어떻게 변천하여 사용되었는지 추적 조사하는 것을 「의미론」에서 연구할 수 있다. 여기에서는 조동사 「(ら)れる」의 의미가 어떻게 변천되었는지 예를 들어 고찰해 보기로 하자. 이 어휘에는 「受身」「自発」「可能」「尊敬」의 의미가 있는 것은 주지의 사실이다. 문법 연구 초기에 야마다 요시오(山田孝雄)는 그 의미의 변천에 대하여 다음과 같이 서술하고 있다.[5)]

> 이 말은 「受身」을 근본으로 하고 있으며 거기에서 일전(一転)하여 自然勢, 能力, 다음에 敬意의 순으로 전개되었다. 즉, 「自発」「可能」의

5) 山田孝雄(1936. 5), 『日本文法学概論』, 宝文館, 316~319頁 (여기에서는 알기 쉽게 요약 설명하기로 한다.)

> 의미가 「受身」으로부터 변천된 것에 대하여, 그 세력이 일어나는 本源이 대자연의 세력에 있으며 인간은 대자연에 유순하기 때문에 「自発」의 의미로 転移되었다. 이 自然勢에서 再転하여 文의 주체에 어떤 능력이 있다는 뜻에서 「가능」의 의미를 발생시켰다. 그리고 어떤 사람에게 능력이 있다는 것은, 그 사람이 優越한 지위에 있으므로 崇敬의 마음이 생성된 것이다.

특히 이 말은, 上代에는 거의 보이지 않고 上世 즉, 平安時代의 일본 最古소설 『竹取物語』(858년경)에서 처음으로 보인다. 사용빈도를 보면, 「受身」 15, 「自発」 2, 「可能」 3, 「尊敬」 11로 다양하게 사용되고 있었다.[6]

이와 같이 언어의 과거의 모습에 대한 의미의 변천과정을 추적·분석하는 것으로서 의미론에서 연구할 수 있을 것이다.

2) 어휘의 의미분류(意味分類) 연구

어휘에는 하나의 의미만 있는 것도 있지만 대부분 다양한 의미로 분류할 수 있다.[7] 하나의 예로, 양태의 조동사 「そうだ」의 의미를 상정하여 분류해 보면, 이해가 쉬울 것이다.

먼저, 「そのまんじゅうはおいしそうだ」의 예를 보면, 「そうだ」표현은 화자(話者)가 자기 앞에 놓여진 만두를 직접 먹고 맛을 확인한 것은 아니지만, 「외견으로 판단」해 보면 「충분히 그와 같은 성질이나 상태가 인정됨」을 나타내고 있는 것이다. 또한 「このコップは倒れそうだ」의 「そうだ」와 같이, 화자가 그 장면의 상황을 「그렇게 되기 직전의

---

6) 金原鎬(1990. 11), 「「お～になる」型と「れる」型敬語考」, 『日本学報』第25集, 韓国日本学会, 269～287頁

7) 대표적인 의미분류 연구서로, 国立国語研究所 報告3(1951)의 『現代語の助詞・助動詞』(秀英出版)를 들 수 있다.

상태」로 받아들이는 표현이라 할 수 있다. 더욱이 「この仕事は今日中終わりそうだ」 표현과 같이 현재의 상황을 근거로 해서 「무언가 실현될 가능성이 충분히 있음」을 나타내기도 한다. 마지막으로 「暑い時だから、生ものは避けたほうがよさそうだ」에서 「そうだ」 표현은, 장면의 상황이나 과거의 경험 등을 근거로, 극히 「주관적으로 뭔가를 추측하는 것」을 나타내고 있는 것이다.

이와 같이 「そうだ」 표현에 대하여 의미를 분류해 보았다. 이외 「ようだ」 「らしい」 등의 조동사에도 다양한 의미가 내재되어 있어 이를 연구의 대상으로 하여 최근 많은 논문이 발표되고 있다.[8)]

이와 같이, 대부분 하나의 어휘는 여러 가지 의미로 분류 가능한데, 이 범주를 의미론에서는 가장 중요한 연구 대상으로 본다.

3) 언어지리학적인 의미의 분포(分布)와 변화(変化) 연구

먼저, 한국어의 경우를 생각해 보면서 「의미분포」에 대하여 설명하기로 하자.

「잠자리」라는 곤충은, 지역적으로 「부리」나 「오다리」 등 다르게 호칭하고 있다. 채소의 일종인 「부추」라는 말도 지방에 따라 「정구지」라는 말을 사용하고 있다. 그리고, 상대방에 대한 동의(同意)의 표현인 「그렇습니다」라는 말을 「그러니-더」라는 사투리로 사용하는 지역도 있다. 또한 「저 놈이」라는 말을 「작-것이」라 하고, 「쌀을 사러 간다」를 「쌀을 팔러간다」와 같이 역으로 사용하는 지방도 있다.

---

8) · 菊地康人(2000. 6), 「「ようだ」와 「らしい」」, 『国語学』 51巻1号, 国語学会
· 金 原鎬(1993. 8), 「「ようだ」와 「らしい」의 表現考」, 『晩光朴熙泰教授停年退任 紀念論叢』, 紀念論叢刊行委員会, 85~115頁

마찬가지로 일본어의 경우에도 이러한 어휘를 많이 찾아 볼 수 있는데 그 중「恐ろしい」의 어휘에 대해서 보면, 일본 전국에 걸쳐 지역에 따라「OKKANNAI」「OTOROSITA」「KOWAI」등 다양한 형태로 분포되면서 사용하고 있는 것을 본다.9)

이와 같이, 언어 지리학적으로 지역에 따라 다르게 사용하고 있는 현상에 대하여 연구하는 분야이기도 하다.

4) 사회적인 커뮤니케이션 속의 의미 전달(伝達)과 변용(変容) 연구

한국어의 경우, 한 때 라디오·TV 등 매스컴에서 다음과 같은 말이 유행했던 적이 있었다.

> 창밖에 비가 오는 것 같아요.(초등학생)
> 이 가게 피자 맛이 먹어보니까 맛있는 것 같아요.(중학생)
> 선생님말씀이 옳은 것 같아요.(고등학생)
> 앞으로 계획이 있으실 것 같은데.(방송앵커)10)
> 올바른 행동이라 생각되어 집니다.
> 무엇보다 정당한 방법이라 여겨집니다.
> 반드시 합격할 것으로 믿어집니다.

와 같이「~같아요」「~생각되어 집니다」「~여겨집니다」「~믿어 집니다」등 Syndrome이다.

특히「~같아요」표현은, 완곡적으로 나타내려는 겸양표현의 한

---

9) 国語学会(1981),『国語学大辞典』, 東京堂 (부록의『日本言語地図』참조)

10) TV방송의 여자앵커의 말 가운데에는「~같아요」표현을 3분 동안 무려 20번 가까이 사용하고 있는 경우도 있다. (조선일보, 1983, 11. 29)

방법이기도 하지만, 화자자신의 말에 대하여 화자가 책임을 지지 않으려고 하는 표현이 되기도 한다. 그러나, 이 표현은 한창 이치를 따져야 할 나이인 청소년시기에, 선악(善惡)을 구별해 보려는 것이 아니라 책임회피식 사고를 조장하여 자기도 모르는 사이에 이성적 사고(理性的思考)가 감퇴되기 쉽다. 또한 사물을 피상적으로 보고 깊은 생각 없이 직감적으로 쉽게 행동하게 되는데, 이 표현을 되풀이 사용하게 되면 어른이 된 뒤에도 불투명한 태도나 무사안일주의에 빠지기 쉽게 된다고 본다.

이러한 표현은, 아마 다음과 같은 要因에서 발생됐을 것으로 판단된다.

첫째, 학생들이 겪고 있는 입시문제가 대부분 객관식으로 되어 있어 그것에 너무 익숙해져 있기 때문이고, 둘째, 「~같다」「~같이」「~생각되어집니다」「~여겨집니다」「~믿어집니다」 등과 같이 언어의 구사가 쉽기 때문일 것이다. 셋째, 현시대야말로 불확실한 시대로, 사회구조도 복잡하여 언어에도 영향을 끼치고 있기 때문일 것이다. 넷째, 외국어로부터 영향을 받았을 것이다. 예를 들면, 영어의 「He seems to be rich」의 「seem」 표현방법에서나 일본어의 「ようです」「~信じられます」「~思われます」「~考えられます」 등의 표현으로부터 영향이 아닌가 추측할 수 있다.

이러한 현상에서 보듯이, 사회적인 커뮤니케이션 속에서 언어의 의미 전달과 변화에 대하여 연구하는 분야도 「의미론」에서 다루어지는 것이다. 이와 같이 「의미론」은, 그 연구 분야가 폭이 넓고 다양함을 알 수 있다.

제2장 類義語

1. 「類義語」의 분류

일본어의 「類義語」는, 의미의 유사성이라는 관점에서 보면 의미가 완전히 같은 「同義語」와 그 이외의 「類義語」로 나눌 수 있다. 동의어를 보면, 「もみじ」와 「こうよう」, 「祖先」과 「先祖」, 「古里」와 「故郷」「故里」, 「大水」와 「洪水」와 같이 꽤 많은 유의어가 있지만 유의어 전체에서 보면 매우 적은 편이다.

일본어에서 동의어 이외의 「類義語」 사이에서 볼 수 있는 「의미적 관계」는, 다음과 같이 분류할 수 있다.

1) 한 쪽이 다른 쪽에 포함되는 것

예를 들면, 자주 사용하는 어휘인 「当たり」는, 의미의 범주가 꽤 넓다. 그러나, 「命中」「百発百中」는 너무나 의미가 한정되어 있어 「当たり」의 범주안에 포함된다. 이것과 비슷한 것으로 「出る」와 「出かける」, 「上がる」와 「止む」, 「みつける」와 「発見する」 등과 같이 후자가 전자에 포함되는 관계에 있는 유의어를 말한다.

2) 부분적으로 겹치는 것 

예를 들면, 「試験」과 「テスト」에서 같은 의미를 나타내는 경우도 있지만, 학생들의 학습성과를 측정하는 「試験」과, 일반적인 시험 내지는 실험을 뜻하는 「テスト」와 같이 한 쪽에서는 다르게 생각할 수 있는 것도 있다. 비슷한 예를 들면, 「つくえ」와 「テーブル」, 「操り返す」와 「反復する」, 「あがる」와 「のぼる」, 「鍛える」와 「磨く」 등이 있다.

3) 겹치지 않는 것 

주로 학술용어로 사용되는 경우에 많이 보인다. 확실하게 구분하여 사용할 경우에는 문제가 없지만, 일상생활에서 느슨하게 사용할 경우에는 구분이 애매한 경우가 많다. 즉 「単語」와 「語彙」, 「文節」과 「文段」, 「駐車」와 「停車」, 「音韻」과 「音声」, 「軽震」과 「弱震」 등을 들 수 있다.

4) 文体와 語種에 관련된 것

이상과 같이 형식적인 대응관계도 있지만, 이외에 「文体」 「語種」에 의한 유의어의 대립을 들 수 있다.

① 먼저, 「文体」의 면에서 보면 「道路」와 「道」, 「建造物」와 「たてもの」와 같이, 일반적으로 「文章語」는 「日常語」 보다 큰 것 또는 훌륭한 것을 가리키는 경향이 있다. 동작을 나타내는 유의어를 보더라도, 「転居する」와 「運搬する」는 「引っ越しする」와 「運ぶ」에 비해 상대적으로 대규모적이다. 또한 「保護する」와 「交渉する」는, 각각 「まもる」와 「かけあう」에 비해 훨씬 公的인 의미를 나타내는 것으로 사용되기도 한다.

② 그리고, 단어의 「語種」면에서 보면, 일반적으로 「外来語」는 欧美의 풍을 나타내는 경우가 많다. 그것에 비해, 「和語」 「漢語」는 일본 在来의 풍을 나타내고 있다. 즉, 「ドレス」와 「着物」, 「ケーキ」와 「菓子」, 「エース」와 「主戦投手」, 「マーケット」와 「市場」, 「パスする」와 「合格する」 등 형식이 서로 대립하고 있음을 보여주고 있다.

이것과 비슷한 형식으로, 현대적인 감각과 고풍스러운 감각을 느끼게 하는 유의어의 대립도 볼 수 있다. 「映画」와 「活動写真」, 「旅館」과 「やどや」, 「バス」와 「乗合自動車」 등을 보면, 전자는 모두 현대적인 느낌을 풍기는 반면에 후자는 모두 오래된 느낌을 풍기는 유의어라 할 수 있다.

2. 「類義語」의 연구와 문헌

「유의어」에 관한 사전은, 지금까지 여러 권 출판되어 있다. 주된 것을 발행순서대로 나열하면 다음과 같다.

志田義秀・佐伯常麿(1909), 『日本類語大辞典』, 講談社
津村清史(1910), 『同意語二十万辞典』
広田栄太郎・鈴木棠三(1955), 『類語辞典』, 東京堂
徳川宗賢・宮島達夫(1972), 『類義語辞典』, 東京堂
白石大二(1972), 『文章辞典』, 帝国地方行政学会
広田栄太郎 外二人(1972), 『文章表現辞典』, 東京堂
吉田精一(1973), 『新修類義語用例辞典』, 集英社
日本大辞典刊行会編(1974), 『日本国語大辞典』, 小学館
武部郎明(1979), 『新用字用例辞典』, 教育出版

그러나, 이들은 모두 유의어를 그저 모아 놓았을 뿐 의미의 차이에 대해서는 설명하고 있지 않기 때문에, 본격적인 유의어사전이라고는 말하기 어렵다. 거기에 배열된 단어도, 지금은 많이 사용되지 않는 생소하고 어려운 어휘들이 적지 않다. 예를 들면, 「心」의 항목에 「心情」「心気」「心意」 외에 「心神」「心胸」「心魄」「方寸」「心府」「肝胆」 등이 있고, 「待つ」라는 항목에는, 「期待」이외에 「期望」「渴迎」 등의 어휘가 배열되어 있어 실용적이지 못할 뿐 아니라 사용빈도가 극히 적다. 또한 의미 분류의 관한 문헌으로,

国立国語研究所 報告3 (1951), 『現代語の助詞・助動詞 — 用法と実例 —』, 秀英出版

와 같은 것이 있다. 이것은 조사 조동사 하나 하나의 의미를 많은 용례와 더불어 분류해 놓은 것이다. 특히 그것에 실려있는 용례문은, 朝日新聞・文芸春秋 등 1년간(1949년 4월～1950년 3월)의 신문 잡지 34종을 대상으로 해서 그 중 임의의 쪽수를 선택해 48,000개의 자료를 채집하였는데, 그것을 의미・분류를 해 놓은 것이다.

그리고, 유의어사전으로 다음과 같은 意味分類体의 형식으로 구성되어 있는 연구서가 있다.

国立国語研究所 資料集6 (1964), 『分類語彙表』, 秀英出版

이것은 전체가 「1. 体の類」「2. 用の類」「3. 相の類」「4. その他」와 같이, 네 가지로 분류하고 있는데 「1. 体の類」는 다시,

1.1 抽象的関係
1.2 人間活動の主体
1.3 人間活動 — 精神および行為 —
1.4 生産物および用具
1.5 自然物および自然現象

과 같이 하위 항목으로 크게 나누고 있다. 또한,

1.520　宇宙・空

와 같이,「宇宙」「空」의 하위 항목에는 다시,

宇宙　　天地 乾坤
空　　大空 青空 虚空 … 天空 み空 …
　　上空 高空 低空 空中 天頂 …
　　……

와 같이 유의어를 배열하고 있다. 화자가 무언가 적당한 표현을 찾아 보고 싶을 때 간편하게 찾을 수 있고, 배열된 단어도 주로 기본어・현대어를 중심으로 되어 있어 편리하다. 그러나 여기에도 의미의 설명은 되어 있지 않아 아쉽다. 또,

新村 出(1955),『広辞苑』, 1版1刷, 岩波出版

와 같이, 일본에서 출간된 일반적인 일본어「国語辞典」들이 많이 있다. 이것은 이상적(理想的)인 사전임은 틀림이 없으나, 실제 유의어를 구분 사용하는데 이해하기 어려운 부분이 상당히 많다.

그리고, 사전 이외의 연구문헌으로,

国立国語研究所 報告28(1965),『類義語の研究』, 秀英出版

가 있는데, 이것은 처음으로 많은 유의어의 의미가 기술되어 있고, 유의어를 어떻게 구분 사용하고 있는지, 성별이나 연령차에 의해 어떠한 의미로 다르게 사용되고 있는지 자세히 조사되어 있다. 그렇지만 이것 또한 대중화되어 있지 않다.

그래서, 차츰 언어의 체계성이 강조되어 단어의 의미를 정확하게 규정하기 위하여「유의어간의 비교연구」가 필요하게 되었다. 그래서

吉田金彦(1971),『現代語助動詞の史的研究』, 明治書院
________(1973),『上代助動詞の史的研究』, 明治書院
________(1977),『国語意味史序説』, 明治書院
浅野百合子(1970-76),「類義語考4-12」『日本語教育研究』1-14号
森田良行(1977),『基礎日本語1』, 角川書店
________(1980),『基礎日本語2』, 角川書店
________(1984),『基礎日本語3』, 角川書店
________(1983),『日本語の表現』, 創林社
________(1994),『基礎日本語辞典』, 角川書店 (上記『基礎日本語』1,2,3의 合本)
国広哲弥(1982),『ことばの意味』, 平凡社選書73
日本語教育学会(1982),『日本語教育事典』, 大修館
松村 明(1984),『古典語・現代語 助詞助動詞詳説』, 学灯社, 5版
森田良行・松木正慧(1989),『日本語表現文型』, アルク

와 같은 연구가 발표되기도 했다.

더욱이 최근에는, 유의어에 대한 사용자의 구분사용(「使い分け」)의 입장에서 다음과 같은 사전이 출간되어 호평을 받고 있다.

大野晋・浜西正人(1985),『類語国語辞典』, 角川書店
藤原与一・磯貝英夫(1985),『表現類義辞典』, 東京堂
小学館辞典編輯部(1994),『使い方の分かる類語例解辞典』, 小学館
北原保雄・鳥飼浩二(1995),『同音語同訓語使い分け辞典』, 東京堂
芳賀桜・佐々木瑞枝(1998),『あいまい語辞典』, 東京堂
田忠魁・泉原省二・金相順(1998),『類義語使い分け辞典』, 研究社
グル-プ・ジャマシイ 編(1998.2),『日本語文型辞典』, くろしお出版

제3장
「말」의 意味

아래의 몇 가지 대화를 읽어보면서, 「말」에 대한 의미를 생각해 보기로 하자.

<대화–A>

男 それじゃ、あしたの五時ごろ、どこかで落ち合わなきゃね。場所はどこがいいかな。う-んと、大川町の山野会館知ってる?

女 ええ、知ってるわ。小学校のとなりの、大きなビルでしょ。二、三度行ったことあるの。

男 そりゃ、都合がいいね。あの会館を入ったところに階段があるんだけど。

女 ええ、ええ、あるわね。

男 あそこの階段の上がり口は、どう。

女 はい、はい。でも人で混雑するんじゃない。せまいところだし。

男 そんなにせまくないよ。だけど五時だと、ちょうど混雑する時間だな。四時にしようか。

女 ええ、いいわ。じゃ、あしたの四時、山野会館の階段のところね。おくれちゃだめよ。

남 : 그러면, 내일 다섯 시 쯤, 어디에서 만나야지. 장소는 어디가 좋을까?

응, 오오카와마치(大川町)에 있는 야마노(山野)회관 아냐?
여 : 응, 알고 있어, 초등학교 옆의 큰 빌딩이지? 두세 번 간 적 있어.
남 : 그럼 잘됐네, 그 회관을 들어가면 계단이 있거든.
여 : 응, 있어.
남 : 그 계단 올라가는 곳은 어때?
여 : 그래, 그래. 그런데 사람이 많이 붐비지 않니? 좁고 말이야.
남 : 그렇게 좁지 않아. 그런데, 다섯 시 같으면 바로 복잡한 시간이야. 네 시로 하지?
여 : 응 좋아, 그러면 내일 네 시, 야마노회관 계단이야. 늦으면 안돼.

위의 <대화-A>는, 약속시간은 「あしたの四時」 약속장소는 「山野会館の階段」에서 만나기로 하고 헤어졌는데 약속 당일 두 사람은 그 시간에 각각 서로 다른 계단에서 기다려 1시간이나 늦게 만났다는 일화이다.

이러한 해프닝에서 보듯이, 사람은 누구나 하나의 단어(여기서는 「階段」)를 사용할 경우 자기 나름대로의 경험했던 것과 결부시켜 말하기 때문에 서로 약속을 지키지 못하게 되는 결과를 낳게 된 것이다.

또한 다음과 같은 대화를 읽어보자.

<대화-B>

娘 パパ。あの犬、いい犬だねえ。
父 どれどれ。おお、あれかい。なるほど、いい犬だね。
娘 でしょう。ほんとにいい犬だわ。

娘 でしょう。ほんとにいい犬だわ。
父 うん、毛なみもみごとだし、ひきしまったスタイルしているし、りっぱなものだ。
娘 あたし、そんなこと言ってるんじゃないわ。かわいいって言っているのよ。ほら、あのマッシュルームみたいな鼻、ほらほら、あの目、ほしぶどうみたい。

딸 : 아빠, 저 개, 괜찮지 그지.
아버지 : 어디 어디. 아, 저 개. 진짜 괜찮은 개구먼.
딸 : 그렇지. 진짜 괜찮은 개야.

딸 : 그렇지. 진짜 괜찮은 개야 그지.
아버지 : 응, 털의 결도 좋고, 야무진 스타일하며 멋있네.
딸 : 아빠 난, 그런 걸 얘기하는 게 아니야. 귀엽다고 말하고 있는 건데. 저 봐, 버섯 같이 생긴 코하며, 또, 눈은 건포도 같잖아.

이와 같이 <대화-B> 의 내용을 보면, 「いい犬」가 자주 사용되고 있다. 아마도 아버지의 「いい犬」라는 표현은 「りっぱな犬」(멋있는 개)라는 뜻이고, 딸이 말한 「いい犬」는 「かわいい犬」(귀여운 개)라는 뜻인 것 같다. 이와 같이 실제 우리들의 언어생활에서는 「같은 말」을 다른 의미로 사용하면서 그 의미의 차이를 모른 채 대화가 끝나버리는 경우가 많이 있다.

<대화-C>

女児 パパ、「痛い」って、どんなこと。
父 う-ん、げんこつで頭をたたいてごらん。
女児 こう。
父 もっと強く、力いっぱいたたくんだよ。
女児 こう。— ア - ン、ア-ン、ア-ン。
父 それが、「痛い」さ。

여자아이 : 아빠, 「아프다」라는 게 뭐야.
아버지 : 음-, 주먹으로 머리를 때려 봐.
여자아이 : 이렇게 때리는 거야? (자기 머리를 때리면서)
아버지 : 더 세게, 힘있게 때리는 거야.
여자아이 : 이렇게. 앙-앙-앙-.

아버지 : 그게 「아프다」는 거야.

그리고, <대화-C>에서는, 아버지와 딸아이의 이야기이다. 딸에 대한 아버지의 이러한 행동은 있을 수도 없으며 어처구니없는 일이지만, 아픔(「痛い」)의 느낌을 딸이 직접 경험해봄으로써 알게 되는 것이다. 이런 식으로 말을 경험에 결부시키는 것, 그것이 「말」의 의미를 이해하는 것이다.

다음의 <대화-D>와 <대화-D′>의 장면을 생각해 보자.

<대화-D>

女 この間の旅行、楽しかったわ。
男 楽しいって、どんな楽しさだい。
女 景色はきれいだったし、食べ物はおいしかったし。
男 おいしかったって、何食べたんだい?
女 取りたてのたいのおさしみとか、えびだとか。
男 えびって、車えび? 伊勢えび?
女 あなた、いちいちうるさいのね。そんなにくわしく聞かなきゃ、分からないの。

여 : 며칠 전 여행, 즐거웠어.
남 : 즐거웠다니, 어떻게 즐거웠는데.
여 : 경치도 좋았고, 음식도 맛있었고.
남 : 맛있었다니, 뭘 먹었는데?
여 : 금방 잡은 도미회랑 새우 같은 것 먹었어.
남 : 새우라니, 구루마 새우? 왕새우 말이야?
여 : 너, 왜 그렇게 하나하나 따지면서 말하니? 그렇게 자세히 묻지 않으면 몰라?

<대화-D′>

女 この間の旅行、楽しかったわ。

男 海へ行ったんだってね。

女 そうなの。景色はきれいだったし、食べ物はおいしかったし。

男 そりゃよかったね。ぼくは山へ行ってさ。もうこのまま山に住んじゃおうかと思ったよ。

女 あら、そう。やっぱり自然はいいわね。

여 : 며칠 전 여행, 즐거웠어.
남 : 바다에 갔었다고?
여 : 그래, 경치도 좋고, 음식도 맛있었고.
남 : 좋았네 뭐. 나는 산에 가서 말이야. 그대로 산에서 살아 버릴까도 생각했어.
여 : 그래, 맞아! 역시 자연은 좋아.

먼저 위의 <대화-D>와 같이, 끈질기게 질문하며 하나하나 따지면서 대화하는 남자는 없을 것이다. 있다면 그 사람은 좀 이상한 사람으로 취급당할 것이다. 그러나, <대화-D′>의 대화법을 보면, 핵심적인 이야기만을 모아서 말하고 있기 때문에 훨씬 합리적이고 자연스럽게 들리기도 한다.

이와 같이, 우리들은 자기가 경험하는 일상 생활의 이야기에서,「중요한 것」만을 간추려 이야기하는 것, 그것이「말」의 의미인 것이다. 간혹 중요한 것만 대충 간추려 말하기 때문에 엉뚱한 오해를 일으킬 수도 있다. 그러나, 화자가 직접 관찰한 사실을 그 현장에 없었던 사람에게 이야기를 전해준다던가 느낀 것을 서로 이야기할 수 있는 것도,「말」의 의미를「대략적으로」말하기 때문에 가능하다고 할 수 있다.

이상과 같이, 몇 가지 <대화>를 분석해 보았는데 일단「말」에 대한 의미는 다음과 같이 정리할 수 있을 것이다.

「말」의 의미란, 개개인의 경험과 결부되어 개개인의 마음과 머리 속에 있는 것이지만 사람의 경험은 결코 같지 않고 같은 한사람의 경험이라도 매번 틀릴 것이다. 이와 같이, 「말」은 대략적으로 할 뿐 아니라 한사람 한사람의 경험과 결부된다. 「かわいい」「痛い」「楽しい」라는 말의 의미는, 사전에 적혀있는 것이 아니라 직접적인 경험과 결부되어 사람들의 마음속에 있는 것이다. 사전에서의 설명은, 단순히 생생한 경험을 일깨워 주기 위한 하나의 「실마리」로서 읽어보는 것이 좋을 것이다.

제4장 表現別 類型研究

1. 断定의 表現

· 定義

주개념(主概念)과 빈개념(賓概念)의 일치・불일치에 대한 판단을 나타내며, 지정표현(指定表現)이라고도 한다. 論理学의 繫辞(Copula)와 상통하며 표현형식에는, 「だ(です)」「~のだ」「~わけだ」「~ものだ」「~はずだ」「~にちがいない」「~にほかならない」「~にすぎない」 등이 있다.

[1] だ(です)

1. 주제로 「내세운 것」(「取り上げたこと」)에 대한 긍정적 판단표시.
   (어떤 것이 뭔가와 동등관계) ― 예①②

① 群衆をけしかけて暴動を起こさせた張本人(ちょうほんにん)が彼だ。〔現代、320、下〕
군중을 선동해서 폭동을 일으키게 한 장본인이 그 사람이다.

② 彼女の成功は、たゆまぬ努力の結果<u>です</u>。〔現代、323、中〕

그녀의 성공은, 방심하지 않는 노력의 결과입니다.

2.「だ」자신에 서술성 없는 체언이 접속하여 그 전체에 서술의 작용을 갖는다. (예③④)

③ 彼女は、肌触りのやさしい、感じのいい女性<u>だ</u>。〔現代、880、上〕

그녀는, 인상이 상냥하고 느낌이 좋은 여성이다.

④ 彼は司法試験に受かり、その上婚約も決って、両手に花<u>だ</u>。〔現代、888、上〕

그는, 사법시험에 합격하고 게다가 약혼도 하여 일거양득이다.

3.「です」「である」는,「だ」와 동일한 기능을 갖고 있으며 文体의 차이밖에 없다. (예⑤～⑧)

⑤ 親の口から言うのも何ですが、 娘はなかなかの美人<u>です</u>。〔現代、295、上〕

부모의 입장에서 말하는 것도 뭐하지만, 우리 딸은 상당한 미인입니다.

⑥ 左の絵は平安時代に描かれたもの、右の絵はずっと時代が下って江戸時代の作品<u>です</u>。〔現代、295、上〕

왼쪽 그림은 헤이안 시대에 그려진 것이며, 오른쪽 그림은 시대가 훨씬 지나 에도시대의 작품입니다.

⑦ 中学時代は、一人の人間の人格の形成という点で、実に重要な時代<u>である</u>。〔現代、315、中〕

중학교 때는, 한 인간의 인격 형성이라는 점에서 정말로 중요한 시기이다.

⑧ 彼はファション界で、新しいジャンルを開拓したデザイナーとして、世界的に有名である。〔現代、475、上〕
그는, 패션계에서 새로운 장르를 개척한 디자이너로서 세계적으로 유명하다.

4. 文末 술어의 경우「だ」「だった」「ではない」등은 独白的인 표현, 発話以前의 内的思考를 나타낸다. ―「書き言葉」에도 사용, 논설문에는「である」多用. (예⑨~⑫)

⑨ あの人は、思ってることをずけずけ言って、口は悪いけど根はいい人だ。〔現代、295、中〕
저 사람은, 생각하고 있는 것을 거침없이 내뱉어 입은 걸지만 천성은 좋은 사람이다.

⑩ 若さに任せて家を飛び出し、無一文で水ばかり飲んでいたこともあったが、今となってはそれもいい経験だった。〔現代、313、中〕
젊음을 믿고 집을 뛰쳐나와 무일푼으로 물만 마신 적도 있었지만, 이제 와서 보면 그것도 좋은 경험이었다.

⑪ 形勢が不利になったからといって、そう簡単に敵に屈するわが軍ではない。〔現代、298、中〕
형세가 불리하게 됐기 때문이라고 해서, 그렇게 간단히 적에게 굴복할 우리 군이 아니다.

⑫ この銅像は、祖国の独立のために戦った勇士たちを記念して建てられたものである。〔現代、612、下〕
이 동상은, 조국의 독립을 위해 싸운 용사들을 기념하기 위해서 세워진 것이다.

5.「話し言葉」에서는「だ」의 사용이 限定되어 있다. (남성이「同等者」「目下者」에게 사용하는데「ね」「よ」「わ」를 첨가하여 多用한다.) ― 예⑬～⑰

⑬ 頼む、頼むったって、だめなものはだめなのに、くどい人だねえ、きみは。〔現代、299、上〕
부탁해 부탁해 하는데, 안 되는 것은 안 되는데 끈덕지군 너는.

⑭ 理屈ばかり並べたてて、本当に口が減らない子だよ。〔現代、295、中〕
말만 늘어놓고 정말로 억지부리는 애야.

⑮ 彼はプレイボーイに見られているようだけど、案外純情(じゅんじょう)な男だよ。
그는 플레이보이로 보이고 있는 것 같지만 예상외로 순진한 남자다.

⑯ お父さんが亡くなって寂(さび)しいだろうが、辛抱(しんぼう)して生きていくんだわ。
아버지가 돌아가셔서 슬프겠지만 참고 살아가는 거야.

⑰「もう送って行くのはいやよ。なんともいえない気持だわ。」「ああ、今度は黙って帰るよ。」〔川端康成、『雪国』〕
「이제 전송 나가는 건 싫어요. 뭐라 말할 수 없는 기분인 걸요.」
「그래, 이번엔 아무말 않고 돌아갈께.」

6. 「종속구中」이나 「連用中止法」의 경우, 긍정적인 단정을 표현한다. (예⑱~㉓)

⑱ こんな山奥だが、電話も引いたし、残るは水道とガスだけだ。〔現代、917、中〕
이런 산 속이지만 전화도 끌어들었고, 남은 것은 수도와 가스뿐이다.

⑲ 天気予報では雪ということだったが、一夜明ければはたして一面の雪景色だ。〔現代、880、中〕
일기예보에서는 눈이 올 것이라 했는데, 날이 새니 역시 온통 눈풍경이다.

⑳ いいかげんなやつだから、自分の将来のことなどけし粒ほども考えていないようだ。〔現代、321、上〕
무책임한 놈이기 때문에, 자신의 장래의 일 따위는 눈꼽만큼도 생각하고 있지 않은 것 같다.

㉑ 父が作家志望の文学青年だったというのは、今日が初耳だ。〔現代、886、上〕
아버지가 작가지망의 문학청년이었다는 것은 금시초문이다.

㉒ 5日、大邱地方の日中の最高気温は37.7度で、例年の同日28.1度より9.6度、昨年の26.2度よりおよそ11.5度高かった。〔朝鮮-下、2299〕
5일, 대구지방의 하루중 최고기온은 37.7도로, 예년의 같은 날 28.1도보다 9.6도, 작년의 26.2도보다 약 11.5도 높았다.

㉓ 京都に行くといったのは漠然とそうしたいと思っただけで、計画を立てているわけではないんだ。〔現代、870、下〕

교토에 간다고 한 것은 막연히 가고 싶다는 생각뿐 계획을 세우고 있는 것은 아니다.

7. 事実 관계가 명확한 일은 문말 술어로 사용되는데, 동일판단이라고 기대할 수 없는 일은 「～と思う」 등을 첨가한다. ― 단정적인 여운을 부드럽게(「やわらげる」)하고 표현을 애매하게(「ぼかす」)한다. (예㉔～㉖)

㉔ 雪の京都は絶品だと聞いてはいたが、これほどすばらしい景色だとは思わなかった。〔現代、321、上〕

눈의 교토는 일품이라고 들었지만, 이 정도로 경치가 멋 질 거라고는 생각하지 못했다.

㉕ おしゃべりがすぎると、周囲から軽薄な人間だと思われるよ。〔現代、316、下〕

너무 수다스러우면 주위로부터 경박한 인간으로 보게 된다.

㉖ なまはんかな知識をひけらかしていると、みんなから軽い人間だと思われるよ。〔現代、918、下〕

어설픈 지식을 과시하면 모두가 가벼운 인간으로 본다.

8. 「AはBだ」「AがBだ」는 일반적으로 「A=B관계이다」 (형식적 → 단정판단, 실질적 → 比況의 「ようだ」와 동일) ― 예㉗～㉚

㉗ 若いうちが花だ。〔現代、888、上〕

젊을 때가 꽃이다.

㉘ 今度の失敗は、きみの忠告を無視した罰だ。〔現代、881、下〕

이 번 실패는, 너의 충고를 무시한 벌이다.

㉙ アメリカンフットボ-ルは、 力と力の激突がそのだいご味(み)だ。〔現代、320、上〕

미식축구는, 힘과 힘의 격돌이 그 묘미이다.

㉚ コレラは、 高熱と下痢とけいれんを伴う恐ろしい伝染病です。〔現代、318、中〕

콜레라는, 고열과 설사와 경련을 수반하는 무서운 전염병입니다.

9. 「A=B」의 경우, 두 가지의 의미로 설명 할 수 있다.

⇒ ・ぼくは130番のバスだ。*

(나는 130번 버스다.)

・私の大学は無去洞です。*

(나의 대학은 무거동입니다.)

・今度の試合は名誉挽回のチャンスだ。〔現代、903、上〕

(이번 시합은 명예만회의 찬스다.)

「ぼくが乗るバス」→「ぼく」
「34番のバスに乗ります」→「130番のバスだ」

「私の大学がある場所」→「私の大学」
「無去洞にあります」→「無去洞です」

「今度出場する試合」→「今度の試合」
「名誉挽回のチャンスにある」→「名誉挽回のチャンスだ」

로 각각 代用한다.

10. 「의문사」와 호응하여 「反語」 「의문」을 표현한다. (예㉛~㉝)

㉛ 弱い女や子供をいじめるなんて、何て恥知らずなやつだ。〔現代、874、下〕

약한 여자랑 어린이를 괴롭히다니, 얼마나 철면피인가!

㉜ 「何だ。何だ、言って見ろ。さあ こっちへ来て、みんなの前で言ってみろ。~」〔小島信夫、『小銃』〕

뭐, 뭐라구? 말해 봐. 자 여기 와서 모두들 앞에서 말해봐. ~

㉝ 「どうするんだ。」栄吉が聞くと、ちょっとまごつきながら私に竹を突きつけた。〔川端康成、『伊豆の踊子』〕

「어떻게 하자는 거냐?」 에이키치가 묻자 조금 망설이다가 나에게 대나무를 내밀었다.

11. 경멸・분노・자조 등의 기분으로 「反問」을 나타낸다.(예㉞~㊱)

㉞ 気がついていて黙っているなんて、あいつはほんとうにひどい男だ。〔現代、928、中〕

알고도 가만히 있다니, 저 놈 정말 대단해! - 경멸 -

㉟ なぜそんなに浮かぬ顔をしているんだい。〔Lighthouse、132〕

왜 그렇게 우울한 얼굴을 하고 있어? - 분노 -

㊱ 「何が落着いたものか。現に我々のところはどうだい。」大野は自嘲した。〔大岡昇平、『武蔵野夫人』〕

「뭐가 안정되어 있는가? 현재 우리들은 어떤가?」 오-노는 자조했다. - 자조 -

12.「이해」「납득」을 나타낸다. (예㊲～㊴)

㊲ ほんとうだ。10年前のラーメン屋さん今もあるわよ。*
정말이다. 10년 전 라면가게 지금도 있어.

㊳ 机の上に何冊も本を広げて、熱心に勉強している男が彼女の兄だ。〔現代、946、下〕
책상 위에 여러 권의 책을 펴놓고, 열심히 공부하고 있는 남자가 그녀의 오빠이다.

㊴ ゆうべ、三、四軒はしごをして、かなり遅くまで飲んだので、今朝は二日酔いだ。〔現代、875、中〕
어제 밤 3차 4차 겹치기로 늦게까지 술 마셔 오늘 아침은 숙취상태이다.

13. 의외의 결말에「어처구니없거나 실망」의 기분을 나타낸다. (예㊵～㊸)

㊵ 金のためなら何でもやるのか。なんて愚劣なやつだ。〔現代、307、下〕
돈을 위해서라면 무엇이라도 하는 건가. 이 얼마나 어리석고 못난 놈인가!

㊶ 本当にへそまがりなやつだ、西といえば東なんだから。〔現代、912、下〕
정말 심술쟁이야. 서쪽이라 하면 동쪽이라 하니.

㊷ 大人が手ぶらで、小さい子供に重い荷物を持たせるなんて、たまげた話だ。〔現代、633、下〕
어른은 빈손으로 어린아이에게 무거운 짐을 들게 하다니 깜짝 놀랄 이야기다.

㊸ 何だ、そんなことか。〔教育、380〕
뭐야? 그런거야.

14. 文節 뒤에 첨가하여 간투조사적으로 사용한다. (口語体)
→ 상대에게 타이르는(「強く言い聞かせる」) 기분을 나타내며 남성어에 한정하여 사용한다. (여성의 경우, 「です」로 사용) — 예㊹

㊹ まあ 待って。それでだね。あの時はだ、その達人に会ってさ、やあ楽しみとか言はれてだね、少しテレ気味になってゐたんだ。〔岸田国士、『驟雨』〕
기다려. 그래서 말인데. 그 때 말이야. 그 달인을 만나서 재미나는 이야기를 들어 약간 겸연쩍어 했어.

15. 連体形「な」는 体言을 직접 수식하지 않는다. (예㊺~㊼)
→「な+の(준체조사)」「な+のに(접속조사)」「な+の(종조사)」

㊺ これはぼくの大切な宝物なのだから、泥まみれの汚らわしい手で触らないでくれ。〔現代、319、中〕
이것은 나의 소중한 보물이니까, 흙투성이의 꾀죄죄한 손으로 만지지 말아줘.

㊻ 三年も前に見た映画なのに、その場面は今でもはっきり思い出すことができるのです。〔現代、894、下〕
3년 전에 본 영화이지만, 그 장면은 지금도 확실히 생각이 나요.

㊼ 春子 : 正子さん、朝日高校出身なんですって? 私もよ。
마사꼬, 아사히 고교 출신이라고? 나도 그래.

正子：へえ、春子さんも朝日高校出身なの。〔文型、464〕
그래? 하루꼬도 아사히 고교 출신이야?

16.「話し言葉」의 否定(「ではない」→「じゃない」) — 예㊽㊾

㊽ 一億もの人間が住んでいる国を治めるのは、ぼくたちが思うほどやさしいことではない。〔現代、299、中〕
1억이나 되는 인간이 살고 있는 나라를 다스리는 것은, 우리들이 생각하는 만큼 쉬운 일이 아니다.

㊾ 生兵法(なまびょうほう)はけがのもと、習いたての剣道の竹刀(しない)をやたらに振り回したりするんじゃないよ。〔現代、319、上〕
선무당이 사람 죽인다더니, 이제 막 배운 검도의 죽도를 멋대로 휘두르고 다니는 게 아냐.

[2] ～のだ

1. 준체조사「の」로 묶어 体言化하며 긍정적 단정표현「だ」로 받는다. (예①~③)

⇒ ① 地球は丸いのだ。 — ①′ 地球は丸い。
② 明日は大雪なのだ。 — ②′ 明日は大雪だ。
③ 今日は誕生日なのだ。 — ③′ 今日は誕生日だ。

2.「AはBだ」의 형식으로 대체(「置きかえ」)할 수 있으며 새삼 의심이 없는 사실로 확인한다. (예④~⑥)

④ 下は心配ないのですが、上の子のほうは私たちの苦労の種です。
〔現代、308、上〕
밑의 아이는 걱정하지 않습니다만, 위의 놈은 저희들의 고생덩어리입니다.

⑤ 大地と水と太陽の光、これらの自然が生物をはぐくんでいるのです。
〔現代、869、中〕
대지와 물과 태양의 빛, 이들 자연이 생물을 키우고 있는 겁니다.

⑥ 「必要は発明の母」といわれるように、必要性が偉大な発明を生み出す原動力となるのです。〔現代、886、上〕
「필요는 발명의 어머니」라 하듯이, 필요성이 위대한 발명을 낳는 원동력이 되는 것입니다.

3. 「강조」「주장」「납득」(설명형・설득형)을 나타낸다. (예⑦~⑩) → 「んだ」「んです」(「話し言葉」)

⑦ 社会に貢献しようなどという気は、彼には毛ほどもないのだ。〔現代、311、中〕
사회에 공헌하고자 하는 마음은, 그에게는 조금도 없는 것이다.

⑧ 彼女は優しいだけでなく、教養も深いし、品格もあってすばらしい女性なんだ。〔現代、947、下〕
그녀는 상냥할 뿐 아니라, 교양도 많고 품위도 있어 멋진 여성이다.

⑨ 幼くして両親を失った少年は、塗炭の苦しみを味わいながら成長したのです。〔現代、307、上〕
어려서 부모님을 여읜 소년은, 참혹한 고생을 맛보면서 성장한 것입니다.

⑩ あなたとのあの偶然の出会いが、私の人生を変える大きな契機となったんです。〔現代、313、上〕

당신과의 그 우연한 만남이, 나의 인생을 바꾸는 큰 계기가 되었어요.

4. 결론의 도출을 위하여「전제(前提)」를 서술한다. →「이유・사정」을 나타내거나(예⑪⑫),「聞き手」의 관심을 끄는 경우(예⑬)에 사용한다.

⑪ 狭い住居なのだから、みんなで工夫して住みやすくするように心がけよう。〔現代、300、下〕

좁은 주거지이니까 모두들 궁리해서 생활하기 편하도록 힘쓰자.

⑫ あなたは関係がないのですから、よけいな口出しはしないでください。〔現代、296、下〕

당신은 관계가 없으니까 쓸데없는 참견은 하지 말아주세요.

⑬ 世はまさに戦国の群雄割拠する時代だったのです。〔現代、311、上〕

세상은 실로 전국이 군웅 할거하는 시대였던 것입니다.

5.「귀결(帰結)」을 나타낸다. － 必然的 결론을 주장하거나 因果관계를 표현하며 적극적으로 사정을 설명한다. (예⑭～⑰)

⑭ ふだん勝手なことばかりしているから罰が当たったんだ。〔現代、881、下〕

평소 마음대로 하니까 벌받는 거야.

⑮ 社長は、口が肥えているので、料理の味にはうるさいのです。〔現代、295、中〕

사장님은 입이 높기 때문에 요리의 맛에는 까다롭습니다.

⑯ うちでは小さな子がいるので、居間でたばこを吸うのはご法度なんだよ。〔現代、885、中〕
집에는 어린아이가 있어서 거실에서 담배를 피는 것은 금지야.

⑰ あのおじいさんは発明の才のある人で、今までにも多くの特許をとっているんですって。〔現代、886、上〕
저 할아버지는 발명에 재주가 있는 사람으로 지금까지 많은 특허를 땄다 한다.

6.「전제」와「귀결」을 병용한다. (예⑱~⑳)

⑱ 原料の輸入がいつになるかわからないんです。ですから、操業再開の見込みもたたないんです。〔国際、80〕
원료의 수입이 언제 될는지 모릅니다. 그래서 조업재개의 전망도 서지 않습니다.

⑲ そう空想して道を急いで来たのだったが、雨宿りの茶屋でぴったり落ち合ったものだから、 私はどぎまぎしてしまったのだ。〔川端康成、『伊豆の踊子』〕
그렇게 공상하며 길을 재촉해 왔는데, 비를 피하던 찻집에서 딱 맞닥뜨렸으니 나는 당황했던 것이다.

⑳ だれでもしかり手がなければ虫がよくなりますわね。兄は遠慮する人がないのですから、ますます虫がよくなるのですよ。〔武者小路実篤、『愛と死』〕
누구나 야단치는 사람이 없으면 뻔뻔스러워지기 마련이지요. 오빠는 어려운 사람이 없어서, 점점 더 뻔뻔해지는 거예요.

7. 「인지(認知)」「납득」을 나타낸다. (예㉑㉒)

㉑ なるほど、その一言が彼女のハートを射止めたんだね。〔現代、859、下〕
정말로 그 한마디가 그녀의 마음을 울린거야.

㉒ 頭を働かせてごらん、ほら、こうすれば缶のふたは開くようになっているんだよ。〔現代、881、中〕
머리를 써 봐. 자, 이렇게 하면 깡통 뚜껑은 열리게 되잖아.

8. 사실의 배후에 있는「원인・이유」를 묻는다. (때로는「비난」도 포함,「～のだ」→「～のか」) － 예㉓～㉖

㉓ 中学生にもなって、それくらいの判断力もないのかね。〔現代、303、下〕
중학생이나 되어서 그 정도의 판단력도 없는 건가?

㉔ ああ、わたしもこんな田舎に埋もれたまま、名も知れずに朽ちていくのか。〔現代、297、中〕
아아. 나도 이런 시골에 묻힌 채, 이름도 알려지지 못하고 헛되이 죽어 가는 건가!

㉕ 相手がぼくをどう思っているのか、気があるのかどうか判断に苦しんでいる。〔現代、307、中〕
상대방이 나를 어떻게 생각하고 있는 건지, 마음이 있는지 어떤지 판단하기 어렵다.

㉖ 九十にもなって、おじいちゃん、元気ですね。何か長寿の秘法でもあるんですか。〔現代、935、下〕

할아버지, 90이 되셨는데 건강하시네요. 뭐 장수하는 비법이라도 있으십니까?

[3] ～わけだ

1. 「일의 형편」(「事の成り行き」「ものの道理」)으로 보아 필연적으로 결론에 달하는 것을 나타낸다. — 이유를 명시하고 결론을 서술하며 (예①), 경우에 따라 판단 과정은 言外에 두면서 결론만 제시한다. (예②)

① 同じ会社で働いているわけですから、経営者と労働組合は、必ずしも犬猿の仲というのではありません。〔現代､329､下〕
같은 회사에서 일하고 있는 사이이기 때문에 경영자와 노동조합은 반드시 견원지간인 것은 아닙니다.

② 道理で寒かったわけだ。今朝は零下16度まで下がったそうだ。〔国際､82〕
어쩐지 추웠다. 오늘 아침은 영하 16도까지 내려갔었다고 한다.

2. 화자가 어떤 결과에 이른 사항에 대하여 당연한 것으로 판단한다. (예③～⑤)

③ ヨーロッパといっても仕事で行くんで、観光をしに行くわけではない。〔現代､221,上〕
유럽에 일로 가는 것이지 관광하러 가는 것이 아니다.

④ このボタンを押すと、機械が動いてコピーできるわけです。〔筑波-中-2、194〕
이 버튼을 누르면, 기계가 움직여서 복사를 할 수 있습니다.

⑤ 結局、強いものが最後に勝つわけです。〔筑波-中-2、194〕
결국, 강한 자가 최후에 이기는 것은 당연하다.

3. 기정 사실로 된 일을 「재확인」한다. (예⑥)

⑥ 僕はその後も野々村の妹に時々あったわけだが、記憶に一番よくのこっているのはその二度である。〔武者小路実篤、『愛と死』〕
나는 그 후로도 노노무라의 여동생과 가끔 만났는데, 기억에 제일 남는 것은 그 두 번이다.

4. 보통명사의 「わけ」는 「이유・사정」을 나타낸다. (예⑦⑧)

⑦ どうしてこんなばかなまちがいをしたのか自分でも訳がわかりません。〔スーパー、1699〕
왜 이런 바보 같은 잘못을 했는지 나도 그 이유를 모르겠습니다.

⑧ 森林開発にあれほど強く反対していた彼が、急に宗旨がえしたのはどういうわけだろう。〔現代、478、中〕
삼림개발에 그렇게 강하게 반대하던 그가 갑자기 생각을 바꾼 것은 어떤 연유일까?

4 ~ものだ

1. 「극히 자연스러운 것」을 표현할 경우에 사용한다.(「그렇게 한다」「그렇게 된다」)

가. 사람의 일반적 경향을 나타낸다. (예①~③)

① 額に汗して働く姿は美しいものです。〔現代、881、中〕
열심히 일하는 모습은 아름다운 법이다.

② 子供は反抗を繰り返しながら成長していくものです。〔現代、305、中〕
아이들은 반항을 되풀이하면서 성장해 가는 것입니다.

③ 計画をたてる時に悩むことがあるが、それも、いわば産みの苦しみで、新しい事業にはつきものだ。〔現代、307、上〕
계획을 세울 때에 고민이 있는데, 그것도 말하자면 산고와 같은 고통이며 새로운 사업에는 당연히 따르는 법이다.

나. 사회습관이나 도덕적으로 보아 문제점을 제시한다. (상대에 대한 충고) ― 예④

④ 「人をのろわば穴二つ」といって、人の不幸を願っていると、自分も不幸な目にあうものです。〔現代、928、上〕
「남의 눈에 눈물 나면, 내 눈에 피눈물 난다」라고 하듯이, 타인의 불행을 바라면 자신도 불행해지는 법입니다.

2. 「과거의 회상」을 표현할 경우 「～たものだ」를 사용한다. (예⑤～⑦)

⑤ 小さいころは、お隣のおばちゃんがよく紙にくるんだおやつをくれたものだ。〔現代、307、下〕
어렸을 때는, 옆집의 아주머니가 자주 종이에 싼 간식을 주곤 했어요.

⑥ 僕たち兄弟は、学校へ行くのに、毎日、この橋を渡ったものだ。〔現代、874、中〕
우리 형제는, 학교 가면서 매일 이 다리를 건너가곤 했다.

⑦ しゃべらないでと頼んでも、あっという間に広まっているんだから、「人の口に戸は立てられない」とはよく言ったものだ。〔現代、295、中〕
소문내지 마라고 부탁해도, 순식간에 퍼지기 때문에 「남의 입에 문 달 수 없다.」고 자주 말하곤 했다.

3. 「놀라움(驚き)」의 기분을 나타낸다. (예⑧～⑩)

⑧ 昔の暮らしに比べれば、今の日本人の暮らしはずいぶん便利になったものだ。〔現代、304、中〕
옛날 생활에 비하면, 지금 일본인의 생활은 상당히 편리해 진 것이다.

⑨ 和田君の人並みはずれたキック力は、厳しい練習から生まれたものだ。〔現代、931、下〕
와다군의 남보다 뛰어난 킥 력은, 혹독한 연습에서 나온 거야.

⑩ 読書によって、様々な方面の知識が広がって行くのは楽しいものだ。〔現代、946、下〕
독서를 함으로써 여러 방면의 지식이 넓혀져 가는 것은 즐거운 일이야.

4. <실질명사「もの」+ 조동사「だ」>와 구별된다. (예⑪⑫)

⑪ この小説は、信濃の国、浅間山のふもとに住む一人の百姓の一生を描いたものだ。〔現代、299、下〕
이 소설은, 시나노지방, 아사마야마의 기슭에 사는 한 사람의 농부의 일생을 그린 것이다.

⑫ 丘から見た落日は、口では言えないほど美しいものだった。〔現代、295、中〕
언덕에서 본 일몰은, 말로는 다 할 수 없을 정도로 아름다운 것이었다.

[5] ～はずだ

1. 사정 등을 근거로 추론하여 당연한 것으로「予測」「기대」한다. (예①～③)

① 手術は苦痛を伴うが、きみならそれに耐えられるはずだ。〔現代、297、下〕
수술은 고통을 동반하는데, 너라면 참을 수 있을 것이다.

② この辺に小学校があるはずなんですが、あなたはご存じですか。〔現代、623、上〕
이 근처에 소학교가 있을 텐데 당신은 아십니까?

③ このくらい丁寧に説明すれば普通は分かるはずなのに、この子は頭が悪いね。〔文典、131〕
이 정도로 정중하게 설명하면 웬 만하면 알 텐데, 이 아이 머리 나빠.

2. 당연하다고 화자자신이 「납득」하는 것을 나타낸다. (예④)

④ あれは産地直送か。道理で安いはずですね。〔教育、391〕
저것은 산지직송인가. 정말 가격이 싸다.

3. 「~はずだ」와 「~つもりだ」의 비교

〔문제제기〕

⑤ パン屋は閉めたはずだ。
(빵 가게는 잠겼을 것이다.)
⑤′ パン屋は閉めたつもりだ。
(빵 가게는 잠겼을 것이다.)

* 예⑤의 「~はずだ」는 뒷받침(「うらづける」)하는 근거가 있으므로 꽤 확신도가 높다. 그러나, 예⑤′의 「~つもりだ」는 뒷받침하는 근거가 없으며 단순히 주관적인 생각에 지나지 않는다.

4. 「명사」의 용법일 경우 예측되는 당연의 사태를 개념화한다.
(「道理」「予定」으로 대체 가능) – 예⑥~⑧

⑥ きみならこんな問題、解けないはずはないよ。〔現代、877、中〕

너라면 이런 문제, 풀지 못할 리가 없지.

⑦ 彼にかぎって人をわなにはめるなんて、そんな卑劣なことをするはずがない。〔現代、945、下〕
그가 사람을 속이다니 그런 비열한 짓을 할 리가 없다.

⑧ 汽車は10時に出るはずです。〔文化庁、1180〕
기차는 10시에 떠날 예정입니다.

6 ～にちがいない

1. 객관적 근거가 있던 없던, 「그 외는 생각할 수 없다」는 確信을 나타낸다. (예①～④) – 下記 예① → 근거 불명시, 예②③④ → 근거 명시

① 社会人と比べたら、やはり学生はのんきな身分にちがいない。〔現代、858、中〕
사회인과 비교하면 역시 학생은 한가로운 신분임에 틀림없다.

② あの歯医者はいつもはやっているからきっと腕がいいにちがいない。〔現代、896、上〕
저 치과의사는 늘 번창하고 있으니까 분명 솜씨가 좋음에 틀림없다.

③ あのけちな男が人に物をおごるなんて、何か腹積もりがあるにちがいないぞ。〔現代、898、上〕
저 구두쇠 남자가 다른 사람에게 한턱내다니, 뭔가 속셈이 있음에 틀림없어.

④ あの男の多額の寄付は、選挙に備えて自分の名を広めるための売名行為にちがいない。〔現代、864、上〕
그 남자의 많은 기부금은, 선거에 대비하여 자신의 이름을 알리기 위한 행위임에 틀림없다.

2. 文末술어의 경우, 현 시점에서「話者자신의 판단」에 한정한다. (예⑤~⑦)

⑤ 確かな形跡はないが、犯人はここから侵入したにちがいない。〔現代、315、下〕
확실한 흔적은 없지만 범인은 여기서 침입했음에 틀림없다.

⑥ 時計に狂いが生じたのは、電池が切れてきたせいにちがいない。〔現代、306、中〕
시계에 고장이 난 것은 전지 약이 떨어진 것임에 틀림없다.

⑦ プロのスキーヤーでも、四十五度の傾斜といったら相当慎重になるにちがいない。〔現代、314、下〕
프로 스키어라도 45도의 경사라면 상당히 신중해짐에 틀림없다.

3. 文末술어의 경우,「他者」의 意中을 표현할 때「~と思う」「~と考える」의 引用形式이 필요하다. (예⑧⑨)

⑧ 君は彼が犯人にちがいないと思っているのかね。〔国際、84〕
너는 그가 범인임에 틀림없다라고 생각하고 있는 거냐.

⑨ 彼女はぼくがまだここにいるにちがいないと考えていたらしい。〔上同〕
그녀는 내가 아직 여기에 있음에 틀림없다고 생각하고 있는 것 같다.

4. 「~はずだ」와 비교

「~にちがいない」: 전제 조건에서 도출된 대상에 대한 「화자의 확신」(예⑪)
「~はずだ」 : 전제 조건에서 도출된 대상에 대하여 당연한 것으로 予測(예⑪′)
→「반드시 화자의 확신이 아님」

⑪ 登山隊は、万一の場合に備えて三日分の食糧を携行しているにちがいない。
등산대는, 만일의 경우에 대비해 3일분의 식량을 가지고 있을 것임에 틀림없다.

⑪′ 登山隊は、万一の場合に備えて三日分の食糧を携行しているはずだ。〔現代、313、下〕
등산대는, 만일의 경우에 대비해 3일분의 식량을 가지고 있을 것이다.

[7] ~にほかならない

1. 「그 외 무엇도 아니다」(「それ以外の何ものでもない」), 「바로 그것이다」(「まさにそのものである」) — 그것만은 무시할 수 없음을 적극적으로 주장한다.(예①②)

① その行為は犯罪にほかならない。〔Lighthouse、1593〕
그 행위는 범죄일 수밖에 없다.

② 私がいま話したことは、この本に書いてあることをわかりやすくしたにほかならない。〔文化庁、926〕
내가 지금 이야기한 것은, 이 책에 쓰여져 있는 것을 알기 쉽게 설명한 것밖에 없습니다.

2.「Nは～にほかならない」形式에서「N」은 원인・결론이 무엇인지를 표시한다. (예③④)

③ 彼女の肥満の原因は、ストレスにほかならない。*
그녀의 비만의 원인은 스트레스임에 틀림없다.

④ 私があなたがたをしっかり注意したりするのは、あなたがたを愛するからにほかならないのです。〔文化庁、926〕
내가 여러분들을 단단히 주의한 것은, 여러분들을 사랑하기 때문 바로 그것입니다.

3.「연체사」용법으로 사용되기도 한다. (「다름 아닌」) — 예⑤

⑤ 現在の繁栄をもたらしたのも、自然破壊をもたらしたのも、他ならぬ人間である。〔文型、525〕
현재의 번영을 가져온 것도 자연파괴를 초래한 것도, 다름 아닌 인간이다.

8 ～にすぎない

1.「그만한 정도나 범위를 넘지 못한다」(「その程度・範囲を出ない」)의 의미를 나타낸다. (예①②)

① 才能は、個性という大きな氷山の一角にすぎない。〔現代、939、下〕
재능은, 개성이라는 커다란 빙산의 일각에 불과하다.

② 高熱が続いたので心配したが、医師の診断はただの風邪に過ぎないということだった。〔現代、545、上〕
계속 열이 높아 걱정했는데, 의사의 진단은 단순한 감기에 지나지 않다는 것이었다.

2. 「대단한 것은 아니다」(「たいしたことはない」) 「특별히 문제될 것이 없다」(「特に問題にすることはない」) 「그 외는 아무 것도 없다」(「それ以外のものは何もない」)의 의미로, 강조의 표현이다. (예③~⑤)

③ この会社でぼくは巨大な歯車の一つの歯のような存在に過ぎない。〔現代、872、中〕
이 회사에서 나는, 거대한 톱니바퀴 속에서 한개의 톱니 같은 존재에 불과하다.

④ 結婚式など単なる形式にすぎないという女性もいれば、花嫁姿が夢だという女性もいる。〔現代、314、中〕
결혼식 따위 단순한 형식에 지나지 않는다고 하는 여성도 있는가 하면, 신부의 모습을 하는 것이 꿈이라고 하는 여성도 있다.

⑤ 百姓町人がどんな強がりを言っても、それは引かれ者の小唄にすぎなかった。〔現代、913、中〕
농부 도시상인들이 아무리 큰소리치며 말해도, 그것은 억지 허세에 불과하지 않았다.

3. 그렇게 되기까지의 사정을 「이래 저래 탐색하지 않는다」(「あれこれせんさくすることはない」)의 의미를 나타낸다.(예⑥⑦)

⑥ 幽霊なんか出るわけないだろ、きみの錯覚に過ぎないよ。〔現代、545、上〕
유령 같은 거 나오지 않아, 너의 착각에 지나지 않아.

⑦ 今日の午後は授業がなくなるというのは、きみたち生徒のかってな推測に過ぎない。〔現代、539、上〕
오늘 오후 수업이 없다고 하는 것은, 너희들 마음대로 추측한 것에 지나지 않아.

참고문헌

単行本

<기본서>

· 国立国語研究所 報告3,『現代語の助詞・助動詞』(1951, 秀英出版)
· 金田一春彦,『日本語』(1957, 岩波書店)
· 金田一京助,『日本の敬語』(1959・8, 角川書店)
· 土井忠生・森末義彰編,『日本語の歴史6』(1965・5, 平凡社)
· 吉田金彦,『現代語助動詞の史的研究』(1971, 明治書院)
· 外山滋比古,『日本語の個性』(1976・5, 中央公論社)
· 湯沢幸吉郎,『口語法精説』(1977, 明治書院)
· 国語学会,『国語学大辞典』(1980, 東京堂)
· 森田良行,『基礎日本語2』(1980・6, 角川書店)
· 松村明,『古典語・現代語 助詞助動詞詳説』(1984, 5版, 学灯社)
· グル－プ・ジャマシイ 編,『日本語文型辞典』(1998・2, くろしお出版)

<심화서-1>

· 山田孝雄,『日本口語法講義』(1922, 宝文館)
· ________,『日本文法学概論』(1984, 宝文館, 9刷)
· 三矢重松,『高等日本文法』(1926, 明治書院)
· 松下大三郎,『標準日本口語法』(1930, 1977 増補改訂, 勉誠社)
· 時枝誠記,『日本文法 口語篇』(1950, 岩波書店)
· 佐久間鼎,『現代日本語の表現と語法』(1966, 厚生閣)
· 小林好日,『日本文法史』(1970, 刀江書院)

· 橋本進吉, 『国語法研究』(1972, 岩波書店, 19刷)
· 奥津敬一郎, 『<ボクハウナギダ>の文法 - ダとノ』(1978・3, くろしお出版)

<심화서-2>

· 大槻文彦, 『広日本文典』(1897, 私家蔵版)
· 橋本進吉, 『新文典別記』(1934, 富山房)
· 湯沢幸吉郎, 『国語学論考』(1940・2, 八雲書林)
· __________, 『徳川時代言語の研究』(1955, 風間書房)
· 吉川泰雄, 『近代語誌』(1977・3, 角川書店)
· 蜂谷清人, 『狂言台本の国語学的研究』(1977・12, 笠間書院)

論文

<だ>

<기본논문>

· 中村通夫, 「<であります>言葉」(1948・11, 『東京語の性格』所収, 川田書房)
· 松村明, 「<ませんでした>考」(1957・4, 上同 所収)
· 佐多稲子, 「小説の中の会話」(1958・11, 『言語生活』86号)
· 小島俊夫, 「後期江戸語における<デス><デアリマス><マセンデシタ>」(1959・12,『国語学』39巻)
· 山本正秀, 「言文一致文の文法」(1960・4, 講座解釈と文法7, 明治書院)
· __________, 「<である>体と<です・ます>体の系譜」(1967・9, 『月刊 東書高校通信』56)

· ________, 「<デス>の普及について」(1972・12, 『真下三郎退官 記念論文集 '近世近代のことばと文学'』)
· 佐久間鼎, 「<である>と<です><だ>」(『言語生活』123, 1961・12)
· 林大, 「どう違うか – ダとナノダ」(『講座現代語6』, 1964・1, 明治書院)
· 吉田東朔, 「断定の助動詞 – だ・です(現代語)」(『国文学 解釈と教材の研究』9-13, 1964・10)
· 辻村敏樹, 「助動詞のすべて」(国文学 解釈と鑑賞, 1964・10)
· ________, 「近世後期の待遇表現」(1968・10,『敬語の史的研究』所収, 東京堂)
· 金原鎬, 「断定과 推量의 類義語에 관한 考察」(1996, 『人文論叢』10集, 蔚山大人文科学研究所)

<심화논문-1>

· 中田祝夫, 「特集・日本語の助動詞の役割断定 <なり・たり・だ・です>」(『国文学 解釈と鑑賞』33-12, 1968・10)
· 土屋信一, 「江戸語の<だ>の一用法」(『佐伯博士古稀記念 国語学論集』, 1969・6, 表現社)
· 望月考逸, 「<だ>の意味的機能」(『千葉大学留学生部 研究報告』6, 1971・3)
· 和久井生一, 「<ダ>論考(1) 現代口語<ダ>の成立」(『語学研究』1, 1972・10)
· 堀田要治, 「なり・だ・である(指定判断の辞) – 不死鳥<あり>のたどる道」(『武蔵大人文学会 雑誌』7-34, 1976・6)
· 藤沢伸介, 「言語行動における<だ>の用法の分析(研究発表要旨)」(『言語研究』71, 1977・3)
· 相馬裕次, 「断定の助動詞<だ>の連体形について」(『成蹊国文』12, 1978・12)
· 奥津敬一郎, 「<ダ>による述部代用化 – 展成文法への試み」(『論集日本語

研究7 助動詞』, 1979・2, 有精堂)

・________, 「特集·言語学と国語学<ダ>の文法 － <国語学><国文法>と<言語学>」(『言語』9-2, 1980・2)

・片村恒雄, 「特集·近代の小説教材作家研究(1) 芥川竜之介初期作品における文末指定表現<である>体作品の中の<だ>について」(『解釈』26-70, 1980・10)

・飯島周, 「日本語における終結詞<ダ>の機能について」(『跡見学園女子大紀要』14, 1981・3)

<심화논문-2>

・玉岡松一郎, 「但馬のダ・ジャ其他」(『国語研究(仙台)』3-11, 1935・11)

・藤原与一, 「国語諸方言上の<ダ><ジャ><ヤ>」(『広島大学文学部 紀要』15, 1959・3)

・大塚光信, 「<ダ>とある種の抄物」(『国文学攷』21, 1959・7)

・室山敏昭, 「京都府与謝郡伊根町方言の<ダ>ことばについて」(『生活語研究』2, 1967・6)

・岡田統夫, 「西部方言における<先生が来テジャ(ダ・ヤ)>などの<テ敬語法>について」(『尾道短大 紀要』, 1968・2)

・江端義夫, 「指定の助動詞<ダ>(ラ)と未来助詞<ズ>」(『広島大学 方言研究会会報』, 1968・10)

・今石元久, 「兵庫岡山両県地方方言の研究 － 断定の助動詞<ヤ・ジャ(ダ)>の分布について」(『国文学攷』48, 1968・10)

・野村耕造, 「中国山地における<ダ> － 助動詞の南限について」(『東北地理』23-4, 1971・10)

・虫明吉次郎, 「断定の助動詞ダ・ジャ・ヤの分布」(『日本方言研究会第15回研究発表会 発表原稿集』, 1972・10, 日本方言研究会)

・友田英津子, 「<だ>消除変形について」(『武蔵野英美文学』11, 1978)

<である>

<기본논문>

- 山本正秀, 「デアルの沿革」(『橋本博士還暦記念　国語学論集』, 1944・10, 岩波書店)
- ________, 「<である>体と<です·ます>体の系譜」(『高校通信国語』56, 1967・9)
- 蘆沢節, 「児童作文<です>から<である>へ」(『言語生活』123, 1961・12)
- 佐久間鼎, 「<である>と<です><だ>」(『言語生活』123, 1961・12)
- 中村通夫, 「<である>小考」(『中央大文学部　紀要　文学科』13, 1963・3)
- 林大, 「<であろう·だろう>の表現価値」(『口語文法講座3』, 1964・11, 明治書院)
- 小泉保, 「吾輩は猫<である>」(『言語生活』313, 1977・10)
- 金田一春彦, 「不変化助動詞の本質」(『日本の言語学』3, 1979, 大修館)

<심화논문-1>

- 湯沢幸吉郎, 「狂言<です>の起源」(『国語教育』, 1930・1, 『国語学論考』 所収, 1940)
- 岩橋小弥太, 「<デアル>と<デアリマス>と」(『金沢博士還暦記念　東洋語乃研究』, 1932・12, 三省堂)
- 円地文字, 「<ことよ>と<ことわ>」(『言語生活』60号, 1956・9, 筑摩書房)
- 佐伯梅友, 「<にあり>から<である>へ」(『国語学』26, 1956・10)
- 水野清, 「<浮雲><あひびき><めぐりあひ>」(『言語生活』80号, 1958, 筑摩書房)
- 中村通夫, 「<である>再考」(『中央大文学部　紀要』22, 1967・3)
- 山本正秀, 「<デゴザル>体から<である>体へ」(『文体論研究』12, 1968・6)

- 飛田良文, 「西洋道中膝栗毛における指定表現体系の実態」(『月刊文法』2-2, 1969・12)
- ________, 「明治初期東京語の指定表現体系」(『方言研究の問題点』, 1970・8, 明治書院)
- 岩淵悦太郎, 「言葉の道標(18)」(『群像』26-6, 1971・6)
- 堀田要治, 「なり·だ·である - 指定判断の辞」(『武蔵大人文学会 雑誌』7-34, 1976・6)
- 佐藤忠男, 「<である>と<です·ます>」(『月刊ことば』1-1, 1977・11)

<です>

<기본논문>

- 中村通夫, 「助動詞<デス>の用法についての私見」(『国語教育』23-1, 1938・1)
- 辻村敏樹, 「敬譲(含丁寧)の助動詞」(『国文学 解釈と教材の研究』9-13, 1964・10)
- 山本正秀, 「<である>体と<です・ます>体の系譜」(『高校通信国語』56, 1967・9)
- 中田祝夫, 「断定」(『国文学 解釈と鑑賞』33-12, 1968・10)
- 村上本二郎, 「特集・接続詞のすべて 接続詞小辞典 口語編 <だ・ですが>」(『月刊文法』2-12, 1970・10)
- 土屋信一, 「<です>の使い方」(『言語生活』337, 1980・1)

<심화논문-1>

- 中村通夫, 「デスの語史について」(『国語と国文学』13-3, 1936・3)
- 橘正一, 「デス・ダス・ドス」(『コトバ』, 1937・3)

・三宅武郎,「<ます>と<です>」(『コトバ』, 1940・8)
・小島俊夫,「後期江戸語における<デス><デアリマス><マセンデシタ>」(『国語学』39, 1959・12)
・鈴木勝忠,「雑俳ノート<です>」(『国語と国文学』37-9, 1960・9)
・芦沢節,「児童作文<です>から<である>へ」(『言語生活』123, 1961・12)
・サクマ・カナエ,「<である>と<です><だ>」(『言語生活』123, 1961・12)
・古田東朔,「断定の助動詞」(『国文学 解釈と教材の研究』9-13, 1964・10)
・辻村敏樹,「<です>の用法 － 近世語から現代語へ」(『近代語研究1』, 1965・9)
・岩淵悦太郎,「言葉の道標(18)」(『群像』26-6, 1971・6)
・原口裕,「<デス>の推移」(『静岡女大 国文研究』5, 1972・3)
・和久井生一,「日本語研究 － <です>論考(1)(2)(3)」(『拓殖大学 論集』86・88・91, 1972・9・11, 1973・9)
・__________,「日本語研究 － <です> 論考(4)」(『語学研究』13, 1978・2)
・__________,「日本語研究 － <です> 論考(5)～(8)」(『語学研究』18・22・26・28, 1979・3, 1980・3, 1981・3・11)
・木村公子,「現代語デスの確立」(『学習院大 国語国文学会誌』18, 1974・11)
・安田喜代門,「<ます>と<です>」(『近代語研究5』, 1977・3)
・佐藤忠男,「<である>と<です・ます>」(『月刊ことば』1-1, 1977・11)
・野元菊雄,「<です><ます>のこと」(『月刊ことば』1-1, 1977・11)
・抜谷裕子,「形容詞につく<です>について」(『昭和学院 国語国文』11, 1978・3)
・安田喜代門,「<ます>と<です>の続論」(『近代語研究6』, 1980・5)
・沢田治美,「用言としての日本語助動詞とそれに対する謙譲助動詞<です><ます>・補助動詞<する><ある>の後続制限について」(『佐藤茂教授退官記念 論集国語学』, 1980・10, 桜楓社)
・塩田勉,「<です・ます体>を考える － 中級以上のレベルにおける<語学的>位置

づけ」(『木村宗男先生記念 論文集』, 1982・8, 早大語学教育研究所)

<심화논문-2>

・前田勇, 「京阪の<です> 標準語移入説」(『国語国文』29-4, 1960・4)
・______, 「近世上方語<でえす>について」(『国語国文』29-11, 1960・11)
・______, 「現代上方弁における一つの同居現象について ― <ます・や>と<です・や>」(『学大国文』4, 1961・2)
・土屋信一, 「<です>の語源と使い手をめぐる論争その後」(『言語生活』336, 1979・12)

<のだ>

<기본논문>

・佐治圭三, 「<ことだ>と<のだ> ― 形式名詞と準体助詞(2)」(『日本語・日本文化』3, 1972・3)
・鶴尾能子, 「<の(ん)です・の(ん)だ>に関する覚え書き」(『研修』178, 1975・12)
・寺村秀夫, 「<説明>の表現(1) ワケダ・モノダ・ノダ」(『日本語と中国語の対照研究3』, 1978・3, 日本語と中国語対照研究会)
・紙谷栄治, 「<のだ>について」(『国語学会昭和55年秋季大会 発表要旨』, 1980・10)
・________, 「<のだ>について」(『京都府立 学術報告 人文』33, 1981・11)

<심화논문-1>

・木坂基, 「近代文章における<のだ>文の変遷と表現価値」(『新居浜工業高

等専門学校 紀要 人文』9, 1973・1)

・山口佳也, 「<のだ>の文について」(『早稲田大 国文学研究』56, 1975・6 /『論集日本語研究7』, 1979・2, 有精堂)

・永尾章曹, 「主体の立場がある表現について ― <のだ> 終止の文を中心に」(『岩佐正教授古稀記念 国語学国文学論攷』, 1978・12, 渓水社)

・小矢野哲夫, 「<のだ>をめぐる諸問題」(『島田勇雄先生古稀記念 ことばの論文集』, 1981・11, 明治書院)

2. 必然・当然・義務의 表現

・定義

그렇게 하는 것이「의무라고 여겨지는 사항」이나 그렇게 되는 것이「필연적인 귀결로 취급되는 사항」을 표현하며,「법률・규칙」과「사회일반의 도덕・관습」등과 같이「개인의 의지에 관계없이」그것에 따르는「의무적인 일」에 사용한다. 표현형식으로,「~なければならない」「~なければいけない」「~ざるをえない」「~ないわけにはいかない」「~べきだ」「~はずだ」「~ものだ」「~わけだ」등을 들 수 있다.

[1]「~なければならない」와「~なければいけない」

A. ~なければならない

1.「법률・규칙」「도덕・관습」등에 정해짐으로「자신의 의지로 그것을 변경・무시할 수 없는 사항」을 나타낸다. (예①~⑥)

① 経営者は、従業員に労働の対価(たいか)として給料を払わなければならない。〔現代、263、中〕
경영자는, 종업원에게 노동의 대가로써 급료를 지불하지 않으면 안 된다. - 노동법 -

② 小作人は、やせた土地に代価(だいか)として三年分の収入にあたる金額を納めなければならなかった。〔現代、626、中〕

소작인은, 메마른 토지에 대금으로써 3년분의 수입에 해당하는 금액을 납부하지 않으면 안 되었다. - 토지임대법 -

③ 試合までの一週間で、このボクサーはあと十キロも体重を落とさなければならなかった。〔現代、631、上〕
시합까지 일주일간 이 권투선수는, 앞으로 10키로나 체중을 떨어뜨리지 않으면 안 되었다. - 경기규정 -

④ 究極のところ、私たちの人生は死に至り着くと言わなければならない。〔現代、259、下〕
결국, 우리들의 인생은 죽음에 이른다고 해야한다. - 관습 -

⑤ 国民一人一人が、皆、人間らしい生活を享受できるよう努力しなければならない。〔現代、267、下〕
국민 한 사람 한 사람이, 모두 인간다운 생활을 누릴 수 있도록 노력하지 않으면 안 된다. - 도덕 -

⑥ 成人すれば、私たちは社会人としての責任を果たさなければならない。〔現代、471、上〕
성인이 되면, 우리들은 사회인으로서의 책임을 다하지 않으면 안 된다. - 도덕 -

2. 개인적인 일이더라도 「변경할 수 없을 경우」의 표현에도 사용한다. (예⑦~⑨)

⑦ ぼくは、きみに謝罪しなければならないことがある。〔現代、472、中〕
나는 너에게 사죄하지 않으면 안 되는 일이 있다.

⑧ せっかく仲良しになった友達と別れ<u>なければならない</u>なんて、悲しいことです。〔現代、806、下〕

모처럼 사이 좋게 지냈던 친구와 이별해야 된다니 슬픈 일입니다.

⑨ 母が病気なので、度々学校を休んで、弟妹の世話や家事をし<u>なければならない</u>。〔現代、662、下〕

어머니가 편찮으셔, 자주 학교를 쉬며 남동생 여동생을 보살피거나 집안 일을 하지 않으면 안 된다.

cf) 다음의 예와 같이「～なくてはならない」가 사용되기도 한다.「～なければならない」보다 구어적이며 자주「～なくちゃならない」등으로 사용된다.

⇒ · 一幕めと二幕めは場面ががらりとかわるので、背景をセットし直さ<u>なくてはならない</u>。〔現代、583、中〕

(1막과 2막은 장면이 확 바뀌기 때문에, 배경을 다시 설치하지 않으면 안 된다.)

· 冬山登山を計画するには、そのころの天候も考慮に入れ<u>なくてはならない</u>。〔現代、358、下〕

(겨울 산 등산을 계획하는데는 그때의 기후도 고려해야 한다.)

· 学校は、集団生活の場なのだから、自分勝手な行動は慎ま<u>なくてはなりません</u>。〔現代、481、上〕

(학교는, 집단 생활의 장소이기 때문에 자기 마음대로의 행동은 삼가 해야 됩니다.)

B. ～なければいけない

1. 그렇게 하는 것이「필요」하고「가장 바람직스럽다」고 여겨지는 사항에 표현한다. (예①～③)

① 土俵で手を下ろして仕切るときは、十分腰を割ってかまえなければいけない。〔現代、368、中〕
씨름판에서 손을 내려 맞붙을 때는, 충분히 허리를 낮게 자세를 취하지 않으면 안 된다.

② おまえはこの家の総領娘なのだから、いいおむこさんをもらって家を継がなければいけないよ。〔現代、608、中〕
너는 이 집의 맏딸이기 때문에 좋은 사위를 얻어 대를 잇지 않으면 안 된다.

③ ものは言いようで角が立つから、ことばには気をつけなければいけません。〔現代、1132、下〕
말은 자칫 잘못하면 상대방의 감정을 손상시키기 때문에, 조심하지 않으면 안 된다.

2. 행위자 자신의 「주체적인 판단」에 의존한다. (예④′)

* 예④ 「~なければならない」를 근거로, 휴일출근을 의무로 생각하여 「~なければいけない」로 판단하는 것이다.

④ 仕事が忙しくて、今週も休日出勤をしなければならなくなりそうだ。〔現代、260、下〕
업무가 바빠서, 이번 주도 휴일출근을 해야 될 것 같다. - 필연 -

④′ 仕事が忙しくて、今週も休日出勤をしなければいけなくなりそうだ。
업무가 바빠서, 이번 주도 휴일출근을 하지 않으면 안 될 것 같다. - 주체판단 -

cf) 다음의 예와 같이 사용되는 경우도 있다. 「なければいけない」보다 구어적 표현이며 자주 「なけりゃいけない」「なきゃいけない」로 사용된다.

⇒ ・誓約書を取り交わした以上は、これを守らなくてはいけません。〔現代、574、下〕

(서약서를 주고받은 이상은, 이것을 지키지 않으면 안됩니다.)

・静かにしなくてはいけないことはわかっていたが、興奮のあまりつい声を出してしまった。〔現代、355、下〕

(조용해야 한다는 것은 알고 있었지만, 흥분한 나머지 나도 모르게 큰 소리를 지르고 말았다.)

3. 「듣는 사람」에 관한 표현일 경우, 상대에게 그렇게 하는 것이 필요하다고 「권고」하는 표현이다. (예⑤) — 실질적으로 「명령」「지시」와 동일하다.(예⑥)

⑤ 結婚はその当事者だけを幸福にするものではなく、周囲の者をも仕合せにできるような方向に導かなくてはいけない。〔芹沢光治良、『巴里に死す』〕

결혼은 그 당사자만을 행복하게 하는 것이 아니라, 주위 사람도 행복하게 할 수 있는 방향으로 이끌어 가지 않으면 안 된다.

⑥ 今日の理科の時間は、実験があるから二十センチ四方の板を四枚用意しなければいけないんだ。〔現代、464、下〕

오늘 이과 시간에는, 실험이 있기 때문에 사방 20cm의 판을 네 장 준비해야 한다.

C. 両語의 공통점

1. 両語가 「권고」「명령」「지시」를 제외하면 매우 同義的이다.

2. 両語는 「일반적인 판단」을 나타냄과 동시에, 「개개 장면에 있어서의 판단」이나 「그것에 근거한 행동」을 나타내는데 사용한다. (예①~③, 괄호 안의 표현은 필자 주. 이하 同一)

① あとたったこれだけの米で、家族五人が一か月食いつないでいかなければならない(いけない)のだ。〔現代、286、上〕
앞으로 겨우 이 정도의 쌀로 가족 5명이 한 달을 연명해 가야 된다.

② 急速に進む地球の砂漠化をくい止めるためには、なんらかの手段を講じなければならない(いけない)。〔現代、488、下〕
급속히 진행되는 지구의 사막화를 막기 위해서는, 어떤 수단을 강구하지 않으면 안 된다.

③ 戦争も末期になると、武器製造のために自転車まで供出しなければなりません(いけません)でした。〔現代、268、上〕
전쟁도 말기가 되자, 무기제조를 위해서 자전거까지 공출하지 않으면 안되었습니다.

3. 両語는 「의무와 필요」가 아니라, 단순히 「필연적인 귀결로서 예측되는 사항」에 사용되는 경우도 있다 → 「はずだ」와 흡사 (예④~⑦)

④ 毎日の食事には、わたしたちに必要な栄養を盛り込まなければなりません(いけません)。〔現代、1138、上〕
매일 먹는 식사에는, 우리들에게 필요한 영양을 담지 않으면 안 됩니다.

⑤ 恋人に対する周囲の疑惑を解くため、真犯人をぜひともさがして出さなければならない(いけない)。〔現代、280、下〕

연인에 대한 주위의 의혹을 풀기 위해 진범을 반드시 찾아 내지 않으면 안 된다.

⑥ 山火事が迫ってきたら、囲いから牛や馬を切り放してやらなければならない(いけない)。〔現代、278、上〕

산불이 다가오면 울타리로부터 소와 말을 풀어주지 않으면 안 된다.

⑦ 駐車場を作るためには、あの桜の大木を切らなければならない。〔現代、278、下〕

주차장을 만들기 위해서는 저 큰 벚나무를 자르지 않으면 안 된다.

＊ <同義語의 상관관계> **〔문제제기〕**

前述의 동의어는, 다음의 그림과 같이 화살표 방향으로 다양하게 표현되고 있다.

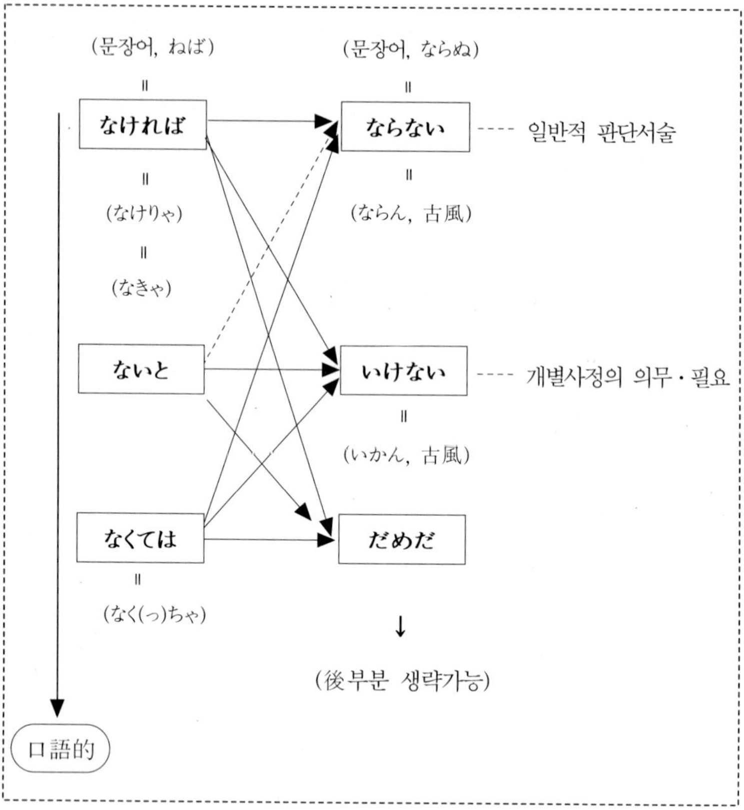

* 비고

1) 「~なければ//ならない/いけない/だめだ」「~ないと//いけない/だめだ」「~なくては//ならない/いけない/だめだ」 순으로 점점 구어적인 표현이 된다.

2) 後부분, 즉 「ならない」「いけない」「だめだ」는 구어체에서는 생략이 가능하다.

3) 「~なければならない」는, 문장표현으로는 「~ねばならぬ」「~ねばならな

い」「~ねばいけない」로 바꿀 수 있다.

예) 人生には、我慢(がまん)せねばならぬこともある。

(인생에는 참지 않으면 안되는 일도 있다.)

4)「なければ」,「なくては」를 더욱 구어 표현으로 하면,「なけりゃ」「なきゃ」,「なく(っ)ちゃ」로 축약하여 사용하기도 한다.

예) あ, もう五時だ。すぐ帰らなけりゃ(なきゃ)。

(야 다섯 시다. 곧 돌아가지 않으면 안돼.)

もっとまじめに勉強しなくちゃだめだよ。

(더 착실히 공부해야 돼요.)

5)「ならない」「いけない」의 고풍스러운 표현은,「ならん」「いかん」으로 사용할 수 있다.

예) 優勝するには、もっと志気(しき)を高めなければならん。

(우승하기 위하여는 더욱 의기를 높혀야 된다.)

少しぐらいつらくても、我慢しなければいかんよ。

(좀 괴롭더라도 참아야 돼.)

6)「~ないとならない」라는 표현은 사용하지 않는다.

예) 早く行かないとならない。(×)

[2] ~ざるをえない

1.「아무리 생각해도 그러한 결론밖에 이르지 못한다」는 사실을 표현한다. 필연적으로 도출된다는 판단을 나타내는 점에서,「~なければならない」용법의 일부와 상당히 흡사하다. → 대체 가능.(예①~③)

① 特に反対する根拠も持たないので、賛成せざるを得ない。〔文典、100〕

특별히 반대할 근거도 갖고 있지 않으니까, 찬성하지 않을 수 없다.

② 政府も政策の失敗を認めざるを得なかった。〔文典、100〕
정부도 정책 실패를 인정하지 않을 수 없었다.

③ 結局、ツェラーはうなずかざるを得なかった。…… 彼はすっかりうちのめされていて、短い猪首(いくび)を前にふるのがやっとだった。
〔伊藤左千夫、『野菊の墓』〕
결국 체라는 수긍하지 않을 수 없었다. …… 그는 완전히 타격을 받아 짧은 자라목을 앞으로 흔드는 것이 고작이었다.

2. 일반적으로, 言外에 그러한 결론에 이른 것을 화자가 「본래의 의도에 반하는 기분」이 내재된 표현이다. → 「할 수 없이」(「やむをえず」), 「본의 아니게」(「心ならずも」)의 의미. (예④~⑥)

④ 風邪ぎみなので出かけたくないが、 責任者としては行かざるをえないだろう。〔Intensive-中〕
감기 기운이 있어서 나가고 싶지 않지만 책임자로서는 가지 않을 수 없겠지.

⑤ 病気の妻のこと、子供の学費のことを考えれば、わたしは節をまげざるをえなかった。〔現代、580、上〕
병든 아내, 아이들 학비를 생각하면 나는 신념을 굽히지 않을 수 없었다.

⑥ 社会は己れを保持するために、一種非人間的な組織を持たざるを得ないし……。〔小林秀雄、『Xへの手紙』〕
사회는 스스로 유지하기 위해 일종의 비인간적인 조직을 가지지 않을 수 없으며…….

3. 「좋고 싫고 관계없이 그렇게 밖에 판단할 수 없다」는 뜻으로, 얼핏 「망설이는 느낌」이지만 실제로는 「단정적인 판단」을 나타낸다. (예⑦⑧)

⑦ 今後も長期にわたって、人類は、地球を自分たちの唯一のすみかとせざるをえないであろう。〔現代、1156、下〕
금후 오랜 기간에 걸쳐 인류는, 지구를 자신들의 유일한 거처라고 하지 않을 수 없을 것이다.

⑧ これだけ国際的な非難を浴びれば、政府も計画を白紙に戻さざるを得ないのではないか。〔文型、135〕
이 정도로 국제적인 비난을 받는다면, 정부도 계획을 백지로 돌리지 않을 수 없지 않은가?

4. 의지력으로 억제 불가능할 경우, 「～なければならない」로 바꿀 수 없다.(예⑨～⑪) – 제약에서 벗어날 수 없음을 본인 자신이 납득한 경우에만 사용되기 때문이다.

⑨ 彼の方針は誤りだったと言わざるを得ない。〔文典、50〕
그의 방침은 잘못됐다고 말하지 않을 수 없다.

⑩ 私としては、その場合そうせざるを得なかったのです。〔文化庁、580〕
나로서는 그 경우 그렇게 하지 않을 수 없었습니다.

⑪ この統計を見てもわかるように、たばこは人体に有害だと言わざるをえない。〔Intensive-中〕
이 통계를 봐도 알 수 있듯이, 담배는 인체에 유해하다고 하지 않을 수 없다.

3 ～わけにはいかない

* 그렇게 하고 싶다고 생각하지만「필연적으로 그렇게 하는 것이 불가능한 상태」에 놓여있는 것을 나타낸다. (「～라고는 할 수 없다」) － 예①～⑤

① 一つ一つ手作りなので、 機械のように均質に作り上げるというわけにはいかない。〔現代、283、上〕
하나 하나 손으로 만들었기 때문에 기계같이 일정하게 만들어 낼 수 없다.

② 科学や工業の発達は望ましいことですが、 大切な自然を破壊することを許すわけにはいきません。〔現代、1229、上〕
과학이나 공업의 발전은 바람직한 일이지만, 소중한 자연을 파괴하는 일은 용서할 수 없습니다.

③ 政治の世界は、まだまだ黒い霧が立ち込めていて、ガラス張りというわけにはいかないようだ。〔現代、276、下〕
정치 세계는, 아직 검은 안개가 자욱히 끼여 있어 공명정대하다고 할 수 없을 것 같다.

④ 少年たちのいたずらは悪質で、だまって黙認するわけにはいかなかった。〔現代、1124、上〕
소년들의 장난은 악질이어서 가만히 묵인할 수 없었다.

⑤ 弟子の行状が改まらないかぎり、師としては許すわけにはいかなった。〔現代、268、中〕

제자의 품행이 고쳐지지 않는 한, 스승으로서는 용서할 수 없었다.

cf)「～ないわけにはいかない」

(a)「～ざるをえない」와 동의어 **〔문제제기〕**

: 前述「ざるをえない」의 예①～⑧과 대체 가능하나, 예⑨～⑪에 대체하면 극히 부자연스러워진다.

(b)「～ざるをえない」보다 구어 표현으로 사용된다.

⇒・親友のたっての頼みとあれば、引き受けないわけにはいかない。〔現代、661、下〕

(친구의 절실한 부탁이 있으면, 받아들이지 않을 수가 없다.)

・子を見て、その親を知ると言われると、親としては襟を正さないわけにはいかない。〔現代、652、上〕

(아이를 보면 그 부모를 안다고들 하니, 부모로서는 정신을 바짝 차리지 않을 수 없다.)

・実際にはもう彼を採用することに決まっていたが、形式上はめんどうでも試験と面接をしないわけにはいかなかった。〔文型、645〕

(실제로는 이미 그를 채용하기로 결정했지만, 형식상은 번거러워도 시험과 면접을 하지 않을 수 없었다.)

・ふたりは別れてから今会うまでの間にはさまっている過去という不思議なものを顧みないわけにはいかなかった。〔夏目漱石、『硝子戸の中』〕

(둘은 헤어진 후 지금 만날 때까지 그 사이에 있는 과거라는 이상한 것을 되돌아 볼 수밖에 없었다.)

cf-1)「～ようなわけにはいかない」

・ここは田舎だから、都会のようなわけにはいかない。〔国際、68〕

(여기는 시골이기 때문에 도시 같을 수는 없다.)

＊ 이 예의 표현은「都会のような(便利な生活をする)わけにはいかない」(도시와 같은 편리한 생활을 할 수 없다) 의 압축형이다.

4 ～べきだ

가. 활용

1. 「べき」는, 文語조동사 「べし」의 連体形에서 온 口語조동사이다. (文語의 잔존형태)

未	用	終	**基**	**体**	已然	命
べから	べかり べく	べし。	**べし**	**べき**	べけれ	×

① ・この義務教育は何といっても動かすべからざる国民教育の基底である。〔語研、26〕 - 未

이 의무교육은 뭐니뭐니 해도 움직여서는 안 되는 국민교육의 기저이다.

・芝生内に立入るべからず。 - 未

잔디밭에는 들어가지 말 것.

② ・あひみずは恋しき事もなからましをと(音)にぞ人をきくべかりける。〔古今和歌集、678〕 - 用

서로 맞지 않았다면 이렇게 사랑하는 일도 없을 것이다. 소문으로만 그 사람의 소식을 듣고 있으면 좋았을 걸.

・そんなことは望むべくもないことだ。〔엣센스、2302〕 - 用

그런 일은 바랄 수조차 없다.

・日本の文学を勉強すべく、日本へ留学した。〔文化庁、916〕 - 用

일본 문학을 배우려고 일본으로 유학했다.

③ ・あす7時に集合すべし。〔엣센스, 2302〕 − 終

내일 7시 집합할 것.

・踏み切りに注意すべし。〔語研, 270〕 − 終

건널목에 주의할 것.

④ ・今日、驚くべきことにひとりの政治批評家も存在しないではないか。〔上同〕 − 体

오늘날 놀랍게도 한 사람의 정치비평가도 없는 게 아닌가?

・悪いことをしたのは君だから謝るべきだ。〔文化庁, 915〕 − 体

나쁜 짓을 한 사람은 자네이니까 사과해야 한다.

・ 揺れ動く時代の中で、幾人かの先覚者たちは、来(きた)るべき次の世を予言していた。〔現代, 589, 中〕 − 体

격동의 시대 속에서 몇 명의 선각자들은, 다가올 다음 세상을 예언하고 있었다.

⑤ 月の影(かげ)は同じ事なるべければ。〔엣센스, 2302〕 − 已

달 그림자는 다 같을 것이므로.

2. 연체형 용법으로「べき-で」「べき-だ」「べき-だろう」「べき-なのに」「べき-こと」등이 보인다. (예⑩~⑭)

⑩ どこの学校を出たかを問題にするよりも、どんな人物であるかということを考えるべきではないか。〔現代, 1140, 中〕

어느 학교 출신인가를 문제로 하기보다도, 어떤 인물인가 하는 것을 생각해야 되지 않는가?

⑪ 市長は公約を実行すべきだ。〔スーパー、1410〕
시장은 공약을 실행해야 한다.

⑫ いずれ値上がりすると思うから、安いうちに買っておくべきだろう。〔国際、70〕
하여튼 값이 오른다고 생각하기 때문에, 값이 쌀 때 사 놓아야 할 것이다.

⑬ 奨学金は彼がもらうべきなのに彼女がもらった。*
장학금은 그가 받아야 하는데 그녀가 받았다.

⑭ 驚くべきことに、私は彼が戦死したという知らせを聞いた。〔朝鮮-上、503〕
놀랍게도 그가 전사했다는 소식을 들었다.

나. 의미・용법

1. 道理・본연의 태도(「あり方」)로 「당연함」 「적당함」을 나타낸다. (예①~⑤) — 실현여부에 관계없이 「규범으로서의 태도」를 서술한다.

① 見識のある人の忠告には、虚心に耳を傾けるべきだ。〔現代、274、中〕
식견이 있는 사람의 충고에는, 순수하게 마음을 비우고 귀를 기울여야만 한다.

② 「旅の恥はかき捨て」というが、旅先でも自分の行動に責任をもつべきだ。〔現代、662、下〕

「여행 중에 창피를 당해도 크게 부끄러울 것이 없다」고 하지만, 여행지에서 자신의 행동에 책임을 져야 할 것이다.

③「罪を憎んで人を憎まず」とは、犯した罪は憎むべきだが、罪を犯したその人を許してやるようにということです。〔現代､826､中〕
「죄를 미워하되 사람은 미워하지 말라」라는 것은, 지은 죄는 미워해야 하지만 죄를 지은 그 사람은 용서해 주도록 한다는 것입니다.

④ 先進諸国は、内戦や飢えによる世界各地の難民の救済に大きな努力を払うべきだ。〔現代､260､中〕
선진제국은, 내전과 굶주림에 의한 세계 각지의 난민구제에 큰 노력을 기울여야만 한다.

⑤ 国際情勢に通じた人材を外務大臣にすえて、難局に当たるべきだ。〔現代､821､中〕
국제정세에 능통한 인재를 외무대신으로 앉혀 난국의 임무에 임해야 한다.

2. 현실적으로「본인의 의지에 역행」하는 제약을 받는다.(예 ⑥~⑨)

⑥ 制服はなくすべきだというあなたの話の趣旨は、わかりました。〔現代､487､中〕
제복은 없애야 한다는 당신의 말의 취지는 알았습니다.

⑦ 有事に備えて軍備を整える必要があるという意見と、それが軍拡競争につながるから軍備は縮小すべきだという意見があります。〔現代､1159､中〕

유사시에 대비해서 군비를 정비할 필요가 있다고 하는 의견과 그것이 군비확장 경쟁에 연결되기 때문에, 군비는 축소해야 한다고 하는 의견이 있습니다.

⑧ 納得できないのなら、最後まで強硬に反対する<u>べきだ</u>。〔現代、266、下〕
납득할 수 없는 것이라면 마지막까지 강경하게 반대해야만 한다.

⑨ 生物の異常発生は、自然のバランスが崩れていることの証拠と考える<u>べきである</u>。〔現代、293、上〕
생물의 이상발생은, 자연의 균형이 무너지고 있는 증거라고 생각해야 한다.

3. 「～べきだ」와 「～なけれぱ/ならない(いけない)」의 차이

〔문제제기〕

(1) 「～べきだ」 → 방침・원칙 (「建て前」)
「～なければ/ならない(いけない)」 → 행동에 관한 제약 그 자체

(2) 대체 가능한 경우와 대체 불가능한 경우가 있다. (예⑩의 「～なければならない」는 「～べきだ」로 불가능하지만, 「～べきだ」는 「～なければならない」와 대체 가능)

⑩ 立場上, 会長を引き受ける<u>べきだ</u>と思っていたが、やむをえない事情で断ら<u>なければならなく</u>なった。〔国際、70〕
입장 상 회장을 맡아야 한다고 생각하고 있었지만, 부득이한 사정으로 거절하지 않으면 안 되게 되었다.

(3) {「～べきだ」 → 미온적(「生ぬるい」) － 예⑪
「～なければならない」 → 강제적(法律) － 예⑪′

⑪ 自分の能力の不足を嘆く前に、もっと努力するべきだ。〔現代､809､下〕
자신의 능력의 부족을 한탄하기 전에 좀더 노력해야 한다.

⑪′ 韓国では、車は道路の右側を走らなければならない。*
한국에서는 차는 도로 우측을 가야 된다.

4. 否定形「～べきで(は)ない」→「그렇게 하는 것은 안 된다」(禁止) － 예⑫⑬

⑫ 一度ぐらいの失敗であきらめるべきではない。〔表現､220〕
한번 정도의 실패로 포기해서는 안 된다.

⑬ 林にすわっていて日の光のもっとも美しさを感ずるのは、春の末より夏の初めであるが、それは今ここに書くべきでない。〔国木田独歩､『武蔵野』〕
숲에 앉아서 햇빛이 가장 아름다움을 느끼는 것은, 늦봄보다 초여름이나 그것은 지금 여기에 써서는 안 된다.

5. 「～べきだった」: 과거의 회상 → 실제의 행동 태도는 그러한 판단에 「反」함을 표현한다.(그것을 반성하여 서술) － 예⑭⑮

⑭ 君はやっぱりあのときに留学しておくべきだったんだよ。〔文型､514〕
자네는 예상대로 그때 유학을 해뒀어야 했네.

⑮ 自分をよく見せようとしたのがまちがいで、むしろもっと地金を出すように努めるべきだった。〔現代、433、中〕

자신을 잘 보이려고 했던 것이 잘못이며, 오히려 더욱 자기의 본성을 나타내려고 노력해야만 했다.

6.「～べきだと思った」 ― 과거의 어느 시점에서 판단할 경우에 사용한다. (예⑯)

⑯ 私はその時、死を覚悟すべきだと思った。〔国際、72〕

나는 그 때 죽음을 각오해야 한다고 생각했다.

7.「べき+N」型

＊ 명사(N)가 후접할 경우, 다음과 같이 특이한 뉘앙스를 나타낸다.

(1)「～なければ/ならない(いけない)」와 대체 가능

→「그렇게 하는 것이 당연하다」(예⑰⑱)

⑰ この青年も結局来るべき所に来たのだ。〔木下杢太郎、『十一人の偏盲』〕

이 청년도 결국 와야 할 곳에 온 것이다.

⑱ 人は皆死すべき運命を背負っている。〔文型、515〕

사람은 모두 죽을 운명을 짊어지고 있다.

(2)「실로～할 수 있다」(「真(まこと)に～スルことができる」)「～할 가치가 있다」(「～スルに値する」)의 의미를 나타낸다. (예⑲～㉑)

⑲ 今までの厳しい参加条件が緩和され、新人画家にも競作の機会が与えられたことは喜ぶべきことだ。〔現代、267、上〕＝ 真に喜ぶことができる
지금까지 엄격한 참가조건이 완화되어, 신인화가에게도 경쟁의 기회가 주어진 것은 기뻐해야 할 일이다.

⑳ 博士の意見は、人間社会の未来を見通した達見というべきものだった。〔現代、656、中〕＝ ～達見というに値する
박사의 의견은, 인간사회의 미래를 예측한 달견이라고 해야 할 것이었다.

㉑ 部族の人々の生活は、自然の摂理にかなって、まことに驚くべきものがある。〔現代、585、上〕＝ 驚くに値する
부족 사람들 생활은, 자연의 섭리에 맞추어 생활하는데 정말로 놀랄만한 데가 있다.

(3) **「情意V ＋ べき」型**：「情意V ＋ べきことに」(副詞句)의 의미 (예㉒㉓)

㉒ 人間は、いざという時には恐るべき力を発揮するものだ。〔国際、72〕＝ 恐るべきことに
인간은 일단 유사시에는 가공할만한 힘을 발휘한다.

㉓ 若者の敬語意識について調査したところ、次のような驚くべき結果が出た。〔誤用、84〕＝ 驚くべきことに
젊은이의 경어의식에 대하여 조사해 봤더니, 다음과 같은 놀라운 결과가 나왔다.

(4) 「～べからざる」는, 동작・행위의 「不可能」을 나타낸다. (예㉔㉕) → 「도저히～할 수 없을 정도의」(「とても～することができないほどの」)

㉔ 許すべからざる行為。〔基礎、101〕
도저히 용서할 수 없는 행위

㉕ 六三義務教育は何といっても動かすべからざる国民教育の基底である。〔『朝日新聞』、1949.5.6、1面〕
6・3 의무교육은 뭐니 해도 움직일 수 없는 국민교육의 기저이다.

5 ～はずだ・～ものだ・～わけだ

여기에는 다양한 의미・용법이 있는데 이 중 「필연・당연」의 의미용법을 나타내는 경우만을 살펴보자.

가. ～はずだ

1. 사정 등을 근거로 「추론」하여, 「당연한 것」으로 「予測」「기대」하는 것을 나타낸다. (예①～④)

① こんなよくない結果になったのには、必ずその原因があるはずだ。〔現代、329、上〕
이렇게 좋지 않은 결과로 된 것에는 반드시 그 원인이 있을 것이다.

② もう少し登っていくと小さなせせらぎがあるはずだから、そこで休憩しよう。〔現代、579、中〕

좀 더 올라가면 작은 시냇물이 있으니 거기서 쉬자.

③ 問題を起こした者の処分は、いずれ規約にのっとって行われるはずだ。〔現代、256、下〕
문제를 일으킨 사람의 처벌은, 어쨌든 규약에 따라 행해져야 할 것이다.

④ あの事件は、警察の記録に載せているはずだから、調べればわかります。〔現代、280、中〕
그 사건은, 경찰의 기록에 남겨져 있으니까 조사하면 알 수 있습니다.

2. 「당연하다」고 화자자신이 「납득」할 경우에 사용한다. (예⑤~⑦)

⑤ こんなうわさも知らなかったのかい、世情には通じているはずのきみがね…。〔現代、579、上〕
이런 소문도 몰랐어? 세상 물정을 잘 알고 있을 네가 말이야 ….

⑥ 彼ほどの器量があれば、十分指導的な立場に立つことができたはずだ。〔現代、278、中〕
그 만큼 기량이 있다면, 충분히 지도적인 입장에 설 수 있었을 것이다.

⑦ 空想の世界では、白馬に乗った騎士がわたしを迎えに来てくれるはずなのに。〔現代、287、下〕
공상의 세계에서는, 백마를 탄 기사가 나를 마중하러 와 줄텐데.

3. 과거의 일이 「당연」한 경우, 「~たはずだ」로 나타낸다.(예⑧⑨)

⑧ 3日前に出した手紙だからもう着いたはずです。〔文典、131〕
3일전에 보낸 편지니까 이미 도착했을 겁니다.

⑨ その件については、先にお断りしたはずです。〔現代、588、上〕
그 건에 대해서는 먼저 거절했을 것입니다.

나. ~ものだ

* 「그렇게 한다」 「그렇게 된다」와 같이 극히 자연스러운 것을 표현한다.

1. 인간의 「일반적 경향」을 나타낸다. (예①~④)

① いつの時代も若者は、社会を支配している体裁には批判的なものです。〔現代、632、下〕
어느 시대나 젊은이는, 사회를 지배하고 있는 체제에는 비판적인 법입니다.

② わが子のためなら、たとえ火の中、水の中、どんなことでも、親はするものです。〔現代、629、下〕
내 아이를 위해서라면, 설령 불 속이나 물 속 어떤 것이라도 부모는 뛰어드는 법이다.

③ 「なくて七癖」というくらいだから、だれにでも癖の一つや二つあるものだ。〔現代、293、中〕
「사람은, 없어도 일곱 가지 버릇이 있다」고 하니, 누구에게라도 버

릇 한 두개는 있기 마련이다.

④ 「まかぬ種は生えぬ」というが、 物事には必ず原因があるものだ。〔現代、865、下〕

「뿌리지 않는 씨는 나지 않는다」라는데, 모든 일에는 반드시 원인이 있는 법이다.

2. 사회습관이나 도덕상의 문제점을 제시하여 상대에게 「충고」하는 것을 나타낸다. (예⑤~⑦)

⑤ 正直者が損をするなんて、そんなばかな話があるもんか。〔現代、866、上〕

정직한 자가 손해를 보다니, 그런 바보 같은 이야기가 있는가?

⑥ しばらくは、うまく言い逃れても、悪事は必ず発覚するものだ。〔現代、882、下〕

잠시 발뺌하여 변명하더라도 나쁜 일은 반듯이 발각되는 거야.

⑦ 口で言うほど、クラブ活動と勉強の両立はうまくいかないもんだよ。〔現代、304、下〕

흔히 말하듯이 동아리활동과 공부의 병행은 잘 되지 않는 거야.

다. ~わけだ

1. 일이 되어 가는 형편(「事の成り行き」)이나 사물의 도리(「ものの道理」)로 보아 「필연적」으로 어떤 결론에 이름을 표현한다.

(1) 「이유」를 명시하고 「결론」을 서술한다. (예①)

① 日本に5年もいるから、上手なわけだ。〔誤用、70〕
일본에 5년이나 있으니까 능숙한 거다.

(2) 판단과정은 言外에 두고 「결론」만 둔다. (예②③)

② これで、きみとぼくの間には貸借関係がなくなったわけだ。〔現代、630、下〕
이래서 자네와 나 사이에 대차관계는 없는 거야.

③ 目標を達成できなかった。だが、必ずしも失敗だったわけではない。〔現代、640、下〕
목표를 달성 할 수 없었다. 그러나 반드시 실패한 것은 아니다.

2. 화자가 어떤 결과에 이른 사항을 「당연」한 것으로 판단한다. (예④)

④ 別にいいかっこうをするわけではないが、ぼくにも体面というものがある。〔現代、637、下〕
그다지 멋있게 할 것은 없지만, 나에게도 체면이 있어.

3. 기정 사실의 사항을 「재확인」한다. (예⑤)

⑤ 私は古本屋めぐりが好きで、暇があると古本屋を回っては掘り出し物を探しているわけですが、このごろはいい古本屋が少なくなってきたので残念に思っています。〔文型、640〕
나는 헌 책방 가기를 좋아하여, 짬이 나면 헌 책방을 돌아보면서 진

귀한 책을 찾아다니는데, 요즘은 좋은 헌 책방이 줄어들어 유감스럽습니다.

참고문헌

単行本

<기본서>

・国立国語研究所 報告3, 『現代語の助詞・助動詞』(1951, 秀英出版)
・森田良行, 『基礎日本語1』(1977・10, 角川書店)
・日本語教育学会, 『日本語教育事典』(1982, 大修館)
・国広哲弥, 『ことばの意味3』(1982・5, 平凡社)
・森田良行・松木正慧, 『日本語表現文型』(1989, アルク)
・グル－プ・ジャマシイ編, 『日本語表現文型辞典』(1998.2, くろしお出版)

<심화서-1>

・吉田金彦, 『上代語助動詞の史的研究』(1973・3, 明治書院)
・________, 『国語意味史序説』(1977・11, 明治書院)
・松村明, 『古典語・現代語 助詞助動詞詳説』(1984, 学灯社, 5版)

<심화서-2>

・山田孝雄, 『漢文の訓読によりて伝へられたる語法』(1935・5, 宝文館)

論文

<기본논문>

- 奥村三雄, 「打消の助動詞 – まい<現代語>」(『国文学 解釈と教材の研究』9-13, 1964・10)
- 木村紀子・猪狩政枝, 「現代語における<べし>の諸相 – 新聞の中に現われた<べし>(6)意味の考察」(『緑聖文芸』4, 1973・3)
- 片貝幸恵, 「現代語における<べし>の諸相 – 文学作品の中に現われた<べし>(1)亀井勝一郎『大和古寺風物誌』から」(『緑聖文芸』4, 1973・3)
- 武井喜代子, 「現代語における<べし>の諸相 – 文学作品の中に現われた<べし> (2)夏目漱石『吾輩は猫である』から」(『緑聖文芸』4, 1973・3)
- 渡辺美津子, 「現代語における<べし>の諸相 – 文学作品の中に現われた<べし>(3)文学作品の中の<べし>の使用傾向」(『緑聖文芸』4, 1973・3)
- 人見厚子ほか, 「現代語における<べし>の諸相 – 新聞の中に現われた<べし>(4)新聞における<べし>の使用傾向一覧表」(『緑聖文芸』4, 1973・3)
- 野沢君代, 「現代語における<べし>の諸相 – 新聞の中に現われた<べし>(5)接続からみた<べし>の特徴」(『緑聖文芸』4, 1973・3)
- 寺村秀夫, 「<説明>の表現(1) ワケダ・モノダ・ノダ」(『日本語と中国語の対照研究3』, 1978・3)
- 篠崎一郎, 「<ワケ>の意味」(『Sophia Linguistica』8・9, 1981)

<심화논문-1>

- 新名登, 「<べし>の二十二種」(『国語教育』11-8, 1926・8)
- 大塚光信, 「助動詞マイの成立について」(『国語学』50, 1962・9)

・桜井光昭, 「推量の助動詞 − べし<古典語>」(『国文学 解釈と教材の研究』9-13, 1964・10)

・石田 肇, 「助動詞<べし>の考察」(『滋賀大 国文』4, 1967・3)

・佐伯哲夫, 「特集・日本語助動詞の役割 推量(らし・まし・べし・めり)」(『国文学 解釈と鑑賞』33-12, 1968・10)

・鈴木丹士郎, 「<べし>と<まじ>の接続 − 文語史上の一問題として」(『専修大人文科学研究所 月報』6, 1968・11)

・阪倉篤義, 「<べし><らし><らむ><けむ>について」(『佐伯博士古稀記念 国語学論集』, 1969・6, 表現社)

・中西宇一, 「<べし>の意味 − 様相的推定と論理的推定」(『論集日本語研究7』, 1979・2, 有精堂)

・坂口和吉, 「助動詞の意味 − <べし>をめぐって」(『山辺道』23, 1979・3)

<심화논문-2>

・橋本四郎, 「ベシ・マジの接続面の混乱」(『国語学』22, 1955・9)

・大野透, 「ベシ・ベカラズ・マシジ・マジについて」(『国語学』25, 1956・7)

・塚原鉄雄, 「推量の助動詞 − その国語史的考察」(『国語国文』26-7, 1957・7)

・福島邦道, 「いわゆる推量の助動詞 − <べし>の研究」(『国文学 解釈と教材の研究』4-2, 1959・1)

・大塚光信, 「ベシとマシ」(『国語国文』29-7, 1960・7)

・中田祝夫, 「解釈文法雑筆(1)~(3) − 苔の細道を踏み分けて<べし>と<まじ>およびその<裏>と<表>」(『言語と文芸』5-3~5, 1963・5~9)

・大野普, 「推量の助動詞 じ・む・らむ・らし・めり・べし」(『国文学 解釈と鑑賞』28-7, 1963・6)

・鶴久, 「万葉集における<可><応>字の用法」(『万葉』50, 1964・1)

・中西宇一, 「<べし>の推定性 − 様相と推定と意志」(『万葉』71, 1969・7)

・________, 「<べし>の意味 − 様相的推定と論理的推定」(『月刊文法』2-2,

1969・12)

・橋本研一,「<つべし>と<べし>の原義」(『金田一博士米寿記念論集』, 1971・10, 三省堂)

・________,「<べし>における可能の意味 − <可能>の意味史序説」(『田辺博士古稀記念 国語助詞助動詞論叢』, 1979・8, 桜楓社)

・佐田智明,「あゆひ抄における<べし>の里言をめぐって」(『北九洲大学文学部紀要』7, 1971・12)

・稲益保寿,「<べし>の意味の相関について − 万葉集を中心にして」(『薩摩路』18, 1974・3)

・吉田金彦,「万葉のことばと文学(9)<しこ><わけ>」(『短歌研究』34-5, 1977・5)

・島正三,「日本古典書における<べし>系の用語」(『田辺博士古稀記念 国語助詞助動詞論叢』, 1979・8, 桜楓社)

3. 使役의 表現

· 定義

스스로 동작을 하는 것이 아니고, 상대방에게 어떤 행위를 명령・요구하여 그 명령・요구대로 실행하는 뜻을 표현한다(본인의 의지에 관계없이 命받아 행함).「使役相」「使動言」「使動詞」「令動」「役動」등의 문법용어가 있으며 표현형식에는「せる」「させる」등이 있다.

⇒ 兄は弟にそうじをさせた。(=弟が兄の命令に従ってそうじをした。)
형은 동생에게 청소를 하게 했다.

1. 다음과 같이 **<5가지 型>**으로 분류할 수 있다. **〔문제제기〕**

「명령하는 측(A)」의 입장에서 표현하며「명령받는 측(B)」「행위의 대상(P)」이 필요하다. A에는 조사「が」「は」가 양용한다(이하 同一). 단, A・B는 유정물(有情物)이지만 경우에 따라 비정물(非情物)일 경우도 있다.[11)]

【1 型】

＊ 他v의 경우

Aが Bに Pを 他v (さ)せる **(は)**

(P → 사람인 경우도 있음)

11)「有情物」이란 사람이나 사람에 준하는 것 즉, 意思・感情을 갖고 있는 것을 말하며「非情物」이란 意思・感情을 갖고 있지 않는 것을 말한다.

＊ 경우에 따라 A・B는, 생략되기도 한다. 다음 예의 ( )의 부분은 원래 출전에는 없지만 임의로 표기하기로 한다(이하 同一).
― 예①~③

① (私が)力の弱い子供に、こんな重い荷物を持たせるのは無理だ。〔現代、1193、下〕
힘 약한 아이에게, 이렇게 무거운 짐을 들게 하는 것은 무리야.

② わたしは、旅行中の出来事の一部始終を家族に話して聞かせた。〔現代、63、下〕
나는, 여행 중에 일어난 사건의 자초지종을 가족에게 들려주었다.

③ 六人の子にひもじい思いをさせないために、母は細かい腕でせっせと芋やかぼちゃを作った。〔現代、78、上〕
6명의 아이에게 배고픈 생각을 하지 않게 하기 위하여, 엄마는 섬세한 솜씨로 열심히 고구마와 호박을 요리했다.

【2 型】

＊ 自V의 경우

Aが　Bを　自V (さ)せる **(は)**

① 彼は、いつも冗談を言ってみなを笑わせる。〔文型、130〕
그는 늘 농담을 하여 모든 사람을 웃긴다.

② 窓を開けても、むっとするやうな熱気のある風が一層じっとりした暑さを感じさせる。〔水野葦平、『麦と兵隊』〕
창문을 열어도, 후덥지근한 열기의 바람이 더욱 습한 더위를 느끼게 한다.

③ 人類は長い歴史の中で、知恵を働かせて文明を創造してきた。〔現代、804、下〕
인류는 긴 역사 속에서, 지혜를 들여 문명을 창조해 왔다.

④ 年老いた皇帝は、生への欲求をますますつのらせ、命じて不老不死の妙薬をさがさせた。〔現代、1187、上〕
나이든 황제는, 생의 욕구가 점점 심하게되자 명하여 불로 불사의 묘약을 찾게 했다.

⑤ 展覧会に出品した少年の作品は、審査員たちをうならせた。〔現代、491、下〕
전람회에 출품한 소년의 작품은, 심사원들의 탄성을 자아내게 했다.

【3 型】

Aが　Bを　Pに　自V (さ)せる
(は)

* **<「に」格을 필요로 하는 V>** (「～に会う」「～に従う」「～に乗る」)의 사역은, 「명령받는 측(B)」을 「～を」로 표현한다. (예①～③)

① 母親は子供を先生に会わせた。＊
어머니는 아이를 선생님과 만나게 했다.

② 警察官は(自分に)テロリストを従わせた。＊
경찰관은 테러리스트를 자기에게 따르게 했다.

③ 金教授は総長を車に乗らせた。＊
김 교수님은 총장님을 차에 타게 했다.

【4 型】

Aは　Pを　V (さ)せる **(が)**

＊ 日本語文에서는「非情物이 주격이 되는 경우」가 원래 없다. 그러나 明治 이후 欧文의 영향으로 일반화되고 있다.('The sad movie made me cry'의 예를 생각해 보자.) - 예①~③

① 彼の誠実さは、多くの人たちに好感を抱かせる。〔現代、59、上〕
그의 성실함은, 많은 사람들에게 호감을 갖게 한다.

② 吹く風は初夏の香りを漂わせ、今年の春も、はや行こうとしています。〔現代、51、中〕
부는 바람은, 초여름의 향기를 감돌게 하고 올 봄도 일찍 가려 하고 있습니다.

③ 彼女の弾くピアノの調べが、わたしの思い出を一挙によみがえらせた。〔現代、66、中〕

그녀가 치는 피아노 선율이, 나의 추억들을 일시에 되살아나게 했다.

【5型】 **〔문제제기〕**

＊ <V+使役+受身>의 型

B**が** A**に** P**を** (**は**)
- **V(さ)せられる** (「V+(さ)せる+られる」) — **(가형)**
- **Vされる**(「V+(さ)す+れる」) — **(나형)**

⇒ 私はみんなに歌を
- 가. 歌わせられた。
- 나. 歌わされた。

나는 모두에게 노래를
- 가. 부르게 되었다.
- 나. 부르게 되었다.

＊ <V+使役+受身>의 型은, 「화자의 의지가 없음」을 표현하는데 즉 「마지 못하여」의 의미가 내재되어 있다. 이 경우, 아래의 예①~③과 같이 명령하는 측(**A**)이 대부분 생략되어 있으므로 주의해야 한다. 특히, (나)형는, 사역형 「す」「さす」가 受身에 접속되어 자주 사용되는데 受身에 접속되지 않고 「す」「さす」만으로는 그다지 사용되지 않는다. 그러나, 「話し言葉」에서 자주 보이는데 주로 「少しあちらの話も聞かしてください。」「父は娘に入れさした新茶をおいしそうに飲んでいる。」〔文典、93〕와 같이 「て」「た」를 동반하면서 사용된다. 경우에

따라 아래의 예④와 같이 「BがAのPにVされる」와 같은 형태도 보이기도 한다.

① 監禁されたわたしは、(彼に)口にさるぐつわをかませられた。〔現代、207、下〕
감금당했던 나는, 수건으로 재갈을 물게 되었다.

② 野球部に入ると、みんな(は、コーチに)いやおうなしに頭をぼうずにさせられた。〔現代、78、上〕
야구부에 들어가자, 모두 다짜고짜 민머리로 하게 됐다.

③ 電話がなかなか空かなくて、いらいらしながらとうとう(私はおおぜいの人に)三十分も待たされた。〔現代、10、中〕
전화가 좀처럼 비지 않아, 불안 초조해 하면서 결국 30분이나 기다렸다.

④ 樹氷が月の明かりに照らされて、一面に白い花が咲いたようだ。〔現代、8、上〕
얼음으로 덮여진 나무가 달빛에 비쳐, 온통 흰 꽃이 핀 듯 했다.

2. 의미와 표현성

(1) 문자 그대로 「사역」을 표현한다.(예①~③)

① 教室のピアノを、窓側から壁側に移動させた。〔現代、73、上〕
교실의 피아노를 창 쪽에서 벽 쪽으로 이동시켰다.

② ライバル社の内情を探るため、スパイを潜入させることもあるらしい。〔現代､36､上〕
라이벌회사의 내부사정을 캐기 위해, 스파이를 잠입시키는 일도 있는 것 같다.

③ 赤ちゃんの足をもって逆さにして背中をたたき、飲みこんだ異物を吐き出させる方法がある。〔現代､76､下〕
갓난아기의 발을 쥐고 거꾸로 해서 등을 두들겨, 삼킨 이물질을 토해내게 하는 방법이 있다.

(2) 어떤 일을 하여「기대대로의 결과가 되도록」하는 의미를 표현한다.(예①~③) → 「そうしろ」라는 「직접 명령」이 아니다. <앞의 (1)과 다름>

① 旅行のおみやげに一対(いっつい)の夫婦茶碗(めおとぢゃわん)を買ってきて、父と母を喜ばせた。〔現代､70､上〕
여행 선물로 부부찻잔 한 셋트를 사와, 아버지와 어머니를 기쁘게 했다.

② 気にくわない男にギャフンと言わせるため、一計を講じることにしました。〔現代､66､下〕
마음에 들지 않는 남자에게 찍소리 못하게 하기 위해, 한가지 계책을 강구하도록 했습니다.

③ やろうと決意したことを長続きさせるには、強い精神力が必要だ。〔現代､805､下〕
하려고 결심했던 것을 오랫동안 유지시키기 위해서는, 강한 정신력이 필요하다.

(3) 원래 본인(当人)만으로는「행할 수 없는 일에 대해」자기 자신이 허가를 얻은 결과,「본인의 의지대로 실현」되는 의미를 표현한다. (예①②)

① よし、ぼくたちが一計を案じて、二人を仲直りさせてやろう。〔現代、66、下〕
좋아. 우리들이 계책을 짜내 두 사람을 화해하게 하자구.

② 小さいころに親と死に別れ、姉妹が力を合わせて生きてきたとは、泣かせる話だ。〔現代、36、下〕
어릴 적에 부모를 여의고 자매가 힘을 모아 살아왔다는 것은, 눈물나는 이야기다.

(4) 상대방의 행위를「묵인하는 것 보다」오히려「放任하는 의미」를 표현한다.(예①②)

① 疲れているようだったので、そのまま眠らせておいた。〔文型、129〕
피곤한 듯해서 그대로 자게 내버려두었다.

② 公園では、若い母親たちが子供たちを遊ばせながら、井戸端会議に花を咲かせている。〔現代、72、下〕
공원에서는 젊은 엄마들이 아이들을 놀게 하면서, 한자리에 모여 이야기꽃을 피우고 있다.

(5) 자기 자신의 행동을 서술하는 경우에「완곡한 표현」을 나타낸다. (상대방의「허가・승인」을 얻고 뭔가를 할 때 자주 사용) — 예①~③ <18. 의뢰・요구표현 참조>

① あなたが新しい仕事をはじめるのでしたら、もろ肌を脱いで協力させていただきます。〔現代、1139、上〕
당신이 새로운 사업을 시작한다면, 전력을 다해 협력하겠습니다.

② わたしにも、感想の一端を述べさせていただけますか。〔現代、69、下〕
저에게도 감상의 일부를 말하도록 해 주시겠습니까?

③ ただ今の発表に対して、少々異見を述べさせていただきます。〔現代、52、下〕
방금 발표에 대해서 저의 이견을 좀 이야기하겠습니다.

(6)「바람직스럽지 않은 결과」를 표현한다. (예①~⑥)

가.「의도적으로 한 것은 아닌데」바람직스럽지 않은(「このましくない」)결과를 초래하는 것을 나타낸다.

① 今までは親を泣かせるようなことばかりしてきたけれど、今度こそ心を入れかえて、まじめに働くことにしたよ。〔現代、805、中〕
지금까지 부모님을 울리는 일만 해 왔지만, 이번에야말로 마음을 바꾸어 성실히 일하기로 했어.

② お客を待たせておいて長電話するとは、いくら何でも失礼でしょう。〔現代、52、上〕
손님을 기다리게 하여 오래 동안 전화를 하는 것은, 사정이야 어떻든 실례겠지요.

③ 慰めの言葉のつもりが、よけい彼を落ち込ませてしまった。〔現代、808、下〕

위로의 말이라고 했는데 오히려 그를 상심하게 만들었다.

나.「자기의 책임을 게을리 하여」바람직스럽지 않은 결과를 초래하는 것을 나타낸다.

④ お客様を怒らせてしまうとは、とんだへまをしてくれたもんだ。〔現代、800、上〕

손님을 화나게 한 건 엄청나게 바보짓을 한 것이야.

⑤ あんな小さな子供に荷物を持たせるのはかわいそうです。〔現代、1126、上〕

저렇게 작은아이에게 짐을 들게 하는 것은 가엾습니다.

⑥ 弟に湯の加減を見させると、いつもぬるめになってしまう。〔現代、1156、下〕

남동생에게 목욕탕의 물을 보게 하면 언제나 미지근하게 해 버린다.

(7) 피해를 받은 측이「상대를 평하는」표현으로 사용한다.(예 ①~③)

① 彼は、ほかの少年たちとはどこか異質なものを感じさせた。〔現代、55、中〕

그는, 다른 소년들과 달리 어딘가 다른 면을 느끼게 했다.

② 家族の無理解を暗ににおわせるような父親の口ぶりであった。〔現代、43、上〕

가족들에 대하여 은근히 이해하지 못함을 풍기는 아버지의 말투였다.

③ 何をやらせても、なまけることしか考えないなまくらな男だった。〔現代、815、中〕
무슨 일을 시켜도 게으름 피우는 일밖에 생각 않는 의지가 약한 남자였다.

(8) **「自V · 他V가 대응하는 V」**의 경우는, 일반적으로 他V 쪽으로 사용한다.

⇒ 起きる(自, 일어나다), 起こす(他, 일으키다) → 起きさせる(×)
起こす(◯)
通る(自, 통하다), 通す(他, 통하게 하다) → 通らせる(×)
通す(◯)
逃げる(自, 도망가다), 逃がす(他, 놓아주다) → 逃げさせる(×)
逃がす(◯)

① 彼はどこへ行っても事件を起きさせるので有名だ。(×) → 起こす
그는 어디에 가더라도 사건을 일으키는 것으로 유명하다.

② おくさんを通らせて頼んだほうがいい。(×) → 通して
부인을 통해서 부탁하는 것이 좋아.

③ ちょうちょうを捕まえたもののかわいそうなので、逃げさせてやった。(×) → 逃がして
나비를 잡았지만 불쌍해서 놓아주었다.

(9) <着る・着させる・着せる>와 <見る・見させる・見せる>

〔문제제기〕

가. <着る・着させる・着せる>

① 「子供が自分で着物を着る。」(아이가 스스로 기모노를 입는다.)

⇒ 아이가 시켜서 입는 것이 아니라 「자발」에 의해 입는 것을 말한다.

② 「(母が)子供に自分で着物を着させる。」(아이에게 스스로 기모노를 입게 한다.)

⇒ 아이가 기모노를 입고 싶어하므로, 그렇게 입는 것은 엄마가 그 행위를 허락하는 것이다. 또는 아이의 의지는 배제한 채 「강제적으로」 입도록 명령하는 것이다. (강압적 뉘앙스)

③ 「(母が)人形に着物を着せる。」(인형에 기모노를 입힌다.)

⇒ 인형이 기모노를 입고 싶어하든 말든 상관없이 엄마는 인형에 대하여 그냥 입도록 한다. (소극적 뉘앙스)

나. <見る・見させる・見せる>

④ 「客が庭を見る。」(손님이 정원을 본다.)

⇒ 주인의 명령이나 허락의 의미가 아닌 손님이 스스로 정원을 보는 것을 말한다.

⑤ 「主人が客に庭を見させる。」(주인이 손님에게 정원을 보이게 한다.)

⇒ 손님이 정원을 보고 싶어하므로 보는 것을 허락한다던가, 손님의 의지는 그만 두고라도 「강제적으로」 정원을 보도

록 명령한다(사역)는 행위를 말한다.

⑥「主人が客に庭を<u>見せる</u>。」(주인이 손님에게 정원을 보인다.)
⇒ 손님이 정원을 보고 싶어하든 말든 상관없이 주인은 손님에 대하여 정원을 보이도록 하는 행위이다.

참고문헌

単行本

<기본서>

・国立国語研究所,『現代語の助詞・助動詞』(1951, 秀英出版)
・松村明編,『古典語・現代語 助詞助動詞詳説』(1969, 学灯社)
・吉田金彦,『現代語助動詞の史的研究』(1971, 明治書院)
・森田良行,『基礎日本語1』(1977・10, 角川書店)
・________,『基礎日本語2』(1980・6, 角川書店)
・グル－プ・ジャマシイ 編,『日本語文型辞典』(1998・2, くろしお出版)

<심화서-1>

・山田孝雄,『日本文法論』(1910, 宝文館)
・________,『日本文法講義』(1922, 宝文館)
・浅野信,『俗語の研究』(1943, 三省堂)
・松尾捨治郎,『助動詞の研究』(1943 文学社, 1961 白帝社)
・橋本進吉,『国語法研究』(『橋本進吉博士著作集2』, 1948, 岩波書店)
・________,『助詞・助動詞の研究』(『橋本進吉博士著作集8』, 1969, 岩波書店)
・時枝誠記,『日本文法 口語篇』(1950, 岩波書店)
・________,『国語学原論』(1957, 14刷, 岩波書店)
・此島正年,『国語助動詞の研究－体系と歴史－』(1973, 桜楓社)
・松下大三郎,『改選 標準日本文法』(1984, 改訂2刷, 勉誠社)

<심화서-2>

- 富士谷成章,『脚結抄』(1778)
- 本居春庭,『詞の通路』(1827)
- 東条義門,『活語余論』(1843)
- 大槻文彦,『広日本文典』(1899, 大槻家蔵版)
- 三矢重松,『増訂 高等日本文法』(1926, 明治書院)
- 浅野信,『俗語の考察』(1943, 三省堂)
- 文部省,『中等文法 口語』『中等文法 文語』(1947)
- 時枝誠記,『日本文法 文語篇』(1954, 岩波書店)
- 佐藤喜代治,『日本文法要説 古語編上』(1962, 日本書院)
- 高羽四郎,『助動詞「る」の用法』(1964・9, 1965・11, 自家版)
- 吉田金彦,『上代語助動詞の史的研究』(1973, 明治書院)
- 木下美,『紫式部日記の研究と鑑賞 − 日記体を中心に』(1982・7, 私家版)

論文

<기본논문>

- 岩渕匡, 「<行かせた>と<行かした>」(『口語文法講座3』, 1964, 明治書院)
- ＿＿＿, 「<(ら)れる><(さ)せる>意味の関係について」(『講座日本語教育9』, 1973・7, 早大語学研究所)
- 宮地裕,「使役の助動詞 − せる·させる<現代語>」(『国文学 解釈と教材の研究』9-13, 1964・10)
- ＿＿＿,「助動詞とは何か」(『品詞別日本文法講座 7』助動詞Ⅰ, 1972)
- 竹内美智子,「助動詞(1)」(『岩波講座 日本語』7 文法Ⅱ, 1972)
- 岩渕匡,「受身・可能・自発・使役・尊敬の助動詞」(『品詞別日本文法

講座 8』助動詞Ⅱ, 1977)
・青木伶子,「使役 － 自動詞・他動詞との関わりにおいて」(『成蹊国文』10)

<심화논문-1>

・望月世教,「国語動詞における対立自他の語形に就て」(『橋本博士還暦記念 国語学論集』, 1944, 岩波書店)
・金田一春彦,「日本語動詞のテンスとアスペクト」(『名古屋大学 文学部研究論集』10, 1955)
・佐藤喜代治,「未然形に続く助動詞」(『国文学 解釈と鑑賞』, 1957・11)
・高羽四郎,「使役<す>の用法 － 助動詞の語尾化について」(『静岡女子短大 紀要』4, 1957・12)
・石田春昭,「動詞未然形の性格」(『関西大学 国文学』20, 1958・1)
・西尾光雄,「サ変動詞<す･する>の補助的用法(承前)」(『人文学報』 17, 1958・2)
・和田利政,「いわゆる使役・尊敬の助動詞 － <す>の研究」(『国文学 解釈と教材の研究』4-2, 1959・1)
・中村通夫,「現代文の解釈と文法上の問題点」(『講座 解釈と文法7』, 1960, 明治書院)
・山崎良幸,「受身･使役の助動詞 る･らる･す･さす･しむ」(『国文学 解釈と鑑賞』28-7, 1963・6)
・蜂岸明,「特集･日本語の助動詞の役割 自発･可能･受身･尊敬･使役 <る･らる･れる･られる･す･さす･しむ･せる･させる>」(『国文学 解釈と鑑賞』33-12, 1968・10)
・永田吉太郎,「動詞の相に関する考察」(『国語と国文学』8-8)

<심화논문-2>

・堀田要治,「今昔物語集に於ける使役の助動詞ス・サス・シムについて」(『橋本博士還暦記念 国語学論集』, 1944, 岩波書店)
・北条忠雄,「東北方言における対者尊敬<ス>の本質」(『国語学』6, 1951・6)
・小林芳規,「漢文訓読史上の一問題 ― 再読字の成立について」(『国語学』16, 1954・3)
・黒岩駒男,「万葉集における令字の用法」(『久留米文学会紀要』, 1957)
・金田一春彦,「時・態・相および法」(『日本文法講座1』, 1957, 明治書院)
・長谷川清喜,「使役ス・サス・シムの<従>的用法について」(『語学文学 紀要』1, 1964・3)
・__________,「使役の助動詞 す・さす・しむ <古典語>」(『国文学 解釈と教材の研究』9-13, 1964・10)
・今泉忠義,「<賜はす><宣はす>の<す>について」(上同)
・森野宗明,「敬譲(含丁寧)の助動詞 ― しむ・す・さす・る・らる <古典語>」(上同)
・浅井峯治,「平安文学において<す><さす>が謙譲をあらわすという場合の考察」(『中央大学文学部 紀要』3-1, 1968・12)
・道本武彦,「<芭蕉・蕪村・一茶>発句の助動詞<る><らる><す><さす><しむ><れる><せる>について」(『国学院大 国語研究』27, 1969・3)
・________,「<たてまつる>に上下接する助動詞<る><らる><す><さす>についての調査報告」(『国学院大 国語研究』36, 1973・7)
・阪口勝子,「今昔物語集における使役の助動詞す・さす・しむの考察」(『文芸と思想』35, 1971・12)
・近藤政美,「平家物語における助動詞<す><さす>について ― 受動的状態を表わす用法を中心に ― 上・下」(『説林』21・22, 1972・12, 1973・12)

・江端義夫, 「知多半島南粕谷方言に見られる<行カッセル>などの<シャル><サッシャル> 敬語法について」(『方言研究年報』16, 1973・12)

・後藤和彦, 「上代語の助動詞<ゆ・しむ・す・ふ>の働きについて」(『奈良女子大学 研究年報』17, 1974・3)

・中村幸弘, 「補助動詞<す>の論」(『国学院雑誌』75-7, 1974・7)

・木下美, 「紫式部日記における敬譲語についての調査研究2 <す><さす>について」(『九州大谷短大 国語研究』5, 1976・12)

・森昇一, 「<す><さす>重複の表現」(『田辺博士古稀記念 国語助詞助動詞論叢』, 1979・8, 桜楓社)

・片山武, 「万葉集の<す>について」(『美夫君志』26, 1982・3)

・細江逸記, 「我が国語の動詞の相(Voice)を論じ活用形式分岐の原理に及ぶ」(『岡倉先生 記念論文集』, 1928)

4. 受身의 表現

· 定義

한 쪽(A)에서 다른 쪽(B)으로 어떤 행위(V)가 미쳐 그 영향을 받는 경우에, 받은 측(B)의 사람이나 사물을 주격으로 고정시켜 나타내는 표현방식이다. 표현 형식에는「れる」「られる」가 있다.「受動」「被動」「所動」「被役相」「被相」등의 용어가 있으며 학자에 따라 A는「一方」「与え手」「動作主」로 호칭하고, B는「他方」「受け手」「被動作主」로 호칭하기도 한다. (예, 광고「걸면 걸리는 '걸리버'」를 상상하자.)

一方(A)	**行為(V)**	**他方(B)**	**<P : 행위의 대상>**
(人, 物)	→	(人, 物)	
		↓	
		主語 (영향받음)	
与え手(A)	→	**受け手(B)**	
動作主(A)	→	**被動作主(B)**	

1. 日本語의 受身文에서 主語는 有情物인 것이 전통이다. 그러나「書き言葉」에서 非(無)情物인 것이 일정조건下에서 일반화되고 있다.
   ⇒ ソウルオリンピックは、1988年行わ<u>れ</u>た。
   (서울올림픽은 1988년 행해졌다.)

2. 다음과 같이 **<10가지 型>**으로 분류할 수 있다.

【1 型】

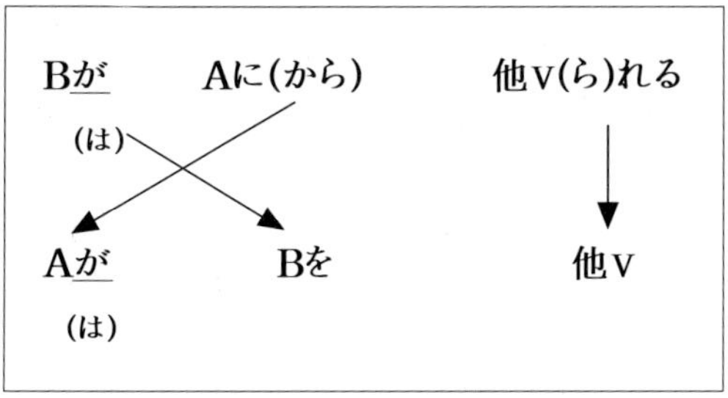

ハチ	子供	刺(さ)す
選手たち	監督	批判する
都会の水	みっちゃん	洗う

＊受身의 경우, A가 사람일 때 조사「に」는 자주「から」로 대신할 수 있다. 또한 B에는 조사「が」「は」가 양용하나 부조사「も」등도 자주 개입한다(이하 同一). 한국어로 번역할 경우, 능동형으로 해보면 쉽게 의미가 파악된다. (예①~③)

① 最近、市内で子供がハチに刺される事件が続発している。〔現代、611、中〕
최근, 시내에서 어린아이가 벌에 쏘이는 사건이 빈발하고 있다.

② 監督は、試合の進め方に一貫性がないとして、選手たちから批判されているらしい。〔現代、38、上〕
감독은, 시합의 진행 방법에 일관성이 없다고 하여 선수들로부터 비판받고 있는 것 같다.

③ 久しぶりに会うみっちゃんは、都会の水に洗われて、すっかりあか抜けしていた。〔現代、6、中〕

오랜만에 만난 밋짱은, 도시 물에 젖어 완전히 세련되어 있었다.

【2 型】

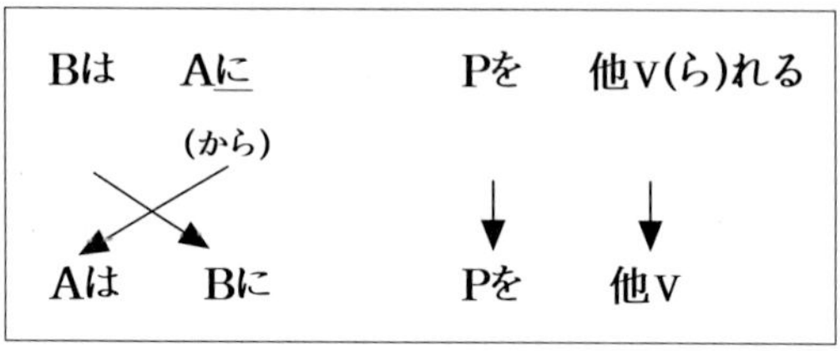

仏様　おばあさん　徳　施す
医者　父　運動　禁止する
先生　私　肩　叩く

＊ A・B는 자주 생략되기도 한다. 단, 다음 예의 ( )의 부분은 원래 출전에는 명시되어 있지 않지만 여기서는 임의로 표기하기로 한다.(이하 同一) － 예①~③

① 信心深く、心の優しいおばあさんは、仏様から徳を施され、幸せに暮らしたそうな。〔現代、773、中〕

신앙심 깊고 마음씨 고운 할머니는, 부처님으로부터 덕을 받아 행복하게 살았다고 해.

② 病み上がりの父は、医者から過度の運動を禁止されています。〔現代、202、中〕

병환에서 회복된 지 얼마 되지 않는 아버지는, 의사로부터 과도한

운동을 금지 받고 있습니다.

③ (私は)本屋で漫画を立ち読みしていると、通りかかった先生に軽く肩を叩かれた。〔現代、213、中〕
책방에서 만화를 서서 읽고 있다가, 우연히 지나간 선생님이 가볍게 나의 어깨를 두드렸다.

cf) 「Bは Aに(から) V(ら)れる」에 의한 동작주 표현의 *受身*
(단, 조사가 혼동되기 쉬울 경우 「から」를 사용)

⇒ ・当時、結核は一度感染したら治らないということで、世間から恐れられていた。〔現代、225、中〕
(당시 결핵은 한번 감염되면 고칠 수 없는 것으로, 세상사람들은 무서워하고 있었다.)

・少しぐらい頭がよくても、(人間は)素行が悪いと人から信用されない。〔現代、612、中〕
(약간 머리가 좋아도, 소행이 나쁘면 타인으로부터 신용 받지 못한다.)

・あいさつ**に**続いて校長から卒業証書**が**渡された。〔国際、24〕
(인사에 이어 교장선생님으로부터 졸업증서가 수여되었다.)

【3 型】

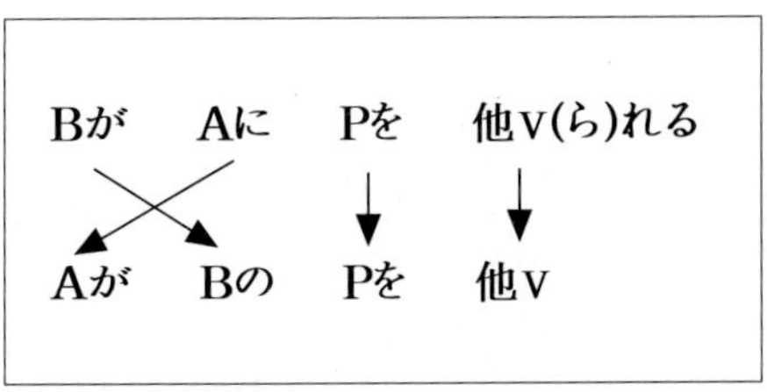

みんな	少年の	あだ名	つける
王	将軍の	冠	授ける
どろぼう	私の	着物や指輪など	盗む

① 少年は、赤毛でそばかすがあるため、(みんなに)「にんじん」というあだ名をつけられた。〔現代、21、上〕
소년은 빨간 머리에 주근깨가 있기 때문에,「당근」이라는 별명이 붙여졌다.

② 敵を倒して凱旋した将軍は、(王に)勇者の印たる冠を授けられた。〔現代、230、上〕
적을 이기고 개선한 장군은 용맹스러운 자를 뜻하는 관을 받았다.

③ 留守の間に、(私はどろぼうに)着物や指輪などをごっそり盗まれてしまった。〔現代、3、上〕
출타 중에, 옷과 반지 따위를 몽땅 도둑맞아 버렸다.

cf) 〔3型〕을 〔1型〕에 대입하면, 아래의 예와 같이 되는데 비문법적이다. 일본어문에서의 受身는 관용적으로 피동작주를 주격으로 내세우는데, 아래의 예는 드물게 보이는 표현이라 할 수 있다.

Bの	**Pが**	**Aに**	**V(ら)れる**
少年の	あだ名	みんな	つける
私の	着物や指輪など	どろぼう	盗む

⇒ 少年のあだ名がみんなにつけられる。(×)
私の着物や指輪などがどろぼうに盗まれる。(×)

【4 型】

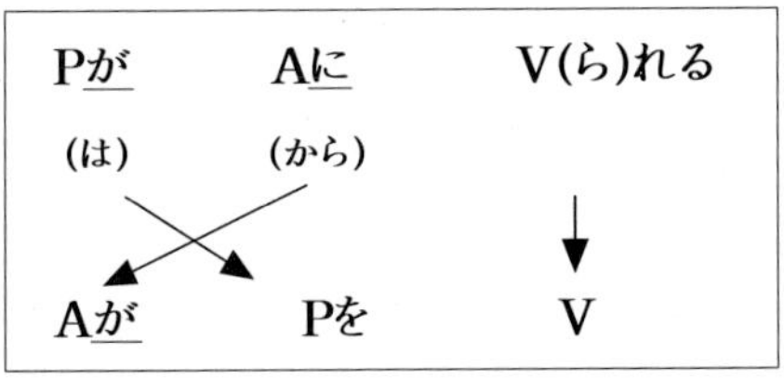

多くの人	俳句	愛好する
人々	私の真意	理解する
多くの読者	たくさんの作品	投稿する

① 俳句は、四季折々(おりおり)の風習を五・七・五で詠む詩として、多くの人々に愛好されている。〔現代、1、下〕
하이쿠는, 사계절 철마다의 풍물을 5・7・5로 읊은 시로 많은 사람들에게 애호되고 있다.

② 反対派の連中がいくら悪評を立てようとも、わたしの真意はいずれ人々に理解されよう。〔現代、12、上〕
반대파들이 아무리 악평을 하려고 해도, 결국 사람들은 나의 진의를 이해할 것이다.

③ 詩の雑誌には、毎月多くの読者からたくさんの作品が投稿されてきます。〔現代、759、中〕
시 잡지에는, 매월 많은 독자들이 많은 작품을 투고합니다.

cf) 그렇지만, 다음의 예(a′)(b′)는 특수한 경우로 볼 수 있으나, 매우 부자연스럽다.

⇒ (a) 田中さんが酒を飲む。 → (a′) 酒が田中さんに飲まれる。(×)
(다나카씨가 술을 마신다.) (술이 다나카씨로부터 마셔진다.)
(b) 母が窓をあける。 → (b′) 窓は母にあけられる。(×)
(엄마가 창문을 연다.) (창문은 엄마로부터 열려진다.)

【5 型】

(私は)	Aに	Pを	V(ら)れる

上役	借金	申し込まれる
新聞の広告	好奇心	そそられる

* 의도에 관계없이 「결과」로서 「私」가 피해를 보는 표현이다.

① (私は)上役に借金を申し込まれたが、相手が相手だけに断りにくくて困る。〔現代、3、下〕
상사로부터 돈을 빌려달라는 요구를 받았지만, 상대가 상대이니 만큼 거절하기 힘들어서 곤란하다.

② (私は)新聞の広告に好奇心をそそられて、この本を買ってみたが、思ったほどおもしろくはなかった。〔現代、615、上〕
신문 광고에 호기심을 자극 받아, 이 책을 사봤지만 생각만큼 재미있지 않았다.

【6 型】

<被害의 受身>

(Bは)　　Aに　　自V+(ら)れる

↓　　↓

Aが　　自V

客	来る
雨	降る
奥さん	逃げる

* 자신의 의도와는 상관없이 피해를 입는 경우에 피동작주의 입장에서 표현하는 형식이다. 自v에 접속되며「迷惑の受身」「被害の受身」라고 한다. 이러한 일본어 표현방식은, 대화나 문장에서 자주 사용되고 있으며 특이한 표현이라 할 수 있다.

① 忙しいときに客に来られて、仕事ができなかった。〔文型、633〕
바쁠 때 손님이 와서, 일을 할 수 없었다.

② B: 家族でハイキングに行ったんですが、途中で雨に降られましてね。
가족과 함께 하이킹을 갔었는데요, 도중에 비를 맞았어요.
A: それは大変でしたね。〔上同〕
그거 참 안됐네요.

③ 彼は奥さんに逃げられて、すっかり元気をなくしてしまった。〔上同〕
그는 부인이 도망가서, 완전히 기운을 잃고 말았다.

④ (私は)雨には降られるし道路は込むしで、今度の旅行ではまったくひどい目に遭いました。〔現代、4、下〕

비는 맞고 도로는 붐비고 해서, 이번 여행은 정말 혼 줄 났습니다.

【7 型】

<一般的인 事實表現>

Pが (は)	**V(ら)れる**

〔문제제기〕

가. 「동작주(**A**) 不明示, 特定時할 수 없는 경우」에 한한다. — 欧美 문장의 영향으로 최근 多用됨.(예①~③)

① 方言は、すぐ変わる流行語とちがって、あきれるほど気長に、地方に根づいて使われている。〔現代、10、上〕

방언은, 쉽게 변화하는 유행어와는 달리, 놀랄 정도로 느긋이 지방에 뿌리내리어 사용되고 있다.

② 万葉集は、現存する最古の歌集で、奈良時代に編まれたのである。〔現代、31、下〕

만요슈는, 현존하는 최고의 노래 집으로 나라시대에 편찬되어진 것이다.

③ ホテルやレジャーランドが建設されるなど、周辺の俗化にともない、湖は少しずつ汚れていった。〔現代、616、上〕

호텔이나 레져랜드가 건설되는 등, 주변이 저속화됨에 따라, 호수는 조금씩 오염되어 갔다.

나. 동작주(**A**)는 굳이 문제시할 필요 없으며「행위를 받는 대상(**P**)」에 주안점을 둔다.(예④~⑥)

④ 座談会では、教育問題が俎上にのせられ、熱心に意見が交わされた。
〔現代、614、上〕
좌담회에서는, 교육문제가 도마 위에 올려져 열심히 의견이 교환되었다.

⑤ 杉は日本の特産で、各地に自生し、あるいは植林されている植物だ。
〔現代、38、中〕
삼나무는, 일본의 특산으로 각지에서 자생하거나 식수 조림되고 있는 식물이다.

⑥ 農園で取れたばかりのぶどうが国道沿いの店で即売されている。
〔現代、611、中〕
농원에서 막 딴 포도가, 국도 변의 가게에서 직판되고 있다.

【8 型】

<連体修飾語의 受身> **〔문제제기〕**

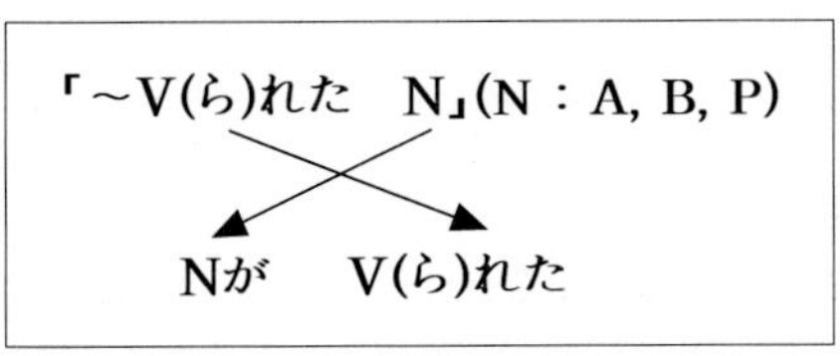

*「~V(ら)れた N」는, 「NがV(ら)れた」를 의미한다. (「~V(ら)れる N」도 同一) - 예①~④

① 激しい吹雪に閉じ込められた**彼ら**は、食料や燃料が乏しくなると，さすがに焦りを感じ始めた。〔現代、19、中〕
심한 눈보라에 갇힌 그들은, 식료와 연료가 부족해지자, 정말로 초조함을 느끼기 시작했다.

② この作品は、若くして太平洋上に散った戦士たちにささげられた**哀歌**です。〔現代、1、中〕
이 작품은, 젊어서 태평양상에서 산화한 전사자들에게 바쳐진 애가입니다.

③ 五月だというのに、八百屋の店先にはビニールハウスで促成された**スイカ**が並んでいる。〔現代、610、上〕
오월인데, 야채가게 앞에는 비닐하우스에서 속성된 수박이 진열되어 있다.

④ サッチャンは、みんなから好かれる**明るい性格の持ち主**です。〔現代、9、上〕
삿짱은, 모두가 좋아하는 밝은 성격의 소유자입니다.

【9 型】

Aが	**Pを**	**V**
↓	↓	↓
A によって	**P が**	**V(ら)れる**

* 「によって」는, 「문장체」에 사용하며, 한사람의 개인적인 일상사에 대하여는 표현하지 않는다. (예①~③)

① 現代は情報時代といわれるだけあって、ラジオ、テレビ、様々な出版物などによって沢山の情報が得られる。〔現代、491、中〕
현대는, 정보시대라고 일컬어질 만큼 라디오, TV 여러 가지 출판물 등에 의해 많은 정보를 얻을 수 있다.

② この製品は、質によって五つの等級に分けられている。〔現代、758、中〕
이 제품은, 질에 의해 5개의 등급으로 나누어지고 있다.

③ 「平家(へいけ)物語」は、「平曲」として、琵琶(びわ)法師によって語られ、広く民衆に親しまれた。〔現代、197、上〕
헤에케이야기는 헤이교쿠로, 비와법사에 의해 이야기되었으며 민중들에게 널리 친숙해졌다.

【10 型】

<自然現象의 受身>

A が	**P を**	**V**
↓	↓	↓
A で	**P が**	**V(ら)れる**

* 「Aで Pが V(ら)れる」의 형으로 自然현상(**A**)을 원인・이유로 표현하는 경우이다. **A**에는 경우에 따라 自然현상이 아닌 단

순한 원인・이유의 사항이 놓일 수도 있다. (예①~③)

① 大雨による土砂崩れで孤立した村に、ヘリコプターから食料や医療品が投下された。〔現代、757、中〕
큰비로 인한 흙 붕괴로 고립된 마을에, 헬리콥터로부터 식품과 의료품이 투하되었다.

② 台風で道路が分断され、山奥(やまおく)に孤立した人々を助けるために、救援隊が組織された。〔現代、613、下〕
태풍으로 도로가 끊겨, 산중에 고립된 사람들을 돕기 위해 구조대가 조직되었다.

③ 複雑な字形の漢字を簡易にする目的で、当用漢字字体表が作られた。〔現代、217、下〕
복잡한 자형의 한자를 간략히 하는 목적으로,「당용 한자 자체표」가 만들어졌다.

cf)「Nに襲われ、~」의 형식은,**「Nが襲って、~」**의 의미를 나타낸다.

⇒ 猛烈な寒波に襲われ、野生動物の中にも凍死するものが出ました。〔現代、760、下〕
(맹렬한 한파가 덮쳐, 야생동물 가운데에도 동사하는 것이 나왔습니다.)
長者(ちょうじゃ)の蔵は盗賊に襲われ、お金は全部奪われてしまった。〔現代、763、中〕
(백만장자의 창고는, 도적이 침입하여 돈은 전부 탈취 당했다.)

참고문헌

単行本

<기본서>

· 山田孝雄, 『日本文法論』(1910, 宝文館)
· 国立国語研究所, 『現代語の助詞・助動詞』(1951, 秀英出版)
· 松村明編, 『古典語・現代語 助詞助動詞詳説』(1969, 学灯社)
· 吉田金彦, 『現代語助動詞の史的研究』(1971, 明治書院)
· 森田良行, 『基礎日本語1』(1977・10, 角川書店)
· ________, 『基礎日本語2』(1980・6, 角川書店)
· 荒木博之, 『日本語から日本人を考える』(1980・5, 朝日新聞社)
· グル－プ・ジャマシイ 編, 『日本語文型辞典』(1998・2, くろしお出版)

<심화서-1>

· 山田孝雄, 『日本文法講義』(1922, 宝文館)
· 松下大三郎, 『標準日本文法』(1924, 中文館書店)
· __________ , 『改選標準日本文法』(1984, 改訂2刷, 勉誠社)
· 徳田浄, 『国語法査説』(1936, 文学社)
· 松尾捨治郎, 『助動詞の研究』(1943 文学社, 1961 白帝社)
· 橋本進吉, 『国語法研究』(橋本進吉博士著作集2, 1948, 岩波書店)
· ________, 『助詞・助動詞の研究』(橋本進吉博士著作集8, 1969, 岩波書店)
· 時枝誠記, 『日本文法 口語篇』(1950, 岩波書店)

・________,『国語学原論』(1957, 14刷, 岩波書店)

・此島正年,『国語助動詞の研究 ―体系と歴史―』(1973, 桜楓社)

<심화서-2>

・富士谷成章,『脚結抄』(1778)

・大槻文彦,『広日本文典』(1899, 大槻家蔵版)

・三矢重松,『増訂 高等日本文法』(1926, 明治書院)

・新村出,『東方言語史叢考』(1927, 岩波書店)

・浅野信,『俗語の考察』(1943, 三省堂)

・文部省,『中等文法 口語』『中等文法 文語』(1947)

・時枝誠記,『日本文法 文語篇』(1954, 岩波書店)

・築島裕,『平安時代の漢文訓読語についての研究』(1963, 東京大学出版会)

・高羽四郎,『助動詞「る」の用法(前・後)』(1964・9, 1965・11 私家版)

・桜井光昭,『今昔物語集の語法の研究』(1966・3, 明治書院)

論文

<기본논문>

・朝山信弥,「国語の受動文について」(『国語国文』, 1942・12)

・金田弘,「東京語における<れる>型敬語の性格」(『日本文学論究』10, 1952・7)

・藤原与一,「<行カレル><来ラレル>などの<レル・ラレル>敬語について」(『文学』20-12, 1952・12)「多過ぎる<られ・され> ― 皇室記事の敬語について」(『ことば』, 1953・12)

・虫明吉治郎,「尊敬の助動詞 <れる・られる>の命令形」(『近畿方言双書 4 方言論文集(1)』, 1956・2)

・佐藤喜代治, 「未然形に続く助動詞」(『国文学 解釈と鑑賞』, 1957・11)
・石垣幸雄, 「現代日本語の受身」(『名古屋大学文学部 言語学談話会会報』 13, 1958・6)
・田中章夫, 「語法からみた現代東京語の特徴」(『国語学』34, 1958・9)
・辻村敏樹, 「敬譲(含丁寧)の助動詞 ― ます・です・れる・られる <現代語>」(『国文学 解釈と教材の研究』9-13, 1964・10)
・土屋信一, 「受身の助動詞 ― れる・られる<現代語>」(『国文学 解釈と教材の研究』9-13, 1964・10)
・________, 「特集・近代敬語 江戸語の<れる・られる>敬語小考」(『国語学』 96, 1974・3)
・峰岸明, 「特集・日本語の助動詞の役割 自発・可能・受身・尊敬・使役 (る・らる・れる・られる・す・さす・しむ・せる・させる)」(『国文学 解釈と鑑賞』33-12, 1968・10)
・松尾捨治郎, 「研究成果を文法指導に採り入れるポイント 助動詞①②」(『月刊文法』, 1969・5, 6)
・西尾寅弥, 「受動・可能・自発・使役・尊敬の助動詞」(『品詞別日本文法講座8』, 1972, 明治書院)
・岩淵匡, 「<(ら)れる> <(さ)せる>の意味の関係について」(『講座日本語教育9』, 1973・7, 早大語学教育研究所)
・竹内美智子, 「助動詞(1)」(岩波講座『日本語』7 文法Ⅱ, 1977)

<심화논문-1>

・今泉忠義, 「助動詞る・らるの意義分化」(『国学院雑誌』, 1931・3)
・山田英雄, 「助動詞 <る> <らる> 指導上の注意点 ― 非情の受身」(『国文学 解釈と教材の研究』8-6, 1936・5)
・西尾寅弥, 「動詞の派生について」(『国語学』17, 1954・8)
・金田一春彦, 「時・態・相および法」(『日本文法講座1』, 1957, 明治書院)

・松尾捨治郎, 「古典解釈のための助動詞」(『国文学 解釈と鑑賞』, 1957・11)

・________, 「古典文法の第一総合探求 <助動詞篇>」(『国文学 解釈と教材の研究』, 1958・12)

・辻村敏樹, 「いわゆる受動・尊敬・可能・自発の助動詞 － <る>の研究」(『国文学 解釈と教材の研究』4-2, 1959・1)

・土屋信一, 「東京語の成立過程における受身の表現について」(『国語学』31, 1962・12)

・山崎良幸, 「受身・使役の助動詞 る・らる・す・さす・しむ」(『国文学 解釈と鑑賞』28-7, 1963・6)

・金沢晋三郎, 「活用に関する私見の一節」(『国学院雑誌』, 1964・6)

・小松寿雄, 「可能(含自発)の助動詞 － れる・られる <古典語>」(『国文学 解釈と教材の研究』9-13, 1964・10)

・西田直敏, 「可能(含自発)助動詞 － る・らる<古典語>」(上同)

・和田利政, 「受身の助動詞 － る・らる<古典語>」(上同)

・森野宗明, 「敬譲(含丁寧)の助動詞 － しむ・す・さす・る・らる <古典語>」(上同)

・高羽四郎, 「日本語の助動詞の役割」(『国文学 解釈と鑑賞』, 1968・10)

・此島正年, 「<る・らる>の尊敬用法」(『今泉博士古稀記念 国語学論叢』, 1973・3, 桜楓社)

・小松代融一, 「うざね舎雑筆(4)(5) 見れる・受けれる(3)(4)」(『岩手方言』 5, 6, 1979・3)

・永田吉太郎, 「動詞の相に関する考察」(『国語と国文学』8-8)

・石田春昭, 「動詞未然形の性格」(『国文学 解釈と教材の研究』20)

<심화논문-2>

・森重敏, 「上代国語に於ける靡<る>靡伏<れ>の研究」(『国語国文』15-8, 1946・9)

・楳垣実, 「近畿で使う敬語のル・ラル」(『近畿方言』13, 1952・6)

・浜田敦, 「助動詞」(『万葉集大成 6 言語篇』, 1955, 平凡社)

・大野晋, 「万葉時代の音韻」(『万葉集大成 6』, 1955, 平凡社)

・宮田和一郎, 「上代の受身・可能・自発の助動詞」(『解釈』, 1956・12, 1957・1)

・辻村敏樹, 「<る>の研究」「<らる>の研究」(『国文学 解釈と教材の研究』, 1958・12)

・福田良輔, 「古代日本語おける複語尾的四段活用 <る>の一考察」(『九州大 文学研究』59, 1960・3)

・佐藤虎男, 「伊勢白子方言における<～ル>待遇法について」(『国文学攷』27, 1962・3)

・松浦信子, 「大阪府に於ける <ル・ラル>と<レル・ラレル> 敬語について」(『女子大 国文』27, 1962・12)

・大坪併治, 「受身の表現を巡って訓点語から今昔物語の用語へ」(『国語と国文学』, 1964・10)

・佐々木峻, 「天草版平家物語の尊敬表現法 － <お～ある>表現法と<らるる・させらるる>表現法」(『国語学』68, 1967・3)

・道本武彦, 「<芭蕉・蕪村・一茶> 発句の助動詞 <る> <らる> <す> <さす> <しむ> <れる> <せる>について」(『国学院大 国語研究』27, 1969・3)

・________, 「<たてまつる>に上下接する助動詞<る> <らる> <す> <さす>についての調査報告」(『国学院大 国語研究』36, 1973・7)

・飯豊毅一, 「福島県方言における <ル> <ラル> 敬語について」(『国文学攷』49, 1969・3)

・後藤和彦, 「上代語助動詞 <ゆ>(<らゆ> <る>)について」(『薩摩路』17, 1973・3)

・南崎晋, 「蜻蛉日記における敬譲の <る> <らる> について」(『新国語研究』20, 1976・5)

・黒沢幸子, 「尊敬助動詞 <る・らる> の用法 – 古今著聞集を中心として」(『東洋大 文学論藻』53, 1977・12)

・中西宇一, 「自発と可能 – <る> <らる> の場合」(『女子大 国文』83, 1978・6)

・山崎孝雄, 「記紀において受身をあらわす <所> <被> <見> について」(『田辺博士古稀記念 国語助詞助動詞論叢』, 1979・8, 桜楓社)

・人久保一男, 「鎌倉時代の説話集における敬語 <る・らる>」(上同, 1979・8, 桜楓社)

・井上まゆみ, 「助動詞 <る> <らる> と可能動詞の関連について」(『香川大学 国文研究』4, 1979・9)

・石井幸子, 「尊敬助動詞 <る・らる> の一用法 – 最高級位者を動作主とする場合」(『解釈』25-9, 1979・9)

・木下美, 「紫式部日記における <る> <らる> について」(『九州大谷短大 国語研究』8, 1980・9 / 『紫式部日記の研究と鑑賞 – 日記体を中心に』, 1982・7, 私家版)

・細江逸記, 「我が国語の動詞の相(Voice)を論じ活用形式の分岐の原理に及ぶ」(『岡倉先生 記念論文集』, 1928)

5. 可能의 表現

· 定義

동작주체가 어떤 동작을 실현하는 힘을 갖게 되는 것, 또는 어떤 상태로 된다는 개연성이 내재된 표현이다.「可能相」「可能態」「勢相」「可能的被動態」라고도 한다. 이 표현은, 전체가 상태성을 보유하고 있으므로 명령형이 따로 존재하지 않는다. 표현형식에는,「れる」「られる」「가능V」「できる」「～ことができる」「うる(える)」등이 있다.

[1]「れる」「られる」와「가능V」

1. **<1단V의 未然形+「られる」>** 로 표현한다. (예①~⑤)

① 彼が我々のやり方に不満を抱いていたとは、とても信じ<u>られ</u>ない。〔現代、978、下〕
그가 우리들의 방법에 불만을 품고 있었다니 도저히 믿을 수 없다.

② この地方には、もう東京では見<u>られ</u>なくなった昔ながらの風習がたくさん残っています。〔現代、953、中〕
이 지방에는 이제 도쿄에서는 볼 수 없게 된 옛 풍습이 많이 남아 있습니다.

③ 学問は大きく自然科学、社会科学、人文科学の三つのフィールドに分け<u>られる</u>。〔現代、951、中〕
학문은 크게 자연과학, 사회과학, 인문과학 3개 분야로 나눌 수 있다.

④ あの真面目な男が不正を働くとは考えられない。〔現代、969、上〕
저 성실한 남자가 부정한 일을 한다는 것은 생각 할 수 없다.

⑤ この薬はよく効くが、副作用が強いので勧められない。〔現代、961、中〕
이 약은 잘 듣지만 부작용이 강하기 때문에 권할 수 없다.

cf) 최근 젊은 층에서는, 「1단V」나 「来る」에 「られる」를 붙여 사용하지 않고 **「가능V」**의 형으로 사용하는 경향이 있다. (「ラ抜き言葉」)

〔문제제기〕

⇒ 見る → 見られる → 見れる
食べる → 食べられる → 食べれる
来る → 来られる → 来(こ)れる

2. **5단V를 下1단으로 바꾸어 표현한다.** (어미 「-u」를 「-eru」로 바꾸어 표현) → **「가능V」**로 명명 (예⑥~⑩)

⑥ 今回の受賞は、彼の努力に対する当然の報酬といえるだろう。〔現代、1011、下〕
이번 수상은 그의 노력에 대한 당연한 보수라고 말할 수 있을 것이다.

⑦ 博士の地道な努力が不可能を可能にしたと言えるでしょう。〔現代、957、上〕
박사의 충실한 노력이 불가능을 가능하게 했다고 말할 수 있겠지요.

⑧ 彼のデビュー作は、新人とは思えぬ出来だと、世間から褒められたそうです。〔現代、1028、下〕
그의 데뷔작은, 신인이라고 생각할 수 없는 성과로 세상사람들로부터 칭송되었다고 합니다.

⑨ もう一歩も歩けない、というと、女は道端にしゃがみこんでしまった。
〔現代、471、上〕
여자는, 이제 한발자국도 걸을 수 없다고 길가에 웅크리고 앉아버렸다.

⑩ 型は古いが、性能は現在のものとほとんど変わらないので、まだまだ十分使えます。〔現代、478, 下〕
형은 낡았지만 성능은 현재 것과 거의 다르지 않기 때문에 아직 충분히 사용할 수 있습니다.

＊ 이 경우, 원래는 5단V에 「れる」를 접속하여 사용하나 현재는 「行かれる」「聞かれる」 정도밖에 사용되지 않는다. (가능V 중에 「言える」「思える」의 빈도가 높은 편이다.)

3. 가능을 나타내는 표현형식의 助詞 변환. (**「～を～スル」→「～が～スル」**) － 예⑪⑫

⑪ 私も試験を受ける。 → 私も試験が受けられる。
나도 시험을 친다. 나도 시험을 칠 수 있다.

⑫ 彼は英語の新聞を読む。→ 彼は英語の新聞が読める。
그는 영어신문을 읽는다. 그는 영어신문을 읽을 수 있다.

＊ 행위의 주체자가 헷갈리는 경우나 수동으로 오해받을 가능성이 있을 경우, 조사 「を」를 그대로 사용한다. (최근의 신문에서도 「を」의 사용 증가) － 예⑬⑭ **〔문제제기〕**

⑬ ┌朴君を助ける。(박군을 도와주다.)

↓

├朴君が助けられる。(×) (박군을 도울 수 있다.)
├朴君を助けられる。(○) (박군을 도울 수 있다.)
└朴君を助けることができる。(○) (박군을 도울 수 있다.)

⑭ 東京23区で土地を買えるか。〔朝日新聞、90.11.8〕
도쿄 23구에서 땅을 살 수 있을까?

4. 「(ら)れる」나 「가능V」에 의한 가능표현은, 「두 가지의 표현성」을 갖고있다. **〔문제제기〕**

가. 동작작용의 「주체」에, 어떤 상황의 「실현을 가능하게 하는 성질이나 능력」이 구비되어 있다. (예⑮~⑰)

⑮ 就寝時間は十一時、起床は七時と定めたが、なかなか守れない。〔現代、479、中〕
취침시간은 11시, 기상은 7시라고 정했지만 좀처럼 지킬 수 없다.

⑯ 大事な話があったのに、打ち明けようとすると何かしら邪魔が入って、結局今日は何も話せなかった。〔現代、674、中〕
중대한 이야기가 있었는데 털어놓으려고 하면, 뭔가 방해물이 생겨 결국 오늘은 아무 것도 말 할 수 없었다.

⑰ 着物を着るときは、ひとりでは着られないので、いつも母に帯を締めてもらってきた。〔現代、469、上〕
기모노를 입을 때는 혼자서는 입을 수 없기 때문에, 항상 어머니가 허리띠를 묶어 주었다.

나. 동작작용의 「대상」에, 어떤 사항의 「실현을 가능하게 하는 성질」이 구비되거나, 그러한 장면의 상황에서 사항 실현이 인정된다. (예⑱~⑳)

⑱ 建物は古いが、水道の設備に改善を加えさえすれば、まだ十分住めそうだ。〔現代、164、中〕
건물은 낡았지만 수도 설비에 개선만 하면, 아직 충분히 살 수 있을 것 같다.

⑲ 山嶽地帯は、ゲリラが出没する危険極まりない地域で、だれも近づけないという。〔現代、491、中〕
산악지대는, 게릴라가 출몰하는 위험하기 짝이 없는 지역으로 누구도 접근할 수 없다고 한다.

⑳ 部屋中に散乱したがらくたを片隅へ押しやり、なんとか座れるだけのスペースをつくった。〔現代、139、上〕
방안에 어지럽혀진 잡동사니를 한쪽 구석에 밀어내고, 이럭저럭 앉을 수 있을 만한 공간을 만들었다.

5. <情意의 V+「(ら)れる」>와 <「思える」「笑える」「泣ける」> : 자연히 그와 같은 심적 상태가 됨을 표현한다. → 「自発」의 용법으로 사용 (예㉑~㉘) … 「情意의 V」란, 「感じる」 「思いうかべる」 「案じる」 「しのぶ」 「詫びる」 등을 말한다. **〔문제제기〕**

㉑ 寺の本堂からは、七百年という歴史に支えられた重みと風情が感じられます。〔現代、969、上〕
절의 본당에는, 칠 백년이라는 역사를 떠 받쳐 주는 중후함과 운

치를 느끼게 됩니다.

㉒ 殁くなった父が学者であったことが、ちらりと、思ひうかべ<u>られ</u>ます。〔岡本かの子、『生々流転』〕

돌아가신 아버지가 학자였다는 사실이 번뜩 떠오릅니다.

㉓ 乱暴で乱暴で行く先が案じ<u>られる</u>と母が言った。〔夏目漱石、『坊っちゃん』〕

너무 난폭하여 장래가 걱정된다고 엄마가 말했다.

㉔ 丘に立って故郷の村を眺めると、遠い昔がしのば<u>れ</u>ます。〔現代、461、下〕

언덕에 서서 고향마을을 바라보면 먼 옛날이 그리워집니다.

㉕ 私は良人の子供を産めなかったことが、取返しのつかないほど悔い<u>られ</u>て、良人にも済まなかったと、本心詫び<u>られ</u>ました。〔芹沢光治良、『愛と死の書』〕

나는 남편의 자식을 낳을 수 없었던 게, 돌이킬 수 없을 만큼 후회되어, 남편에게도 미안했다고 진심으로 사죄하게 되었습니다.

㉖ テレビが伝えるリオのカーニバルは、日本人のぼくには別世界の出来事にしか<u>思え</u>なかった。〔現代、1000、上〕

TV가 전해주는 리오의 카니발은 일본인인 나에게는 별세계의 일이라고 밖에 생각할 수 없었다.

㉗ 彼女の気の毒な身の上話を聞かされ、<u>泣け</u>て<u>泣け</u>てしかたがなかった。〔国際、44〕

그녀의 가엾은 신세 이야기를 듣고 자꾸 눈물이 나와 견딜 수 없었다.

㉘ ラブレタ-の相手の名前の字をまちがえるとは噴飯物だが、当人の気持ちを思うと笑えないね。〔現代、993、上〕
러브레터에 상대의 이름 글자를 잘못 쓰는 것은 웃음거리지만、당사자의 기분을 생각하면 웃지 못하게 되요.

6. 「出れる」는, 「出られる」에 비해 구어체로 쓰이나 규범적인 입장에서 「오용」으로 본다. ─ 「走れる」「帰れる」 등의 유추로 발생한 형태이며 최근 증가현상에 있다. (前述 ①의 1 참조)

⇒ (a) わたしは今すぐでも出られるわよ。
(나는 지금이라도 나갈 수 있어.)
(a′) わたしは今すぐでも出れるわよ。

7. 「見られる」와 「見える」의 비교

「見られる」 → 「의지나 욕구를 가진 경우, 그것이 실현될 수 있는 조건 상황이 갖추어져 있나 없나」를 문제로 한다. (예㉙㉚)

「見える」 → 「본인의 의지와는 관계없이, 현실적으로 그것이 실현될 수 있을지 없을지 그 여부」를 문제로 한다. (예㉛㉜)

㉙ この地域には、まだ草で屋根をふいた農家がみられる。〔現代、960、下〕
이 지역에서는 아직 풀로 지붕을 이은 농가를 볼 수 있다.

㉚ 落ち葉をかき集めてたき火をする風景が、あちらこちらに見られた。〔現代、141、下〕

낙엽을 긁어모아 모닥불을 피우는 풍경을 여기저기에서 볼 수 있었다.

㉛ あんなに濁っていた川の水も、今ではもう、魚が見えるくらいに澄んでいます。〔現代、557、下〕

그렇게 탁했던 강물도, 이제는 고기가 보일 정도로 맑아 있습니다.

㉜ 同じように見える着物でも、絹に比べると、化学せんいは手触りが粗い。〔現代、739、上〕

비슷하게 보이는 옷이라도 비단에 비교하면, 화학섬유는 촉감이 나쁘다.

8. 「가능V」와 동일한 형태인 「売れる」「とれる」의 다른 의미

→「(이름이) 널리 알려지다」「팔리다」「잡히다」「생산되다」「떨어지다」 ― 예㉝~㊲

㉝ 苦労しながら小説を書いてきたおじも、近ごろようやく名が売れてきた。〔現代、108、中〕

고생하면서 소설을 써 왔던 삼촌도 최근에 비로소 이름이 알려졌다.

㉞ 年末になるや暦が飛ぶように売れた。

연말이 되자 달력이 날개가 돋친 듯이 팔렸다.

㉟ 先日珍しい魚がこの辺りでとれた。〔Lighthouse、1263〕

요전에 희귀한 물고기가 이 부근에서 잡혔다.

㊱ 大邱ではりんごがたくさんとれる。*

대구에서는 사과가 많이 난다.

㊲ お母さん、制服のボタンが取れそうなの、つけ直してちょうだい。〔現代、798、下〕
어머니. 제복 단추가 떨어질 것 같애, 다시 달아줘요.

[2] できる

1. 「する」(サ変)의 가능표현은 「できる」로 대체한다. (예①②)

① ぼくの秘密、人に教えないと約束できるかい?〔現代、137、中〕
나의 비밀을 남에게 가르쳐 주지 않는다고 약속할 수 있는가?

② ヨーロッパの歴史を概観できる手ごろな本を探しています。〔現代、160、上〕
유럽의 역사를 개관할 수 있는 알맞은 책을 찾고 있습니다.

2. 「주체의 능력」을 표현한다. (예③~⑤)

③ 若いのにテニスのひとつもできないと、流行に後れるぞ。〔現代、133、下〕
젊은데 테니스 하나도 할 수 없으면 유행에 뒤떨어져.

④ 彼は、その胸ひとつでいくつもの会社を生かすも殺すもできるという、財界の怪物だ。〔現代、167、上〕
그는, 그 가슴 하나로 몇 개의 회사를 살릴 수도 죽일 수도 있다는

재계의 괴물이다.

⑤ 先生が易しい問題ばかり出してくれたので、自分がすごく出来るような錯覚に陥った。〔現代、141、上〕
선생님이 쉬운 문제만 내주었기 때문에 자신이 잘 할 수 있을 것 같은 착각에 빠졌다.

3.「대상・상황의 능력」을 표현한다. (예⑥~⑧)

⑥ 壊れた機械は、部品を取り寄せれば修理できます。〔現代、977、下〕
부서진 기계는, 부품을 가져오면 수리 할 수 있습니다.

⑦ カード一枚で、お金を引き出したり、買い物ができる便利な世の中になったものだね。〔現代、158、中〕
카드 1장으로 돈을 찾기도 하고 쇼핑을 할 수 있는 편리한 세상이 되었단 말이야.

⑧ この件は即断できない難しい部分を含んでおりますので、熟考のうえ返答いたします。〔現代、490、上〕
이 건은 속단할 수 없는 어려운 부분을 포함하고 있기 때문에, 심사숙고한 후 대답해드리겠습니다.

4. 실질적인 의미인「できる」(「생기다」)에서 파생된 표현이다. (예⑨⑩)

⑨ 日焼けをすると、あとで顔に染みができることがあります。〔現代、466、中〕
햇볕에 그을리면, 나중 얼굴에 기미가 생기는 일이 있습니다.

⑩ 学校のグランドは粘土質なので、水が地面に染み込まず、雨が降

るとすぐあちこちに水たまりができます。〔現代、469、下〕
학교의 운동장은 점토질이기 때문에, 물이 지면에 스며들지 않아 비가 내리면 곧 여기 저기에 물웅덩이가 생깁니다.

[3] ～ことができる

1. 「(ら)れる」「가능V」와 거의 차이가 없다. → 가능・불가능의 상태를 강조한다.(예①～③) … 구체적인 동작・작용의 표현

① 日本語は文末の表現によって、いくらでもその論旨をぼかすことができる。〔現代、1019、上〕
일본어는 문말의 표현에 따라 얼마든지 논지를 애매하게 할 수 있다.

② 丘の上から俯瞰(ふかん)すると、小さな町の様子は一望のもとにとらえることができた。〔現代、957、下〕
언덕 위에서 내려다보니까 작은 마을의 모습이 한 눈에 포착할 수 있었다.

③ なんらかの知識を女房が得たらしいとはみとめても、その知識の範囲を測り知ることができぬので、なんともいうことができない。〔森鴎外、『雁』〕
뭔가 아내가 낌새를 차린 것 같다고 생각했지만, 그 낌새의 범위가 어디까지인지 측량할 수 없었기 때문에 아무 말도 할 수 없다.

2. 「話せる」「話すことができる」와 「話すこともできる」

가. 구체적인 동작작용의 능력 표시
: 「한국어의 읽기 쓰기에 대해, 말하기도 가능하다」
→ 이 경우「話せる」로 표현할 수 없다. (예④)

④ 韓国語は話すこともできる。
한국어는 말 할 수도 있다.

나. 「한국어 이외의 언어도 할 수 있다」는 아래의 예⑤와 같이 표현한다.

⑤ 鈴木さん彼は韓国語も話せる。
스즈키씨는 한국어도 말 할 수 있다.

鈴木は韓国語も話すことができる。
스즈키씨는 한국어도 말 할 수 있다.

4 うる(える) 〔문제제기〕

1. 「V의 연용형+うる」: 「～スルことができる」의 의미로 고어적·문장어적 표현. (예①～④)

* 文語「得(う)」(下二段活用)에서 발생 : 「え, え, う, うる, うれ, えよ」로 활용 → 현대어 「得(え)る」로 변천 (残存形으로 「え」「うる」가 있음)

⇒ ありえない (있을 수 없다) 一 未
疑いえない (의심할 수 없다) 一 未
表しうるもの (표현할 수 있는 것) 一 体
ありえる。(있을 수 있다) 一 終

① 人間にとって愛は所詮持続して燃焼する感動で有り得ない。〔石原慎太郎、『太陽の季節』〕
인간에게 있어서 사랑은, 필경 지속해서 연소하는 감동일 수밖에 없다.

② 核の保有が人類の生存に対する重大な脅威であることは疑いえない。〔現代、1029、中〕
핵 보유가 인류의 생존에 대한 중대한 위협인 것은 의심할 수 없다.

③ その絵のすばらしさは、とても言葉で表しうるものではない。〔文型、50〕
그 그림은 훌륭하여 도저히 말로 표현할 수 없다.

④ 望ましくはないが、大の虫を生かして小の虫を殺せで、少数者を犠牲にする場合もありえる。〔現代、625、上〕
바람직하지는 않지만 큰 벌레를 살리고 작은 벌레를 죽여라고 하는데 소수를 희생으로 하는 경우도 있을 수 있다.

2. 「당연한 일」로 상황을 「예측」하는 경우에도 사용한다. (예 ⑤~⑦)

⑤ 確かに外国人労働者が増えればそういう問題も起こりうるだろう。〔文型、50〕

확실히 외국인노동자가 증가하면 그러한 문제도 일어날 수 있을 것이다.

⑥ あっと言う瞬間に家財を失うということは、この世にはありうるのだ。〔有吉佐和子、『一の糸』〕

눈 깜짝할 순간에 집과 재산을 잃어버리는 것은, 요즘 세상에 있을 수 있는 일이다.

⑦ 料理屋の酒を飲んだり、待合へ這入るから通人となり得るといふ論が立つなら、吾輩も一廉の水彩画家になり得る理窟だ。〔夏目漱石、『吾輩は猫である』〕

요리 집의 술을 마시고, 요정에 드나들어서 그 분야에 달인이 될 수 있다는 이론이 서면, 나도 남보다 뛰어난 수채 화가가 될 수 있다는 이론이 성립된다.

참고문헌

単行本

<기본서>

・時枝誠記,『日本文法 口語篇』(1950, 岩波書店)
・国立国語研究所 報告3,『現代語の助詞・助動詞』(1951, 秀英出版)
・森田良行,『基礎日本語1』(1977・10, 角川書店)
・________,『基礎日本語2』(1980・6, 角川書店)
・グル－プ・ジャマシイ 編,『日本語文型辞典』(1998・2, くろしお出版)

<심화서-1>

・三矢重松,『増訂 高等日本文法』(1926, 明治書院)
・湯沢幸吉郎,『現代語法の諸問題』(1944, 日本語教育振興会)
・時枝誠記,『国語学原論』(1957, 14刷, 岩波書店)
・山田孝雄,『日本文法論』(1966, 宝文館)
・橋本進吉,『助詞・助動詞の研究』(橋本進吉博士著作集8, 1969, 岩波書店)

<심화서-2>

・富士谷成章,『脚結抄』(1778)
・本居春庭,『詞の通路』(1827)
・山田孝雄,『奈良朝文法史』(1913, 再版 1954, 宝文館)

- ________, 『平安朝文法史』(1913, 再版 1952, 宝文館)
- ________, 『平家物語の語法』(1914, 国語調査委員会, 再版 1954, 宝文館)
- 湯沢幸吉郎, 『室町時代の言語研究』(1929, 大岡山書店, 再版 1955, 風間書房)
- ________, 『江戸言葉の研究』(1954, 明治書院)
- ________, 『徳川時代言語の研究』(1962, 風間書房)
- 井上章, 『天草版伊曾保物語の研究』(1968, 風間書房)
- 鈴木博, 『周易抄の国語学的研究 研究篇』(1972, 清文堂)
- 岩井良雄, 『日本語法史 室町時代篇』(1973, 笠間書院)
- 吉田金彦, 『上代語助動詞の史的研究』(1973, 明治書院)

論文

<기본논문>

- 金田弘, 「東京語における<れる>型敬語の性格」(『日本文学論究』10, 1952・7)
- 藤原与一, 「<行カレル><来ラレル>などの<レル・ラレル>敬語について」(『文学』20-12, 1952・12)
- ________, 「多過ぎる<られ・され> ― 皇室記事の敬語について」(『ことば』, 1953・12)
- 中村通夫, 「<来れる><見れる><食べれる>などという言い方についての覚え書」(『金田一博士古稀記念 言語民俗論』, 1953, 三省堂)
- 阪倉篤義, 「助動詞はどのように研究されて来たか」(『国文学 解釈と鑑賞』, 1957・1)
- 瀬川敏, 「うっかり語<出る>と<できる>」(『言語生活』74, 1957)

・神田寿美子,「現代東京語の可能表現について」(『日本文学』16, 1961・3)

・辻村敏樹,「敬譲(含丁寧)の助動詞 ― ます・です・れる・られる <現代語>」(『国文学 解釈と教材の研究』, 1963・10)

・土屋信一,「受身の助動詞 ― れる・られる<現代語>」(『国文学 解釈と教材の研究』9-13, 1964・10)

・峰岸明,「特集日本語の助動詞の役割 自発・受身・尊敬・使役(る・らる・れる・られる・す・さす・しむ・せる・させる)」(『国文学 解釈と鑑賞』33-12, 1968・10)

・岩淵匡,「<(ら)れる> <(さ)せる>の意味の関係について」(『講座日本語教育9』, 1973・7, 早大語学教育研究所)

・竹田美喜,「可能の補助動詞<出来る>の構文論的考察(発表要旨)」(『言語学』105, 1976・6)

<심화논문-1>

・永田吉太郎,「動詞の相に関する研究」(『国語と国文学』, 1931・8)

・五十嵐三郎,「助動詞の研究」(『国語国文研究』5, 1952・3)

・宮地幸一,「移り行む可能表現 ― 近代小説を中心として」(『金田一博士古稀記念言語民俗論』, 1953, 三省堂)

・虫明吉次郎,「尊敬の助動詞 <れる・られる>の命令形」(『近畿方言双書4 方言論文集(1)』 1956・2)

・松浦信子,「大阪府に於ける<ル・ラル>と<レル・ラレル>尊敬語について」(『女子大 国文』27, 1962・12)

・小松寿雄,「可能(含自発)の助動詞 ― れる・られる <古典語>」(『国文学 解釈と教材の研究』9-13, 1964・10)

・川崎潔,「国語の自発動詞」(『独協大学 教養諸学研究』4, 1970)

・______,「国語の自発的表現拾遺」(『独協大学 教養諸学研究』6, 1972)

· 吉田金彦, 「助動詞の変遷」(『品詞別日本文法講座7』, 1972, 明治書院)
· 土屋信一, 「特集 近代敬語江戸の<れる・られる>語敬語小考」(『国語学』 96, 1974・3)
· 荒木博之, 『日本語から日本人を考える』(1980・5, 朝日新聞社)
· 坂梨陸三, 「いわゆる可能動詞の成立について」(『国語と国文学』46-11)

<심화논문-2>

· 小倉進平, 「対馬方言」(『国学院雑誌』, 1914・10)
· 細江逸記, 「我が国語の動詞の相(voice)を論じ活用形式分岐の原理に及ぶ」(『岡倉先生 記念論文集』, 1928)
· 道本武彦, 「<芭蕉・無村・一茶>発句の助動詞<る><らる><す><さす><しむ><れる><せる>について」(『国学院大 国語研究』27, 1969・30)
· 小松代融一, 「うざね含難筆(4)(5) 見れる・受けれる(3)(4)」(『岩手方言』 56, 1979・3)

6. 希望・欲求의 表現

・定義

> 화자가 의도하는 동작이나 상태가 실현되기를 바라는 표현으로「원망(願望)」표현이라고도 한다. 동작・상태가 화자 자신에게 실현되기를 바라는 것이어서, 특정 상대방에게 행동이나 응답을 요구하는 명령・권유・의문 등의 표현과는 구별된다. 또한, 제3자나 불특정의 상대방・무생물에게의 희망표현을 특히「희구(希求)」표현이라 한다. 표현형식에는,「たい」「たがる」「ほしい」「ほしがる」「~てもらいたい」「~てほしい」「~てもらおう」등이 있다.

1 たい

1. 文末述語의「たい」

가. 일반적으로「화자자신」이 어떤 행위나 태도의 실현을 희망하는 경우에 한정한다. (「たい」「たくない」「たかった」「たくなかった」등의 文終止時) ― 예①~⑤

① 細かいことにこだわらない、線の太い人間になりたいな。〔現代、588、上〕

사소한 일에 구애되지 않는, 선이 굵은 인간이 되고 싶다.

② 戦争の悲惨さを永遠に語り伝え、平和な人間社会を築きたい。〔現代、111、中〕

전쟁의 비참함을 영원히 전하여 평화로운 인간사회를 구축하고 싶다.

③ 夕暮れのせまった公園を、彼と二人、腕を組んで歩いてみたかった。〔現代、100、上〕

황혼에 접어든 공원을 그와 둘이서 팔짱끼고 걸어보고 싶었다.

④ おれは全世界を失ってもお前を失いたくない。〔武者小路実篤、『友情』〕

나는 전세계를 잃는다 해도 그대를 잃고 싶지는 않소.

⑤ 旅行に行きたくなかったが、話のなりゆきで、心とは裏腹のことを言ってしまった。〔現代、105、下〕

여행가고 싶지 않았지만, 이야기의 흐름으로 보아 내 마음과는 다른 말을 해버렸다.

cf) 흔히 「~と思う」를 동반하여 희망・욕구의 심정을 표현한다.

⇒ ・先生の今後のご発展をお祈りして乾杯をしたいと思います。〔現代、885、中〕
(선생님의 전도에 발전을 기원하면서 건배하고 싶습니다.)
・もう予定の時間もだいぶ過ぎたので、今日の会はこの辺でお開きにしたいと思います。〔現代、943、下〕
(이미 예정 시간도 꽤 지났으므로, 오늘 모임은 이 정도로 해서 개최하고자 합니다.)

나. 「他人」의 심정을 직접 나타내는 일은 없다. (예⑥⑦)

⑥ 君はコ－ヒ－が飲みたい。(×)

너는 커피를 마시고 싶다.

⑦ 田中は外で遊びたくない。(×)

다나카는 밖에서 놀고 싶지 않다.

다.「상대방」의 희망・욕구를「질문」하는 경우 →「か」(예⑧⑨)

⑧ あなたはどこの国の料理をたべてみたいですか。〔筑波-中-1、188〕
당신은 어느 나라 요리를 먹고싶은 가요?

⑨ 試験が終ったら、何をしたいですか。〔筑波-中-1、181〕
시험이 끝나면 무엇을 하고 싶어요?

라.「제3자」의 희망・욕구를「단정」「전문」「추측」하는 경우
→「のだ」「という」「ようだ」등 동반. (예⑩~⑬)

⑩ しかし、Jはしだいに少年にたいして深い友情を感じてきていたので、その夢想からなりと少年を解放してやりたいと思うのだった。〔大江健三郎、『性的人間』〕
그러나, J는 점점 소년에 대해서 깊은 우정을 느껴왔기 때문에, 그러한 몽상에서라도 소년을 해방시켜 주고 싶다고 생각했다.

⑪ 市長は、市民との対話の場を持ち、より多くの意見を市政に反映させていきたいと語った。〔現代、639、上〕
시장은, 시민과의 대화의 장을 열어, 보다 많은 의견을 시정에 반영시켜가고 싶다고 했다.

⑫ 姉がアパートを借りて自立したいと言うと、母は世間体(せけんてい)が悪いと嘆いた。〔現代、578、下〕
언니가 아파트를 빌려 자립을 하고 싶다고 말하자, 엄마는 체면이 안 선다고 한탄했다.

⑬ 一部の学生は日本研修に参加したくないようだ。*
일부의 학생은 일본연수에 참가하고 싶지 않은 것 같다.

마. 「문학작품」의 경우, 「제3자」에 대해서도 「화자」의 경우와 동일시하여 「たい」를 사용한다. (예⑭~⑱) [왜냐하면, 작가의 시점(관찰자, 제3의 입장)이 등장인물의 입장으로 이동되므로]

⑭ 彼は妻を喜ばせたいと思っていた。〔武者小路実篤、『不幸な男』〕
그는, 아내를 기쁘게 하고 싶다고 생각하고 있었다.

⑮ 彼は早川を愛してはいなかった。けいべつし、またにくみたかった。
〔武者小路実篤、『友情』〕
그는 하야카와를 좋아하지 않았다. 경멸하고 또 미워하고 싶었다.

⑯ 知恵子は東京に空が無いといふ。ほんとの空が見たいといふ。
〔高村光太郎、『あどけない話』〕
지에꼬는 도쿄에 하늘이 없다고 한다. 진짜 하늘을 보고싶다고 한다.

⑰ 彼は、二人とも幸福にしてやりたく、また、二人がそうならなければ、この問題の解決にならないと、考えている。〔獅子文六、『自由学校』〕
그는 두 사람 모두 행복하게 해 주고 싶고, 또 두 사람이 그렇게 되지 않으면, 이러한 문제가 해결되지 않는다고 생각하고 있다.

⑱ 現在機業地に発展している大きい町が見たいというのではないので、…… 島村はむしろさびしそうな駅に下りた。〔川端康成、『雪国』〕
현재 紡織業지역으로 발전하고 있는 큰 도회지가 보고싶다는 것

은 아니기 때문에, ……시마무라는 그곳보다 오히려 쓸쓸한 역으로 내렸다.

cf) 희망・욕구의 「たい」는, 문말표현 「のだ」「ものだ」에 자주 접속하여 화자의 주장・강조 등을 표현하기도 한다.

⇒・今度のバザ-ではできるだけ多くの利益を得て、子供会のために使えるようにしたいのです。〔現代、117、中〕
(이번 바자에서는 가능한 한 많은 이익을 얻어, 어린이회를 위해 사용할 수 있도록 하고 싶습니다.)
・よい機会を選んで、もう一度お目にかかりたいものですね。〔現代、117、上〕
(좋은 기회를 선택해서, 한번 더 뵙고 싶습니다.)

2. 연체수식구의 「たい」

가. 「화자 자신」의 희망・욕구 (예①)

① 調べたいことがあって、役所で書類を閲覧させてもらった。〔現代、114、下〕
조사하고 싶은 것이 있어서 관청에서 서류를 열람했다.

나. 「화자 이외」의 희망・욕구 (예②~④)
→ 그러나 「특정의 무엇」을 희망한다고 서술하지 않는다.

② やりたいことはどんどんやってみるがいい。〔現代、888、上〕
하고 싶은 일은 지체 말고 해보는 것이 좋다.

③ きみの知りたいことが、この本の第一章第二節に詳しく書いてあるよ。

〔現代、580、上〕

네가 알고 싶은 것이 이 책 제1장 제2절에 자세히 적혀 있어.

④ 分かりやすい資料は書きたい内容を豊かなものにするし、説得力を増やすのにも役立ちます。〔現代、583、下〕

알기 쉬운 자료는 쓰고 싶은 내용을 풍부하게 하고, 설득력을 높이는 데에도 도움이 됩니다.

다. 화자의 입장에서「言いたいこと」는, 구체적인 희망을 하는 것이 아니라 그런 희망을 당연히 하고 있을 것으로 추측한다. (예⑤⑥)

⑤ 皮肉るだけでなく、言いたいことがあったら正々堂々と言いたまえ。〔現代、933、上〕

빈정거리지 말고, 말하고 싶은 것이 있다면 정정당당히 말해봐.

⑥ 言いたいことを言ってしまうと、釈然とした気分になって、冷たいお茶を口に運んだ。〔現代、471、中〕

말하고 싶은 것을 해버리자, 석연한 기분이 들어 냉차를 마셨다.

라.「자기자신 이외」의 희망표현은, (a)形을 취하며 (b)形은 자연스럽지 않다. (예⑦~⑨)

⇒ (a) これが妹が ┌買いたいと言っていた┐ 雑誌ですよ。
　　　　　　　　 └買いたがっていた　　┘

(이것이 여동생이 ┌사고 싶다고 말하던┐ 잡지입니다.)
　　　　　　　　 └사고 싶어하던　　 ┘

(b) これが妹の買いたい雑誌ですよ。(×)
(이것이 여동생이 사고 싶어하는 잡지입니다.)

⑦ 自分の歌集を出したいという、父の長い間の願望がかなえられた。〔現代、230、上〕
자신의 노래집을 내고 싶다는 아버지의 오랜 희망이 실현되었다.

⑧ 研究室にいる学生の中には、卒業後も今の研究に従事したいと希望している者も少なくありません。〔現代、478、中〕
연구실에 있는 학생 중에는, 졸업 후에도 지금의 연구에 종사하고 싶다고 희망하고 있는 학생도 적지 않습니다.

⑨ この作品は、サクラのなえを育て、江戸じゅうを花で埋めたいという人物が主人公になっている。〔現代、104、中〕
이 작품은 벚나무 모종을 키워, 에도 전체를 꽃으로 메우고 싶다는 인물이 주인공으로 되어 있다.

3. 연용수식구의「たい」

가.「가정」의 서술 →「화자이외」에 대해서도 사용이 가능하다. (예①②)

① 「それ程仙人になりたければ、おれの弟子にとり立ててやらう。」〔芥川龍之介、『杜子春』〕
그렇게 선인이 되고 싶다면, 내 제자로 삼아 주겠다.

② 「まだ起きないのかね。寝たけりゃ寝ててもいいがね。」〔壷井栄、『かんざし』〕

아직 안 일어났어? 자고 싶으면 자도 되지만.

나. 「이유」의 서술 → 「화자자신」에 관한 것에 한정하거나 (예③④), 또는 「타인」이 행한 이유에 대하여 사용한다. (예⑤) — 예⑤는 화자의 추측이며 「会いたくない」라는 사실 표현이 아니다.

③ 先生と二人だけで話したいので、きみは席を外していてくれ。〔現代、576、下〕

선생님과 둘 만이 얘기하고 싶으니까 너는 자리를 비켜 줘.

④ どうしても弟子になりたくて、紹介状を書いてもらって、写真家の家を訪ねた。〔現代、498、下〕

어떻게 해서라도 제자가 되고 싶어서 소개장을 받아 사진가의 집을 방문했다.

⑤ 彼はぼくに会いたくないから来なかったのだろう。〔国際、33〕

그는 나를 만나고 싶지 않기 때문에 오지 않았을 것이다.

4. 「～を～たい」와 「～が～たい」의 비교 〔문제제기〕

가. 「～が～たい」

(1) 일본어 교육의 入門교과서에서는 규범적인 표현이며 자연스럽다. (예①②)

① わたしはテニスがやりたいです。 友だちもみんなテニスをやりたがっています。〔初步、177〕
나는 테니스를 하고 싶습니다. 친구들도 모두 테니스를 하고싶어 하고 있습니다.

② テレビを買って、いろいろなスポ-ツのしあいが見たいです。〔初步、178〕
TV를 사서 여러 가지 스포츠 시합을 보고 싶습니다.

(2) 실제로 「～が～たい」보다 「～を～たい」의 예가 더 많다.[12] (예③～⑦)

③ 詳細は別紙を参照されたい。〔日本語、34〕
상세한 것은 별지를 참조 바란다.

④ もし百万ドル持っていたら、世界中を旅行してみたいです。〔日本語、35〕
만약 백만 달러를 가지고 있다면, 전 세계를 여행해 보고 싶습니다.

⑤ 一度でいいからオ-ケストラの指揮をしてみたい。〔日本語、33〕
한 번이라도 좋으니까 오케스트라 지휘를 하고 싶다.

12) 일본 국립국어연구소가, 1956년에 발행한 90종의 잡지를 대상으로 행한 용어조사 결과에 의하면, 「～を～たい」 207例에 대하여 「～が～たい」는 8例에 지나지 않았다. [村木新次郎(1979), 「<水を飲みたい>のに<水が飲みたい>とは? - いわゆる対象語 -」『新・日本語講座2 - 日本文法の見えてくる本 -』, 汐文社, 114頁 참조]

⑥ 日本文学を研究したいんですが、だれの作品がいいでしょうか。〔日本語、38〕
일본문학을 연구하고 싶습니다만, 누구의 작품이 좋을까요?

⑦「シンデレラ、おまえも明日のパーティーに行きたいの、王子様とダンスをしたいんでしょう。」〔日本語、32〕
신데렐라. 너도 내일 파티에 가고 싶어? 왕자님과 춤추고 싶은 거지?

(3) 구문상으로 보면,「V + たい」直前에「대상」을 표시하며 행위가「他人」에게 영향을 미치지 않는 경우이다. ―「たい」로 나타나는 욕구가 명확히 의식되어,「대상」을 명시하기 위하여「が」를 사용한다. (예⑧⑨)

⑧ 拘置所で男は、「早く娑婆(しゃば)の空気が吸いたい。」と思っていた。〔現代、474、上〕
구치소에서 남자는,「어서 빨리 속세의 공기를 마시고 싶다」고 생각하고 있었다.

⑨ ああ、暑い。なにか冷たいものが飲みたい。〔文型、180〕
아유, 더워라. 뭐 찬 것 마시고 싶다.

나. **「～を～たい」**

(1) 행위가「他人」에 미칠 경우에 사용한다. (예⑩⑪)

⑩ 友人とは、さまざまな知識や情報の授受を通じて**互い**を高め合い

たいものだ。〔現代、487、下〕

친구란, 여러 가지 지식이나 정보를 주고 받으므로서 서로를 돈독하게 하고 싶은 것이다.

⑪ 時間はかかるだろうけど、この仕事だけは**人手**を借りずにしあげたいと思っている。〔現代、931、中〕

시간은 걸리겠지만, 이 일만은 타인의 도움을 얻지 않고 완성하고 싶다.

(2) 주격과 혼동되기 쉬운(「まぎらわしい」) 경우에 사용한다.(예⑫ ⑫′)

⑫ 先生に作文をなおしてもらいたい。(◯)

선생님으로부터 작문을 고쳐 받고 싶다.

⑫′ 先生に作文がなおしてもらいたい。(×)

선생님으로부터 작문을 고쳐 받고 싶다.

cf) 「~を~たい」가 자연스러운 경우

(a) 대상이 「사람」인 경우

⇒ · **金さん**を課長にすいせんしたい。*

(김씨를 과장으로 추천하고 싶다.)

· 私は**負傷者**を助けたいという純一な気持ちで、敵味方の区別なく熱心に看護した。〔現代、494、中〕

(나는 부상자를 돕고 싶다는 순수한 마음으로 적군아군의 구별없이 열심히 간호했다.)

(b)「대상을 나타내는 이외의 격」이 필요한 경우 (「분리」「통과」)

⇒・結氷の漢江を渡りたい。*

(결빙의 한강을 건너보고 싶다.)

・公園を散歩したい。〔基礎、243〕

(공원을 산책하고 싶다.)

(c)「대상」을 표시하는「を」는,「漢語+する」에 의한 행위에 사용되어 자연스럽다.

⇒・この件につきまして、**あなたの意見**を拝聴いたしたいと思います。〔現代、863、中〕

(이 건에 대해서 당신의 의견을 경청하고 싶습니다.)

・新社員については、学校の成績よりも人物に**ウエ－ト**をおいて採用したい。〔現代、87、上〕

(새로운 사원에 대해서는, 학교 성적보다도 인물에 중점을 두고 채용하고 싶다.)

[2] たがる

1. 일반적으로「제3자」의 희망・욕구 표현에 사용한다. (화자가「관찰자」 입장에서 표현) ― 예①~③

① ジュリエットは、少しでも長くロミオを自分の部屋に引き止めておきたがった。〔現代、916、上〕

쥬리엣은, 조금이라도 오래 로미오를 자기의 방에 두고 싶어했다.

② 彼等は、何の苦しんで、あの不恰好な角帽をかぶりたがるのだろう。
〔獅子文六、『自由学校』、乱世〕
그들은, 무엇이 괴로워 저 볼품 없는 사각모를 쓰고 싶어하는 걸까?

③ 帰る時祖母は又父が見たがってゐるからと赤児を連れて帰りたがった。
〔志賀直哉、『和解』〕
돌아갈 때 할머니는, 또 아버지가 보고싶어하기 때문이라고 하여 갓난아이를 데리고 가고 싶어했다.

2. 「제3자」가 당사자의 言動 등에서 그러한 심정을 내포하고 있는 것이 충분히 이해되는 경우에 多用된다. (예④⑤)

④ 兄に比べて弟は、人前にあまり出たがらない、地味な性格の持ち主です。〔現代、466、下〕
형에 비해 동생은, 다른 사람 앞에 그다지 나가고 싶어하지 않는 내성적인 성격의 소유자입니다.

⑤ 入社後一年はやめたがる人が多いが、それを過ぎるとたいていはながく勤めるようだ。〔文型、181〕
입사 후 일년은 그만두고 싶어하는 사람이 많은데, 그 시간을 지나면 대개는 오래 동안 근무하는 것 같다.

3. 「ている」를 취하여 「제3자」의 어느 정도 지속적인 心情을 서술하는 것이 보통이다. (예⑥⑦)

⑥ パーカーさんはくるまをかいたがっている。〔Intensive-初-1、483〕
파카씨는 자동차를 사고 싶어한다.

⑦ あのひとはしんぶんをよみたがっていた。〔Intensive-初-1、494〕
그 사람은 신문을 읽고 싶어했다.

4. 「상대방」의 희망・욕구를 표현한다. (예⑧)

⑧「お前は時計を返す為に、あの夫人に逢いたがっているのではない。時計を返すのを口実として、あの美しい夫人に逢いたがっているのではないか。」〔菊池寛、『真珠夫人』〕
너는 시계를 돌려주기 위해서 그 부인을 만나고 싶어하는 것이 아니야. 시계를 돌려주는 것을 구실로, 그 아름다운 부인을 만나고 싶어하는 것이 아닌가?

5. 「화자자신」의 희망・욕구를 표현한다.

가. 他人에게서 듣고 「화자 자신」의 심정이 그러했음을 「회상」하는 표현이다. (예⑨)

⑨ 私は子供のころ、よく動物園へ行きたがったようだ。〔国際、36〕
나는 어린 시절 자주 동물원에 가고 싶어했던 것 같다.

나. 「현재의 심정」을 서술한다. ― 문맥상 예⑩은 「私がその本をよみたいのに」로 대체 가능하다.

⑩ 私がその本を読みたがっているのに、彼は貸してくれない。〔国際、36〕
내가 그 책을 읽고 싶어하고 있는데 그는 빌려주지 않는다.

⑪ 俺はついわき道に入りたがる。俺は経済学者の悪口を言はうと思って筆をとったのではない。〔武者小路実篤、『へんな原稿』〕

나는 잠깐 옆길로 빠지고 싶어한다. 나는 경제학자의 험담을 하려고 펜을 든 것은 아니다.

＊「たい」와 「たがる」의 차이 **〔문제제기〕**

「たい」 : 「화자」의 심정을 주체적으로 표현한다.
「たがる」 : 「화자자신」의 심정을 「제3자」의 눈에 분명히 받아들여지는 상태로 표현한다.

→ 결론적으로 <1・2인칭 -「たい」> <3인칭 -「たがる」>와 같은 도식적인 성립은 타당성이 없다.

[3] ほしい・ほしがる

1. 어떤 것을 「손에 넣고 싶다」(「手に入れたい」)는 욕구를 표현한다. (예①~③) — 그러나 이것과 달리 「たい」는 V에 접속하여 행위나 상태의 실현을 희망한다.

① ハートのエースがほしいんだが、だれの手にあるのかな。＊
하트의 에이스를 갖고 싶은데 누구의 손에 들고 있을까?

② 藤原道長、頼通父子は政権を独占し、栄耀栄華をほしいままにした。
〔現代、113、中〕
후지하라 미치나가, 요리미치 부자는 정권을 독점하고 화려하고 호사스러운 생활을 하고 싶은 대로 했다.

③ そのまっただ中に一本の大樹として自分が立ち上がって一歩もその嵐に自分をゆずらないその力がほしかった。〔武者小路実篤、『友情』〕

그 한가운데 자신이 한 그루 나무처럼 서서, 한 발자국도 그 폭풍우에 자신을 양보하지 않는 그런 힘을 갖고싶었다.

2. 문말에서 나타나는「ほしい・ほしくない」등은「화자 자신」에 관한 경우에 한정한다. (예④⑤)

④ ぜいたくはできなくても、せめて世間並みの暮らしができるくらいの収入がほしい。〔現代、578、下〕
사치는 할 수 없지만, 적으나마 평범한 생활을 할 수 있을 정도의 수입을 갖고 싶다.

⑤ それが欲しくないと言っては、うそになる。〔現代、94、中〕
그것을 갖고 싶지 않다고 하는 것은 거짓말이다.

3.「ほしい－ほしがる」는,「たい－たがる」와 동일한 관계이다. (예⑥⑦)

⑥ 兄の欲しがっているオートバイは、通称ナナハンと呼ばれるやつです。〔現代、703、上〕
형이 갖고 싶어하는 오토바이는, 통칭 나나항이라고 부르는 것이다.

⑦ わがままに育ったその子は、何でも欲しがって買ってほしいとせがむ。〔現代、576、下〕
멋대로 자란 그 아이는, 무엇이라도 갖고 싶어하여 사달라고 조른다.

4 ～てもらいたい・～てほしい

가.「～てもらいたい」(「～ていただきたい」)

1.「자기 자신」의 뜻을「짐작해 줄 것」(「くんでくれる」)을 상대방에게 기대한다. (예①～④)

① 甲子園に行くという心意気でがんばってもらいたい。〔現代、366、上〕
고시엔에 나가는 마음가짐으로 열심히 해줘.

② この手紙をポストに入れてもらいたい。〔文化庁、1032〕
이 편지를 우체통에 넣어주었으면 하는데.

③ しかし、死んでも君たちにはどうじょうしてもらいたくない。〔武者小路実篤、『友情』〕
그렇지만 죽어도 자네들에게는 동정을 받고 싶지 않다.

④ それについて、これから訊問をするから、なるべく正直に答えて貰いたい。〔獅子文六、『自由学校』、檻の内外〕
그것에 관해, 지금부터 신문을 할 테니까 가능한 한 정직하게 대답을 듣고 싶다.

2. 文末술어일 경우,「상대방」에 대한「요구」「명령」을 나타내거나(위의 예①～④),「완곡한 명령」을 나타낸다. (예⑤⑥)

⑤ 当方の都合を先方に伝えていただきたい。〔現代、597、上〕
우리 쪽 사정을 상대편에 전하기 바랍니다.

⑥ これらの案については、じっくり比較考量したうえで結論を出していただきたい。〔現代、359、上〕
이 안들에 대해서는 곰곰히 비교 고찰한 다음 결론을 내주기 바랍니다.

cf)「たい」의「실질적인 요구・명령」
⇒・大人は、子供に誤った先入観を植え付けることのないよう気を付けたい。〔現代、87、中〕
(어른은, 아이에게 실수한 선입관을 심어주는 일이 없도록 조심해 주기 바란다.)
・他人のプライバシ-をえげつなくのぞきこむような行為は慎みたい。〔現代、114、下〕
(타인의 사생활을 야비하게 들여다보는 것과 같은 행위는 삼가 바란다.)
・参考文献は巻末に示すので各自参照されたい。〔ス-パ-、872〕
(참고문헌은 권말에 나타나 있기 때문에 각자 참고해주기 바란다.)

나.「～てほしい」

1.「상대방」에 대해 어떤 사항의 실현을 희망한다. (예①～④)
―「～てもらいたい」와 동일

① 父は、息子に、国際的な視野をもつ人間に成長してほしいと願ってきた。〔現代、470、中〕
아버지는, 아들에게 국제적인 시야를 가진 인간으로 성장하기를 바래왔다.

② 与党の総裁は、一国の首相としてふさわしい人物であってほしい。〔現代、487、下〕
여당의 총재는, 일국의 수상으로서 걸 맞는 인물이었으면 한다.

③ 長い戦いに人々は疲れ、ただ早く戦争の終る日が来てほしいと切望していた。〔現代、584、中〕
오랜 전쟁으로 사람들은 지쳐, 그저 전쟁이 빨리 끝나는 그 날이 오기를 간절히 바라고 있었다.

④「盛年重ねて来たらず」を教訓にして、二度と来ない若い時を有意義に過ごしてほしい。〔現代、572、下〕
「한창때는 두 번 다시 오지 않는다」를 교훈을 삼아、 두 번 다시 오지 않는 젊은 시절을 뜻깊게 보내기 바란다.

2. 동경어로는 일반적이지 않으나(関西方言), 최근「～てほしい」「～てもらいたい」양표현이 병행하여 사용되고 있다.

〔문제제기〕

다. 両語의 차이

1.「～てもらいたい」는,「특정한 상대」에 대한 표현이 많다. (예①②)

① おまえにそこへ行ってもらいたいんだよ。〔スーパー、872〕
너도 거기에 갔으면 한다.

② 私がどうかしたんじゃないから大きくなって何かいわないように、そのことはしっかり覚えていてもらいたい。〔辛田文、『みそっかす』〕
내가 어떻게 한 것이 아니니까 커서 뭐라고 말하지 않도록, 그 일은

분명히 기억해 주었으면 한다.

2. 「～てほしい」는, 마음속의 「願望」을 표현한다. (예③～⑤)

③ もう少し勉強してほしい。〔教育、201〕
조금 더 공부해 주었으면.

④ 国民の生活がよくなるような政治を行ってほしい。〔現代、567、下〕
국민생활이 좋아지는 정치를 해 주었으면 한다.

⑤ 暇ができたらでいいんですが、ぼくの仕事を少し手伝ってほしいんだ。〔現代、936、上〕
여유가 있으면 좋은데, 내 일을 조금 도와주었으면 한다.

3. 否定의 경우, 다음과 같이 뉘앙스가 다르다. (예⑥⑥′와 ⑦⑦′)

「～ないでもらいたい」 「～ないでほしい」	「～もらいたくない」 「～てほしくない」
・실현되는 것을 －「강하게 거부하는 기분」 ・요구・명령의 여운이 강한 느낌	・실현되는 것을 －「환영하지 않는 기분」 ・가능한 한 피하려 하는 (「さけようとする」)느낌

⑥ いつまでも子供扱いしないでもらいたい。〔現代、376、上〕
언제나 어린애 취급하지 말아 줘.
⑥′ いつまでも子供扱いしてもらいたくない。
언제나 어린애 취급하지 말아 주었으면.

⑦ はっきりとした証拠もなしに、変なうわさを広めないでほしい。〔現代、947、中〕

확실한 증거 없이 이상한 소문을 내지 말아 줘.

⑦′ はっきりとした証拠もなしに、変なうわさを広めてほしくない。

확실한 증거 없이 이상한 소문을 내지 말아 주었으면.

5 ～てもらおう (～ていただきましょう)

1. 意志표현을 사용하여 어떤 행위를 「요구・명령」하는 표현으로 희망의 뉘앙스가 내재되어 있다. (단, 「상대방」의 경우에 한정시키며, 직업상 권위 있는 자나 사회적으로 상위의 자가 사용한다.[13)]) ― 예①～④

① この二枚の写真は、もっと大きく引き伸ばしてもらおう。〔現代、916、中〕

이 사진 두 장, 더 크게 확대해 줘.

② 髪が伸びたので美容院へ行って、カットしてもらおう。〔現代、938、下〕

머리가 기니까 미장원에 가서 캇트하자.

③「それじゃ一つ、すまないけど、このシャツを洗っておいてもらおうかな。」〔安部公房、『砂の女』〕

그럼 한가지, 미안하지만 이 셔츠를 세탁해 주겠어?

---

13) グル－プ・ジャマシイ 編(1998.2), 『日本語文型辞典』, くろしお出版, 610頁 참조

④ それでは、その道の専門家であるあなたに模範を示していただきましょう。〔表現、278〕
그럼, 이 분야의 전문가인 당신이 모범을 보여 주십시오.

2. 「제3자」의 경우, 「단순한 의지」를 나타낸다. (예⑤)

⑤ 彼に事件の責任をとってやめてもらおう。〔国際、41〕
그가 사건의 책임을 지고 그만 두면 좋겠다.

[6] たい・ほしい

1. 「たい」는, 「자연현상이나 사물의 변화 등의 V」나 「사람과 관계 있지만 의지에 관계 없는 상태V(특히 가능V)」에는 사용할 수 없다. (예①②)

① ┌ 手術して、目がもっとよく見えたい。(×)
　 └ 手術して、目がもっとよく見えるようになりたい。(○)
수술하여 눈이 더 잘 보이게 하고 싶다.

② ┌ 早く日本語の新聞が読めたい。(×)
　 └ 早く日本語の新聞が読めるようになりたい。(○)
어서 빨리 일본어 신문을 읽을 수 있게 되고 싶다.

2. 「たい」「ほしい」로 「직접 意向」을 물을 때, 上位者에게는 실례되는 표현이 된다.[14] — 직접적인 표현은 피하는 것이 좋다. (예③~⑤)

③ ┌ この本が読みたいですか。(×)
├ この本を読みますか。(◯)
├ この本をお読みになりますか。(◯)
└ この本はいかがですか。(◯)
이 책을 읽고 싶습니까?

④ ┌ なにか飲みたいですか。(×)
├ なにか飲みますか。(◯)
└ 飲物はいかがですか。(◯)
뭔가 마시고 싶습니까?

⑤ ┌ これと同じものがほしいですか。(×)
└ これと同じもの、いかがですか。(◯)
이것과 같은 것을 갖고 싶습니까?

14) グル－プ・ジャマシイ 編(1998.2), 上同, 526頁 참조 바람.

참고문헌

単行本

<기본서>

- 国立国語研究所 報告3,『現代語の助詞・助動詞』(1951, 秀英出版)
- 松村明編,『古典語・現代語 助詞助動詞詳説』(1969, 学灯社)
- 森田良行,『基礎日本語2』(1980・6, 角川書店)
- グル－プ・ジャマシイ 編,『日本語文型辞典』(1998・2, くろしお出版)

<심화서-1>

- 岡本禹一,『日本語表現文典』(1944, 国際文化振興会)
- 松村明,『江戸語東京語の研究』(1957, 東京堂)
- 吉田金彦,『現代語助動詞の史的研究』(1971, 明治書院)
- ________,『国語意味史序説』(1977・11, 明治書院)

<심화서-2>

- 林大,『昭和三八年度新しい国語中学校用 － 文法指導の手びき』(1962, 東京書籍)
- 吉田金彦,『上代語助動詞の史的研究』(1973, 明治書院)

論文

<기본논문>

- 松村明, 「<水を飲みたい>という言い方について」(『東京女子大学 論集』1-2, 1951・3 /『江戸語東京語の研究』, 1957・4, 東京堂)
- 中村通夫, 「てほしい」(『NHK国語講座』, 1957・1, 宝文館)
- 山田厳, 「水が飲みたいという言い方の源流」(『言語生活』, 1957・9)
- ______, 「希望の助動詞 – たい<現代語>」(『国文学 解釈と教材の研究』9-13, 1964・10)
- 阿部源蔵, 「<が-たい>から<を-たい>へ」(『国学院雑誌』, 1958・10・11)
- 鎰谷成一, 「希望表現<たい>について」(『国文学会報』9, 1963・10)
- 永野賢, 「特集・日本語の助動詞の役割 希望 <まほし・たし・たい>」(『国文学 解釈と鑑賞』33-12, 1968・10)
- 宮地幸一, 「移りゆく希望表現」(『金田一博士米寿記念 論集』, 1971・10, 三省堂)
- 新山茂樹, 「願望の助動詞」(『品詞別日本文法講座8』, 1972, 明治書院)
- 大江三郎, 「願望のタイの前でのヲとガの交替」(『九州大 文学研究』70, 1973・3 /『論集日本語研究7』, 1979・2, 有精堂)
- 沢田治美, 「<たい・たがる(=want to～)>構文の文法<上・下> – 特に主語の人称制限を中心として」(『英語教育』22-6・7, 1973・8・9)
- 加藤主税, 「<たい・たがる・ほしい・ほしがる>について – 日本語分析の一試論」(『日本語・日本文化』5, 1977・3)
- 柳済權, 「希望の<タイ>の前での<ガ><ヲ>併存に関する考察 – 近代小説の用例を中心に-」, 1978・6月, 韓国外大大学院碩士論文
- 村木新次郎, 「<水を飲みたい>のに<水が飲みたい>とは? – いわゆる対象語 –」(『新・日本語講座2 – 日本文法の見えてくる本-』, 1979, 汐文社)

<심화논문-1>

- 朝山信弥, 「希求の助詞こその攷」(『国語国文』, 1937・6)
- 宮田和一郎, 「希望の助動詞たしに就いて」(『国文学 解釈と鑑賞』, 1941・7)
- __________, 「和歌に勢力のなかった助動詞」(『国語国文』, 1948・9)
- 木下正俊, 「来す越す」(『万葉』23, 1957・4)
- 小林芳規, 「連用形に続く助動詞 − たし − 」(『国文学 解釈と鑑賞』, 1957・11)
- 森野宗明, 「いわゆる希望の助動詞 − <たし>の研究 −」(『国文学 解釈と教材の研究』4-2, 1959・1)
- ________, 「助動詞タシの源流私見」(『文学・語学』17, 1960・9)
- 根来司, 「希求の助動詞 − まほし・たし<古典語>」(『国文学 解釈と教材の研究』9-13, 1964・10)
- 小矢野哲夫, 「<タイ>文と<ホシイ>文の構造」(『解釈』21-2, 1975・2)

<심화논문-2>

- 浜田敦, 「上代に於ける希求表現について」(『国語国文』, 1948・2)
- 津之地直一, 「万葉集に於ける願望・希求の表現」(『愛知大学 文学論叢』8, 1954・3)
- 木之下正雄, 「源氏物語におけるマホシとその格表現について」(『鹿児島大学教育学部教育研究所研究 紀要』7, 1955・12)
- 杉山富佐子, 「原氏物語における希望表現について」(『女子大 国文』 18, 1960・5)
- 根来司, 「希求の助詞<なむ>」(『藤女子大学文学部 紀要』1, 1961・3)
- 梶原滉太郎, 「中世の説話・軍記物における <まほし> <たし>」(『国語学研究』12, 1973・3)
- 高橋直子, 「願望表現<〜タイ>の白鷹町高玉における年齢差および地域差について」(『山形方言』16, 1980・3)

7. 樣態의 表現

· 定義

일반적으로 화자가 어떤 사항에 대해서 충분히 그럴 가능성이 있는 상태로 받아들이는 표현방식을 말한다. 표현형식에는 대표적으로 助v「そうだ」등이 있는데 上接하는 방법에 따라 표현성이 다르다. (여기서는 양태「そうだ」에 대해서만 서술한다.)

⇒ 和菓子屋さんの店先では、おいしそうなまんじゅうを蒸して売っています。〔現代、1060、上〕
일본 과자점 가게 앞에서는, 맛있어 보이는 만두를 쪄서 팔고 있습니다.

1 <A · Av · 가능V · 상태V +「そうだ」>

(V - 동사, A - 형용사, Av - 형용동사)

1. 실제로 확인한 것은 아니지만,「외견에서 판단」하면「충분히 그와 같은 성질이나 상태가 인정됨」을 표시한다. (예①~⑦)

① 母親が、「おいでおいで」と手で招くと、よちよち歩きの赤ちゃんは、うれしそうにかけ寄った。〔現代、1053、下〕
어머니가「이리 온!」이라고 손짓을 하자, 아장아장 걷는 아기는 기쁜 듯이 달려들었다.

② 北極星があそこに見えるのだから、北へ向かっていることは、間違いなさそうだ。〔現代、1087、中〕

북극성이 저기에 보이니까, 북쪽을 향하고 있는 것은 틀림없는 것 같다.

③ 大水で濁っていた池の水がきれいに澄み、こいが気持ちよさそうに群れ泳いでいる。〔現代、1069、上〕
홍수로 탁하던 연못의 물이 깨끗이 맑아지고, 잉어가 기분 좋은 듯 무리지어 헤엄치고 있다.

④ この言葉を聞くと、母親は、まゆをひそめ、不快そうな表情をした。〔現代、1056、中〕
이 말을 듣자 어머니는, 눈썹을 찌푸리고 불쾌한 듯한 표정을 지었다.

⑤ 数学よりは、まだ英語のほうがよい点が取れそうだ。〔現代、1046、下〕
수학보다는 아직 영어 쪽이 좋은 점수를 딸 수 있을 것 같다.

⑥ わたしの給料では満足な暮らしはできそうになかった。〔現代、1060、中〕
나의 급료로는 만족스러운 생활은 할 수 없을 것 같았다.

⑦ ぼくの見るところでは、この子には絵の才能がありそうだ。〔現代、1084、中〕
내가 보기에 이 아이에게는 그림 재주가 있을 것 같다.

2. 문맥에 따라 표현대상의 표정・태도・동작 등과 관련하여「객관적으로 그 속성(属性)을 나타내는 것」에도 사용한다. (예 ⑧~⑩)

⑧ おじいちゃんは見た目は気難しそうだけど、本当はとてもやさしい人です。〔現代、1072、下〕

할아버지는 겉보기에는 까다로운 것 같지만, 실은 매우 상냥한 사람입니다.

⑨ おとなしそうに見えた青年は、めっぽう強く、あっというまに二、三人の男をなげとばしていた。〔現代、1114、下〕
온순한 듯 보이는 청년은, 순식간에 매우 세게 두세 명의 남자를 내던지고 있었다.

⑩ テーブルをはさんで向かい合わせの席には、上品そうなご婦人が腰かけていました。〔現代、1087、上〕
테이블을 사이에 두고 맞은편 자리에는, 품위 있어 보이는 부인이 앉아 있었습니다.

[2] <V +「そうだ」>

1. 화자가 그 장면의 상황을 그렇게 되기 「직전의 상태」에 있음을 표현한다. → 표현의 초점은, 「현재의 상황이 어떻게 받아들여지는가」에 있다. (예①~⑤) — 진술부사 「今にも」와 자주 호응한다. (예③④)

① おばあさんは、消えそうないろりの火をかきたてながら、昔話をしてくれました。〔現代、175、中〕
할머니는, 꺼질 듯한 화로 불을 뒤적이며 옛날 이야기를 해 주었습니다.

② 死んだ恋人のことを思い出すと、胸が張りさけそうだ。〔現代、1099、上〕
죽은 연인의 일을 생각하니까 가슴이 메여 터질 것 같다.

③ 店はなんとか営業していますが、ほとんど虫の息で、今にも倒産しそうです。〔現代、1093、中〕
가게는 간신히 영업하고 있습니다만, 거의 숨이 끊어질 정도이며 당장 도산할 것 같습니다.

④ 雨雲の群れは、ビルの上に、今にも落ちてきそうなほど低くたれこめていた。〔現代、1102、中〕
비구름 떼는, 빌딩 위로 금방 떨어질 듯이 낮게 드리워져 있었다.

⑤ あるじを失った屋敷は、荒れるに任せたまま、お化(ば)けでも出そうな感じだった。〔現代、1038、中〕
주인을 잃은 저택은, 황폐해져 도깨비라도 나올 것 같은 느낌이었다.

cf) 사물의 성질・상태를 나타내는「비유적인 표현」에 자주 사용된다. (관용적 표현)

⇒ ・頤が落ちそうだ。*
(턱이 떨어질 것 같다. - 최고의 맛)

・忙しくて、目が回りそうだ。〔国際、49〕
(바빠서 눈이 빙빙 돌 것 같다)

・顔がはちきれそうに赤い。〔感覚、662〕
(얼굴이 터질 듯이 빨갛다.)

・細い後ろ姿。一本の線になって消えて行きそうな小ささ。〔感覚、1643〕
(가는 뒷모습. 하나의 선이 되어 사라져 가는 조그마한 모양.)

2. 현재의 상황을 근거로 해서「뭔가 실현될 전망이 충분히 있음」을 나타낸다. → 앞의 1항과 비교하면, 초점은「뭔가의 실현 可否」에 있다. (예⑥⑦)

⑥ 仕事にもどうやら目鼻がつき、今月中にしあげることができそうです。〔現代、1115、下〕

일도 그럭저럭 윤곽이 잡혀 이 달 중에 마무리할 수 있을 것 같습니다.

⑦ 万年最下位のチームだが、今シーズンは台風の目になりそうだ。〔現代、1104、上〕

만년 최하위 팀이지만, 이번 시즌은 태풍의 눈이 될 것 같다.

⑧ 産まれそうだと云う電話がかかってからK君は妙に落ちつかなくなって、自家にいても何をしていいか分らないような変な気がして一人そわそわしていると、安産と云う知らせが来た。〔志賀直哉、『和解』〕

아이가 나올 것 같다는 전화가 오고 나서 K군은 묘하게 마음이 안정되지 않아, 집에서 뭘 해야 좋을지 모를 이상한 느낌으로 혼자 안절부절하고 있을 때 순산했다는 연락이 왔다.

3. 장면의 상황이나 과거의 경험 등을 근거로, 극히「주관적으로 뭔가를 추측」하는 것을 나타낸다. (반드시 논리적인 필연성이 있다고는 보기 어렵다.) − 예⑨~⑪

⑨ 次期社長は、やはり本命のT氏に決まりそうです。〔現代、1034、中〕

차기사장은, 역시 가장 유력한 후보인 T씨로 결정될 것 같습니다.

⑩ ぎゅうぎゅう力を入れておしこむと、リュックサックは、まだいくらでも入りそうだ。〔現代、1046、下〕

꽉꽉 힘 주어 밀어 넣으면, 배낭에는 아직 얼마든지 들어갈 수 있을 것 같다.

⑪ 先方には小さな子がいるから、 何か子供の喜びそうな土産を持って行こう。〔現代、1082、下〕

상대방에게는 꼬마아이가 있기 때문에, 뭔가 어린이가 기뻐할 것 같은 선물을 갖고 가자.

③ 否定形　　〔문제제기〕

1. **<V+「そうだ」>의 부정형 → <V+そうもない>**
   <V+そうに(も)ない>

→ 기대와 달리(「期待に反して」)「전망이 없음」을 나타낸다.
(예①～④)

① 実際にはとてもできそうもない経験を読書は可能にしてくれる。〔現代、205、上〕

실제로는 도저히 할 수 없을 것 같은 경험을 독서는 가능하게 해준다.

② 国内の需要はこれ以上増えそうもないので、 海外に新しいマーケットを求めなければならない。〔現代、1036、上〕

국내 수요는 이 이상 늘어날 것 같지 않기 때문에, 해외로 새로운 시장을 찾지 않으면 안 된다.

③ 川には木の橋がかかっていましたが、こわくて渡れそうもありません。〔現代、173、下〕

강에는 나무다리가 걸쳐져 있었습니다만, 무서워서 건널 수 없을 것 같습니다.

④「やさしい人でなければいやだ。」と言う兄の眼鏡にかなう女性は、なかなか見つかりそうにありません。〔現代、1110、上〕

「마음씨 고운 사람이 아니면 싫다」고 하는 형에게 맞는 여성은 좀처럼 찾지 못할 것 같습니다.

cf) 이외의 부정형 → <V+そうではない> : 예(a)
— 앵무새식 대답에 사용
<V+なそうだ> : 예(b)
— 일반적인 표현이 아님

⇒ (a) コンサートはもう始まりそうですか。
(연주회는 이제 시작될 것 같습니까?)
いえ、まだ始まりそうじゃないですよ。
(아뇨, 아직 시작될 것 같지 않아요.)
(b) 明日雨は降らなそうだ。
(내일, 비는 내릴 것 같지 않다.)

2. **A+「そうだ」의 부정형 → <A + そうではない>**
<A + なさそうだ>

⑤ このりんごはあまりおいしそうではないね。〔文典、82〕

이 사과는 그다지 맛있을 것 같지는 않아.

⑤′ このりんごはあまりおいしくなさそうだね。

이 사과는 그다지 맛이 없을 것 같아.

⑥ この店は高そうではない。〔筑波-中-2, 108〕
이 가게는 비쌀 것 같지 않다
⑥′ この店は高くなさそうだ。
이 가게는 비싸지 않을 것 같다.

⑦ 彼女はプレゼントをもらっても、あまりうれしそうではなかった。〔国際、57〕
그녀는 선물을 받아도, 그다지 기뻐할 것 같지는 않았다.
⑦′ 彼女はプレゼントをもらっても、あまりうれしくなさそうだった。
그녀는 선물을 받아도, 그다지 기뻐하지 않을 것 같았다.

* 예⑤⑥⑦은 「そうだ」를 부정, 예⑤′⑥′⑦′는 「おいしい」「高い」「うれしい」를 부정한 것이다.

cf) 「さ」의 개입은, A 어간의 短小性으로 (어간 1음절의 안정 보강책으로) 「さ」를 삽입한다.15) – 단, 「すぎる」에 접속하는 「よい」는 「さ」를 삽입하지 않는다. **〔문제제기〕**

⇒ よい → よ**さ**そうだ (예①②), よすぎる (⑨)
ない → な**さ**そうだ (예③④), な**さ**すぎる (예⑩⑪)
おぼつかない → おぼつかな**さ**そうだ (예⑤)
つまらない → つまらなそうだ (예⑥)*
何気ない → 何気な**さ**そうだ (예⑦)*
ぎこちない → ぎこちな**さ**そうだ (예⑧)*

*「おぼつかない」「つまらない」「なにげない」「ぎこちない」 등의 말은, 一語로 된 복합어로 인정됨으로 「さ」를 보태지 않고 「～なそうだ」로

15) 다음의 문헌을 참고 바람.
・松下大三郎(1930), 『標準日本口語法』, 勉誠社, 1977(増補改訂), 191頁
・岩淵悦太郎(1944), 「さうだ」と「すぎる」, 『日本語』, 12～13頁
・松村 明(1956), 「よかりそうだ」「なかりそうだ」, 『実践国語』1-2, 52頁

해야 한다.[16] 그러나, 문학작품에는 「さ」개입을 많이 볼 수 있다.(단, 원본 그대로 싣기로 한다.)

⇒ ① 「ちょッ、学校まで取りに来なくてもよさそうなものだ。」と敬之進は独語のやうに言つた。〔島崎藤村、『破戒』〕

② 食事をしまつて、窓から外を見てゐると、～却つて晴れた日より暑くなくて好ささうなので、気を晴さうと思つて、外へ出た。〔森鴎外、『雁』〕

③ 浅草にはマチヤという所はなさそうだ。千住なら町屋という所があるのだが。〔「録音器」欄、53頁、『言語生活』11号、1952. 8月、筑摩書房〕

④ 然し彼は東京へ帰らうとは却却思はなかつた。帰れば又来る事はなささうに思へた。〔志賀直哉、『暗夜行路』〕

⑤ 劉は思わず覚束なさうな声を出した。〔芥川竜之介,『酒虫』〕

⑥ 「横丁なら尚怪しからん」緒方は出たら目を言つて、つまらなさうに笑つた。〔志賀直哉、『暗夜行路』〕

⑦ 神父がいかにも何気なささうに口をきいた。〔堀辰雄、『風立ちぬ』〕

⑧ ゴソゴソとしてギコチ無ささうな風姿も、小言いッて観る者は千人に一人歟二人〔二葉亭四迷、『浮雲』〕

⑨ 雨の後、青い空はよ過ぎる。*

⑩ 「する事が余りに良心がなさ過ぎる」「昔からさう云ふ奴だよ」と信行が云つた。〔志賀直哉、『暗夜行路』〕

⑪ 「～、高柳の話なぞを聞かなければ格別、聞いて、知つて, 黙つて帰るといふことは、新平民として余り意気地が無さ過ぎるからねえ。」〔島崎藤村、『破戒』〕

16) 松村 明(1956), 前掲書, 52頁 参조.

4 「そうだ」와 「ようだ」 〔문제제기〕

① あのお菓子はおいしそうだ。

저 과자는 맛있어 보인다.

② あのお菓子はおいしいようだ。

저 과자는 맛있는 것 같다.

예①은, 그것으로부터 받은 「직감적」인 인상을 표현한 것으로 「주관적」이고 「미연적(未然的)」이라 할 수 있지만, 예②는 「객관적」인 표현으로 「꽤 명확한 근거」를 기초로 한 예측을 나타내는 것이며 「기연적(既然的)」인 표현이다.

다시 말하면, 예①의 「そうだ」표현은, 어떤 사항이 「예측**되는** 것」으로서 그 장면에서의 상황을 받아들이는 데에 표현의 초점이 있는 것에 대하여, 예②의 「ようだ」표현은 어떤 사항의 실현을 「예측**하는** 것」에 초점이 있다. 그리고 어떤 결과가 이미 표출되어 있는 것을 「~たようだ」의 형으로 추측하는 용법은 「そうだ」에는 없다.

참고문헌

単行本

<기본서>

· 国立国語研究所 報告3, 『現代語の助詞・助動詞』(1951, 秀英出版)
· 森田良行, 『基礎日本語2』(1980・6, 角川書店)
· ________, 『日本語の表現』(1983, 創林社)
· 国広哲弥, 『ことばの意味』(1982, 平凡社選書 73)
· 松村明, 『古典語・現代語 助詞助動詞詳説』(1984, 学灯社, 5版)
· 森田良行・松木正慧, 『日本語表現文型』(1989, アルク)
· グル－プ・ジャマシイ 編, 『日本語文型辞典』(1998・2, くろしお出版)

<심화서-1>

· コリャード(COLLARDO), 『日本文典』(1603, 大塚高信訳, 1957)
· 松下大三郎, 『標準日本口語法』(1930, 勉誠社, 1977 増補改訂)
· 山田孝雄, 『日本文法学概論』(1936, 宝文館)
· 松尾捨治郎, 『国語論叢』(1943, 井田書店)
· 橋本進吉, 『国語法研究』(1948, 岩波書店)
· ________, 『助詞・助動詞の研究』(1969, 岩波書店)
· 時枝誠記, 『日本文法 口語篇』(1950, 岩波書店)
· 湯沢幸吉郎, 『室町時代言語の研究』(1955・8, 風間書房)
· __________, 『徳川時代言語の研究』(1955・10, 風間書房)
· __________, 『口語法精説』(1977, 明治書院)

・中田祝夫 竹岡正夫,『あゆひ新注抄』(1960, 風間書房)
・吉田金彦,『現代語助動詞の史的研究』(1971, 明治書院)
・此島正年,『国語助動詞の研究』(1973, 桜楓社)
・阪倉篤義,『日本文法の話』(1974, 教育出版)
・北原保雄,『日本語助動詞の研究』(1981, 大修館)
・寺村秀夫,『日本語のシンタクスと意味Ⅱ』(1984, くろしお出版)
・常学図書編,『国語大辞典』(1990, 新装版3刷, 小学館)

論文

<기본논문>

・松尾捨治郎,「降りさうだ・降るさうだ」(『国語論叢』, 1943・12, 井田書店)
・岩淵悦太郎,「さうだ」と「すぎる」(『日本語』, 1944・6)
・風間力三,「死にそうだ」と「死ぬそうだ」(『口語文法講座3』, 1964, 明治書院)
・渡辺実,「よさそうだ・なさそうだ」(上同)
・西出郁代,「研究ノート(1) <らしい> および <そうだ>」(『日本語・日本文化』1, 1969・6)
・日野資純,「<雨が降りそうだ>と<雨が降るそうだ> - 二つの<そうだ>の違いは何か」(『新日本語講座2』, 1975・3, 汐文社)
・阪田雪子,「様態を表す言い方 - そうだ -」(『文法2 - 助動詞を中心にして -』, 1980, 国際交流基金)
・倉持保男,「'推量'項」(『日本語教育事典』, 1982, 日本語教育学会)

<심화논문-1>

・阪倉篤義,「地の文と会話文」(『講座解釈と文法』1, 1960, 明治書院)

· 山鳴孝三郎, 「知らなそうだ」(『論究日本文学』, 1962)
· 金田一春彦, 「不変化助動詞の本質」(『日本の言語学3』, 1979, 大修館)
· 柏岡珠子, 「ヨウダとラシイに関する一考察」(『日本語教育』41, 1980)
· 平野尊識, 「助動詞 <そうだ> についての一考察」(『山口大学　学会志』31, 1980・11)
· 金原鎬, 「助動詞<そうだ>의 表現考」(『日本研究』第11号, 1996, 韓国外大日本研究所)

<심화논문-2>

· 松村明, 「<よかりそうだ><なかりそうだ>」(『実践国語』1-2, 1956)
· 秋永一枝, 「アクセントから文法へ － 品詞の弁別について －」(『国文学研究』, 1957)
· 佐田智明, 「中世末期の<サウナ>について」(『北九州大学開学二十五周年 記念論文集』, 1972)
· 仙波光明, 「終止連体形接属の<げな>と<さうな> － 伝聞用法の発生から定着まで －」(『佐伯梅友博士喜寿記念 国語学論集』, 1976, 表現社)
· 宮地幸一, 「助動詞 <そうだ>考 － 滑稽本詞章の考察」(『田辺博士古稀記念 国語助詞助動詞論叢』, 1979・8　桜楓社)

8. 否定의 表現

· **定義**

「否定」이란, 그렇지 않음을 단정하거나 옳지 않음을 반대 또는 인정하지 않는 것을 말한다. 논리학·철학에서는, 부정판단(부정개념)을 긍정판단(긍정개념)과 대립적인 것으로 생각하여, 진위(真偽)·정반(正反)·동일(同一)과 모순(矛盾) 등을 논하는 것이 많다.
일본어문에서는, 情意的·類型的·二重的 부정이 있으며, 표현 형식에는 주로「ない」「ぬ(ん)」「ず」「無～」「不～」「未～」「非～」등으로 표현한다.[17]

1. 정의적(情意的) 부정

의문의 부정표현은「완곡」이나「강조」를 나타내고「反語표현」으로도 연관된다. 고정적인 형식을 취하여「강한 긍정적 의미」를 나타내는 것도 있다.

---

17) 한국어문에서는, 体言叙述語文(章)의 경우 한 가지의 형식 (「～이 아니다」)이 있고, 用言叙述語文(章)의 경우에는 두 가지의 형식 (「'안' 부정문」과 「'못' 부정문」)이 있다.
⇒ a) 영이는 대학생이다. (긍정)
a') 영이는 대학생이 아니다. (부정)
⇒ b) 교실이 어둡다. (긍정)
b') 교실이 안 어둡다. (부정1)
b") 교실이 어둡지 않다. (부정2)
⇒ c) 영이는 학교에 갔다. (긍정)
c') 영이는 학교에 못 갔다. (부정1)
c") 영이는 학교에 가지 못했다. (부정2)

⇒「読んでくれない?」「だめじゃないか！」「とんでもない」「けしからん」「なのめならず」

2. 유형적(類型的) 부정

「連語形」이나「관용구」등에 많으며 이것에 대한 긍정의 형은 사용하지 않는다.

⇒「にもかかわらず」「のみならず」「かもしれない」「あいかわらず」「とりもなおさず」「いただけない」「浮かぬ顔」

3. 이중적(二重的) 부정

(1) 이중의 부정으로「긍정」을 나타낸다. 단순긍정보다「강조」「완곡」등의 情意的 의미가 강하며 고정적이고 관용적인 형식도 있다.

⇒「しなければならない」「知らないわけではない」「言わないことではない」「せざるをえない」

(2) 이중부정의 형식을 취하면서「하나의 부정」의 뜻으로도 사용된다.

⇒「無一文もない」「いまだにまだ未完成の状態」「不必要以上に多すぎる」

[1] ない

＊ 활용어에 접속하여, 그 활용어가 나타내는 동작・작용과 성질・상태 등을 부정하는 뜻을 나타낸다.

1. 「V ＋ ない」型

→ V의 부정 「ない」는 조동사이며, 밀착하여 V와 一体化한다. (예①～⑤)

① 私は彼とくだらないことでけんかをした。〔Lighthouse、479〕

나는 그와 사소한 일로 싸움을 했다.

② 何か気にいらないことでもあるのか、彼女は妙にぼくの服装にこだわっていた。〔現代、372、上〕

무언가 마음에 들지 않는 것이라도 있는지, 그녀는 이상하게도 나의 복장에 트집을 잡았다.

③ コーナーにさしかかったら、速度を上手にコントロールしないとコースをはみ出してしまう。〔現代、387、上〕

모퉁이에 접어들어 속도를 능숙하게 조절하지 못하면, 코스를 이탈해버린다.

④ お鍋が吹きこぼれるといけないから、こんろの火を小さくしてちょうだい。〔現代、388、中〕

냄비가 끓어 넘치면 안되니까, 풍로의 불을 줄여 주어요.

⑤ 彼は、ほんのわずかな差で首位打者になれなかった。〔現代、388、下〕

그는 약간의 차로 수위타자가 될 수 없었다.

2. 「A・Av + ない」型

→ A・Av의 부정 「ない」는 보조 형용사이며, 부조사 「は」「も」삽입이 가능하다. (독립성이 강함) – 예⑥~⑩

⑥ 相続をめぐり、遺族の間で骨肉相食む争いの生じる例はめずらしくない。〔現代、373、下〕
상속을 둘러싸고 유족 사이에서 골육상쟁이 발생하는 예는 드물지 않다.

⑦ 健康が思わしくなく、これ以上在職するのは不可能だ。〔現代、393、下〕
건강이 좋지 못해서 이 이상 재직하는 것은 불가능하다.

⑧ 好きな事のためなら、いくら金を出しても惜しくはない。〔現代、137、上〕
좋아하는 일을 위해서라면 아무리 돈을 써도 아깝지 않다.

⑨ それほど学力も劣等ではないらしく、性質も思いの外温順で、むしろ無口なむっついとした落ち着いた少年であった。〔谷崎潤一郎、『小さな王国』〕
그 만큼 실력도 열등하지 않은 듯 했고. 성격도 의외로 온순하고 오히려 말이 없고 무뚝뚝하고 차분한 소년이었다.

⑩ どんなにお金があっても健康でなくては幸せだとは言えない。〔文型, 380〕
아무리 돈이 있더라도 건강하지 않고서는 행복하다고는 말 할 수 없다.

3. 부정의 「ない」가, V 「すぎる」와 양태의 助V 「そうだ」에 접속하는 경우 → V에는 「さ」가 개입하지 않지만, A에는 개입한다.18)(예⑪~⑭)

⇒ ┌ V에 붙는 「ない」 → 「V- なすぎる」(예⑪)
　　　　　　　　　　　「V- なそうだ」(예⑫)
　└ A에 붙는 「ない」 → 「A- なさすぎる」(예⑬)
　　　　　　　　　　　「A- なさそうだ」(예⑭)

⑪ あの人はものを知らなすぎる。*
저 사람은 세상물정을 너무 모른다.

⑫ 今の若い者はこのごろの農村の様子を全く知らなそうだ。*
지금의 젊은이는 요즈음의 농촌모습을 전혀 모르는 것 같다.

⑬ ソウルから平壌までは遠くなさすぎる。*
서울부터 평양까지는 그렇게 멀지 않다.

⑭ 「その手紙の調子だと、会っても面白くなさそうだわ。」〔岸田国士、『沢氏の二人娘』〕
「그 편지 내용 꼴을 보니 만나도 재미있을 것 같지 않아.」

4. 부정의 「ない」가 「연용수식구」로 사용되는 경우
→ V에 붙는 경우는 「ないで」, A・Av에 붙는 경우는 「なくて」가 붙는다. 특히 V에 「なくて」가 붙는 경우, 「원인」을 나타내거나 「~なくてもいい」 「~なくてはいけない」형으로 사용되는 경우가 있다. (예⑮~⑲)

---

18) 松村 明(1956), 前掲書, 52頁 参조.

⑮ 人の話を途中で遮らないで、最後までちゃんと聞いてください。〔現代、398、上〕
남의 이야기를 도중에 가로막지 말고 마지막까지 잘 들어주세요.

⑯ 思ったより高くなくてほっとした。〔文型、380〕
생각보다 비싸지 않아 안심했다.

⑰ 子供の体が丈夫でなくて大変だ。〔上同〕
어린이의 몸이 튼튼하지 않아서 큰일이다.

⑱ ちっとも雨が降らなくて困っている。〔上同〕
조금도 비가 내리지 않아 곤란하다.

⑲ よし子ちゃん、怖がらなくてもいいのよ、この犬はおとなしいから。〔現代、384、上〕
요시코야. 무서워하지 않아도 괜찮아. 이 개는 온순하니까.

cf)「～ないか(ませんか)」

a. 상대방에게「동의」나「확인」을 구하거나「권유」를 나타낸다.

- わたしたちは、流行を追いかけてばかりいることを反省するべきではないか。〔現代、122、上〕
(우리들은 유행을 따라가기만 하는 것을 반성해야하지 않을까?)
- いっこうに遅刻者が減らないのは、学校側の対処のしかたがあまいからではないかと思う。〔現代、631、上〕
(조금도 지각생이 줄지 않는 것은, 학교측의 대처 방법이 엄하지 않은 것이 아닌가 생각한다.)

・ 大変ごぶさたしておりますが、皆様にはお変わりございませんか。〔現代、378、上〕
(매우 격조하였습니다만 여러분들은 별고 없으십니까?)
・ 差し出たことを申すようですが、お金にお困りではありませんか。〔現代、408、下〕
(주제 넘는 말을 하는 것 같습니다만, 돈에 어려움을 겪는 것은 아닙니까?)

b. 상대방에 대하여「의뢰」를 나타낸다. ―「~てくれないか」

・ これはぼくたち二人のことなんだ、第三者は黙ってくれないか。〔現代、630、上〕
(이건 우리 두 사람의 일이다. 제 3자는 가만히 있어 주지 않을래?)
・ もう一回最初から説明してくれないか、頭の中がすっかり混乱してしまったよ。〔現代、388、上〕
(다시 한번 처음부터 설명해주지 않을래? 머리 속이 너무 혼란스러워.)
・ あいにく今、細かいのを持ちあわせていないんだ、悪いけどたてかえておいてくれないか。〔現代、378、下〕
(공교롭게도 지금 잔돈을 가지고 있지 않아. 미안하지만 대신 꾸어주지 않을래?)

c.「~ない。」와 같이「か」를 생략하여 사용한다. (상승Intonation 동반) ―「확인」「同意」

・ むやみに店の格式を重んじるばかりでは、時代に取り残されてしまうのではない(か)。〔現代、153、上〕
(지나치게 가게의 격식을 중요시만 하면, 시대에 뒤떨어지는 것이 아닐까?)

- 妻が顔をこしらえるのにまだ時間がかかりそうだから、ちょっと庭でも歩いてみない(か)。〔現代、369、下〕
  (아내가 얼굴을 치장하는데 시간이 걸릴 것 같으니까, 정원에라도 좀 걷지 않을래?)

d. 기대에 어긋나는 경우, 기대를 품은 상대에 대하여「불만」「비난」의 기분을 나타낸다. －「~じゃないか」

- 今日の飯はこわいぞ、水加減を間違えたんじゃないか。〔現代、383、下〕
  (오늘 밥은 되네, 물 대중을 잘못한 게 아니야?)
- いくら試合とはいえ、きみは少し勝敗にこだわりすぎるんじゃないか。〔現代、372、上〕
  (아무리 시합이라고 해도 너는 좀 승패에 지나치게 집착하는 거 아니야?)
- きみがつまらないことを言うから、彼女、すっかり気分を壊しちまったじゃないか。〔現代、384、上〕
  (네가 시시한 말을 하니까 그녀는 완전히 기분을 망쳐버린 게 아닌가?)
- 大の男が泣いたりしちゃみっともないじゃないか。〔現代、625、中〕
  (어른이 울거나 하면 꼴불견 아닌가?)

[2] ぬ(ん)・ず

* 일반적으로 문장어적인 표현이며 관용어에 많이 사용된다. (「~ません」「~ずに」를 제외)

1.「ぬ」

→「ぬ」는, 원래 연체형이지만 종지형에도 사용된다.(예①~④)

① 何でもいいから、まずやってみることが先決だよ、まかぬ種は生えぬ、と言うからね。〔現代、661、中〕

뭐라도 좋으니까 우선 해 보는 것이 선결이야. 뿌리지 않은 씨는 나지 않는다고 하니까.

② ふだんは気にもとめぬ日常の瑣事(さじ)にも、感動を呼ぶ事がらは多いのです。〔現代、407、上〕

평소에는 개의치 않는 일상생활의 사소한 일에도, 감동을 불러일으키는 일은 많습니다.

③ 会ったこともない叔父の遺産を相続することになり、思わぬ大金が転がり込んだ。〔現代、384、上〕

만난 적도 없는 숙부의 유산을 상속하게 되어, 생각지도 않은 큰돈이 굴러 들어왔다.

④ 寺の石庭の造形には、えもいわれぬ風雅な趣があった。〔現代、952、中〕

돌로 꾸민 사찰 정원의 조형은, 말할 수 없는 풍아한 멋을 자아내었다.

cf) 「～ねばならない」의 「ね」는, 文語文法의 已然形으로 「なけれ」에 상당하며, 관용어에 많이 사용한다.

⇒ ・人間らしく生きていくためには、さまざまな問題に立ち向かわねばならない。〔現代、655、上〕

(인간답게 살아가기 위해서는 다양한 문제와 맞서지 않으면 안 된다.)

・瓜のつるになすびはならぬ。〔現代、ことわざ、71〕

(원인 없이 결과는 없다.)

・人の背中は見えるが我が背中は見えぬ。〔現代、ことわざ、290〕
(남의 결점은 눈에 보이지만 자기의 결점은 안 보인다.)

2. 「ん」(종지형)

→ 종지형 「ぬ」는 「ん」로도 사용한다. 「ん」이 현대어로 정착하여 사용하는 것은 「ます」의 부정 「ません」에 한정하는데 회화체에서 「ぬ」대신에 사용하기도 한다. (예⑤~⑦)

⑤ 家を建てたいのですが、ころあいの土地がなかなか見つかりません。〔現代、382、下〕
집을 짓고 싶습니다만, 적당한 토지가 좀처럼 발견되지 않습니다.

⑥ 彼が行く先も告げずに外出するなんてことは、決してありません。〔現代、401、上〕
그가 행선지도 알리지 않고 외출한다는 일은 결코 없습니다.

⑦ お会いするのは何時でもかまいません。先様の都合に合わせます。〔現代、401、上〕
만나는 것은 몇 시라도 상관없습니다. 그쪽 사정에 맞추겠습니다.

3. 連体形은, 「ぬ」「ん」 이외 「ざる」도 있다. (예⑧~⑪)

⑧ あなたが好むと好まざるとにかかわらず、世話役になってもらう。〔現代、377、上〕
당신이 좋아하든 좋아하지 않든 관계없이 일을 맡길 거야.

⑨ 信一郎は学生の顔を一目見て、その高貴な容貌に打たれざるを得なかった。〔菊池寛、『真珠夫人』〕

신이치로는, 학생의 얼굴을 얼른 보고 그 고귀한 용모에 감동 받지 않을 수 없었다.

⑩ 私利私慾にかられて、従業員の生活をかえりみなかった社長は、とうとう退陣せざるを得なくなった。〔現代、518、下〕
사리사욕에 쫓겨 종업원의 생활을 돌보지 않았던 사장은, 마침내 퇴진하지 않을 수 없게 되었다.

⑪「過ぎたるは及ばざるがごとし。」〔ことわざ、261〕
「지나친 것은 모자라는 것과 같다.」

4.「ず」

(1)「ずに」는, 연용형의 용법으로「ないで」에 상당하며, 회화체에서 비교적 잘 사용된다. (예⑫⑬)

⑫ チンパンジーはコップを右手につかむと、一滴もこぼさずに飲み干しました。〔現代、378、中〕
침팬지는 컵을 오른손으로 잡자, 한 방울도 흘리지 않고 다 마셔 버렸다.

⑬ あの和菓子屋が、品質を落とさずに今までやってこられたのはむかしかたぎのおやじさんがいたからだ。〔現代、144、中〕
그 일본 과자가게가 품질이 떨어지지 않고 지금까지 운영할 수 있었던 것은 옛날 기질의 건실하게 해 왔던 주인이 있었기 때문이다.

(2) 「관용어句」 중에서 문장체에 많이 사용된다. 「ず」는 특히 부사・연어형・「ことわざ」에 많이 사용되며 종지형으로 자주 보인다. (예⑭~㉒)

⇒ 思わず(무의식중에), 相変わらず(변함없이), 知らず知らず(부지불식간에), 飲まず食わず(먹지도 마시지도 않고), ~にもかかわらず(~임에도 불구하고), とりもなおさず(곧)

⑭ すさまじい雷鳴が五体を貫き、思わずしゃがみこんでしまった。〔現代、371、中〕
무시무시한 천둥소리가 온몸을 관통하여, 나도 모르게 웅크리고 말았다.

⑮ 姉は、暑い夏でも、相変わらず食欲はおうせいだ。〔現代、125、中〕
언니는, 더운 여름에도 여전히 식욕은 왕성하다.

⑯ 運動を長い間しないでいると、知らず知らずに、からだが固くなる。〔文化庁、665〕
운동을 오래 동안 하지 않고 있으면, 자기도 모르게 몸이 굳어진다.

⑰ 学生時代のわたしは貧しく、飲まず食わずの生活だった。〔現代、856、上〕
학창시절의 나는 가난하여 먹지도 못하는 생활을 했다.

⑱ 従業員の努力にもかかわらず倒産という最悪の事態となった。〔現代、389、下〕
종업원의 노력에도 불구하고 도산이라는 최악의 사태가 되었다.

⑲ 彼女の死はとりもなおさず、その家庭の崩壊であった。〔Lighthouse、1259〕

그녀의 죽음은, 곧 그 가정의 붕괴였다.

⑳ 井の中の蛙大海を知らず。〔ことわざ、300〕

우물 속의 개구리 큰바다를 모른다.

㉑ 渇しても盗泉の水は飲まず。〔ことわざ、177〕

아무리 괴로워도 바르지 않은 일은 하지 않는다.

㉒ 雨にも負けず、風にも負けず、毎日働き続けた。〔文化庁、1109〕

비에도 지지 않고 바람에도 꺾이지 않고 매일 일을 계속했다.

참고문헌

単行本

<기본서>

· 国立国語研究所 報告3,『現代語の助詞・助動詞』(1951, 秀英出版)
· 吉田金彦,『現代語助動詞の史的研究』(1971, 明治書院)
· 大野晋,『日本語の世界』(1976・10, 朝日新聞社)
· 森田良行,『基礎日本語2』(1980・6, 角川書店)
· ________,『日本語の表現』(1983, 創林社)
· 国広哲弥,『ことばの意味』(1982, 平凡社選書 73)
· 松村 明,『古典語・現代語 助詞助動詞詳説』(1984, 学灯社, 5版)
· 森田良行・松木正慧,『日本語表現文型』(1989, アルク)
· グル－プ・ジャマシイ 編,『日本語文型辞典』(1998・2, くろしお出版)

<심화서-1>

· 土井忠生・森末義彰編,『日本語の歴史4』(1964・7, 平凡社)
· 岩倉国浩,『日英語の否定の研究』(1974, 研究社)
· 岸本末彦,『心理学者の国語観』(1981・4, 私家版)
· 田島光平,『語法の論理』(1982・3, 笠間書院)
· Jespersen, O., Negation in English and other Languages(1917)
· ___________, Negation (Philosophy of Grammar)

<심화서-2>

・築島裕,『平安時代の漢文訓読語につきての研究』(1963, 東京大学出版会)
・上井洋一,『平安時代語新論』(1969, 東京大学出版会)
・吉田金彦,『上代助動詞の史的研究』(1973・3, 明治書院)

論文

<기본논문>

・中村通夫,「<なんだ>と<なかった>」(『学苑』, 1937・2 =『東京語の性格』)
・松村明,「<ませんでした>考」(『国文』6, 1956・12 =『江戸語東京語の研究』)
・金田弘,「打消の助動詞 - ない, め(ん)<現代語>」(『国文学 解釈と教村の研究』9-13, 1964・10)
・奥村三雄,「打消の助動詞 - まい<現代語>」(『国文学 解釈と教村の研究』9-3, 1964・10)
・宮地敦子,「ない, ぬ, ず」(『口語文法講座3』, 1964・11, 明治書院)
・森田良行,「<ない>の用法を中心に」(『講座日本語教育5』, 1969・7, 早稲田大学語学教育研究所)
・柏原司郎,「<焼けない前>と<焼けぬ先>と」(『語学文学』10, 1972・3)
・和久井生一,「日本語研究<ない>論考」(『拓殖大学 論集』94, 1973・12)
・鈴木英夫,「<なく(て)>と<ないで>と<ず(に)>の用法の異同について」(『名古屋大教養部 紀要』A20, 1976・3)

<심화논문-1>

· 佐久間鼎, 「否定的表現の意義」(『日本語の言語理論的研究』, 1943, 三省堂)
· 浜田敦, 「肯定と否定」(『国語学』1集, 1948)
· 泉井久之助, 「否定表現の原理」(『国語国文』22-8)
· 佐藤喜代治, 「未然形に続く助動詞」(『国文学 解釈と鑑賞』, 1957・11)
· 中村通夫, 「江戸語における打消の表現について」(『中央大学文学部 紀要』7, 1959・9)
· 中西宇一, 「打消の助動詞を中心とする助動詞の二分類」(『言語と文芸』 19, 1961・11)
· 武井睦雄, 「江戸語打消表現についての一報告 - 酒落本における<ぬ> <ない>両系列の相関 -」(『国語研究室』4, 1965・6)
· 佐伯梅友, 「打消の助動詞<ず>について」(『古文研究』5, 1965・8)
· 丸山和雄・岩崎摂子, 「現代語文末表現における<ない>の諸相 - その慣用表現の構造的類型」(『弘前学院短大 紀要』4, 1968・4)
· 宮地裕, 「否定表現」(『文論』, 1971, 明治書院)
· 坂梨降三, 「江戸時代の打消表現について」(『岡山大学法文学部 学術紀要』33, 1973・3)
· 小矢野哲夫, 「打消助動詞<ない>の一特性 - アスペクトを表す場合」(『日本語・日本文化』8, 1978・9)
· 柳父章, 「ある・いる - 文脈上の語感の乏しい日本語の名詞に<ある><いる><ない>を変身させることができるか」(『翻訳の世界』6-9, 1981・9)

<심화논문-2>

· 大岩正仲, 「奈良朝語法ズハの一解」(『国語と国語学』, 1942・3)

・北条忠雄,「<ずは>の本質」(『国語研究』, 1942・3, 4)
・宮田和一郎,「助動詞<ざり>」(『国語国文』, 1948・10)
・橋本進吉,「上代語の研究」(橋本進吉博士著作5, 1951, 岩波書店)
・吉永登,「奈良朝特殊語法<ずは>について」(『関西大学 国語学』3, 1951・2)
・信国進,「鹿児島ことばの<ン>」(『言語生活』22, 1953・7)
・三吉陽,「<ずあり><ざり><ず>についての一考察」(『愛媛 国文研究』3, 1954・3)
・______,「今昔物語集の文章おぼえがき ‐ 打消の助動詞の連体形について ‐」(『解釈』, 1957・2)
・中出惇,「穂久迩文庫本大学における<マイ>系の助動詞」(『文学語学』3, 1957・3)
・渥美功,「打消の助動詞<ず>はそのまま連体形となりうるか」(『古典』3, 1957・6)
・門前正彦,「漢文訓読史上の一問題 ‐ 打消助動詞の連体形について ‐」(『訓点語と訓点資料』8, 1957・9)
・土部弘,「連体格用法の<ず>は連用形なりや」(『関西大 国文学』21, 1958・4)
・松村明,「いわゆる打消の助動詞 ‐ <ず>の研究」(『国文学 解釈と教材の研究』 4-2, 1959・1)
・広戸惇,「岡山県方言分布の実際 ‐ <無い><こんな>その他」(『島根大学 論集』9, 1959・2)
・______,「漢文訓読史上の一問題(三) ‐ 助動詞『ざり』について ‐」(『訓点語と訓点資料』13, 1960・2)
・林田明,「虎清本における助動詞<まい>」(『試論』5, 1960・9)
・小林芳規,「漢文訓読史から見た打消の訓法」(『文学論藻』19, 1961・3)
・野島進,「打消の助動詞<ず, ざり, ぬ>について」(『国文学 解釈と教材の研究』7-3, 1962・2)
・大塚光信,「助動詞マイの成立について」(『国語学』50, 1962・9)

- 吉田金彦, 「否定辞<で><ずして>の用法」(『国語学』52, 1963・3)
- ________, 「古代における中止不定辞の系譜」(『国語と国文学』, 1963・5)
- 大野晋, 「指定・否定の助動詞なり・たり・ず」(『国文学 解釈と鑑賞』28-7, 1963・6)
- 林巨樹, 「打消の助動詞 - ず <古典語>」(『国文学 解釈と教材の研究』9-13, 1964・10)
- 武井睦雄, 「江戸語打消表現についての一報告 - 洒落本における<ぬ><ない>両系例の相関」(『国語研究室』4, 1965・6)
- 佐伯梅友, 「打消の助動詞<ず>について」(『古文研究』5, 1965・8)
- 佐藤宣男, 「<ずは>についての問題」(『文化』29-4, 1966・3)
- 田島堂, 「正法眼蔵の一語法 - アラズヨリハのズの活用形」(『国語学懇話会 会報』8, 1966・9)
- 岡野信子, 「北九州市若松区鳥郷地区の<ト><ソ><ン>」(『日本方言研究会 第5回研究発表会 発表論集』, 1967・11)
- 上井洋一, 「特集 日本語の助動詞の役割 否定<ず・ざり・じ・まじ>」(『国文学 解釈と鑑賞』33-12, 1968・10)
- 森昇一, 「打消の助動詞<ざり>の性格」(『国語研究』29, 1969・12)
- 上村良作, 「天草版平家物語における助動詞<まじい><まい>について」(『今泉博士古稀記念 国語学の論叢』, 1973・3, 桜楓社)
- 飛田良文, 「明治初期東京語の否定表現体系 - 安愚楽鍋における <ない><ねえ><ぬ><ん>の用法」(『ことばの研究5』, 1974・3, 秀英出版)
- 山田俊治, 「<ン><ヘン>をめぐって - 大阪方言における否定法」(『藤源与一先生古稀記念論集 方言学論叢1』, 1981・6, 三省堂)
- 田島毓堂, 「正法眼蔵の一語法 - アラズヨリハのズの活用形を中心にして」(『東海学園 国語国文』20, 1981・10)
- 小林賢次, 「否定表現の変遷 - <あらず>から<なし>への交替現象について -」(『国語学』75集)

9. 過去・確認의 表現

・定義

어떤 사건(事件)・사상(事象)이 끝나 버린 것, 또는 끝나서 그 결과가 현재에도 존속(存続)하고 있는 것을 나타내는 표현이다. 끝나버린 것은「현재(現在)」와 상관이 없지만, 완료된 그 결과가 현재에도 계속되고 있음은 새로운 사태(事態)가 발현(発現)되고 있다고도 해석할 수 있기 때문에, 일반적으로「과거(過去)」와「완료(完了)」는 구별된다. 표현형식에는「た」가 유일하다.

1.「과거」나「회상」을 나타낸다.

→ 述部에「た」표시. (과거의 副詞가 동반되지만 없어도 표현 가능) – 예①~③

① 当時、その技術を有する者は少なく、地位や給料の面でも厚遇された。〔現代、345、中〕

당시 그러한 기술을 가진 사람은 적었고 지위나 급료 면에서도 융성한 대접을 받았다.

② 開発途上国、発展途上国は、かつて後進国と呼ばれた。〔現代、349、下〕

개발도상국이나 발전도상국은 예전에는 후진국이라 불렸다.

③ 友とお茶を飲みながら、楽しい午後のひとときを過ごした。〔現代、364、下〕

친구와 차를 마시면서 즐거운 오후 한때를 보냈다. – 회상 –

2. 사항의 실현이 「확정적인 사실」을 서술한다. (「完了」의 설도 있음) – 예④~⑦

④ この川の上流で、大きなダムの建設が始まった。〔現代、335、上〕
이 강의 상류에서 큰 댐 건설이 시작되었다.

⑤ 登山隊は厳しい寒さや食料不足などいくたの困難を克服して、二十三日未明登頂に成功した。〔現代、363、下〕
등산대는 혹한의 추위와 식량 부족 등 수많은 어려움을 극복해 23일 미명 등정에 성공했다.

⑥ 啓造はそう思いながら二階の書斎に上って行った。〔三浦綾子、『氷点』〕
게이조는 그렇게 생각하면서 2층 서재로 올라갔다. - 완료 -

⑦ なんだ、なくなったゆびわがこんなところにあったわ。*
뭐야, 잃어버린 반지가 이런 곳에 있었어! - 완료 -

3. 아직 未実現이지만 「실현이 확정적」일 경우에도 사용한다. (예⑧~⑩)

⑧ 前半戦のできから、中田選手が入賞する可能性は非常に濃くなってきた。〔現代、340、中〕
전반전 성적에서 나카다 선수가 입상할 가능성은 대단히 짙어졌다.

⑨ コーチは、低迷しているチームの現状を打破するには、練習時間を長くするしかないと結論した。〔現代、334、中〕

코치는, 하위를 맴돌고 있는 팀의 분위기를 쇄신하기 위하여 연습 시간을 늘리는 수밖에 없다고 결론지었다.

⑩ 故郷には、彼の功績を記念して資料館が建てられることになった。〔現代、350、下〕

고향에는, 그의 공적을 기념하여 자료관이 세워지게 되었다.

4.「연체수식구中」의 경우

가. 文末술어에 의하여 나타나는 사항 以前에「이미 실현된 경우」를 나타낸다. (예⑪～⑭)

⑪ 急に冷え込んだ朝、水たまりに子供たちが忘れて行ったボールが凍りついていた。〔現代、360、下〕

갑자기 기온이 내려간 아침, 물웅덩이에 아이들이 잊고 간 공이 얼어붙어 있었다.

⑫ 長い間敵対関係にあった隣国が講和を申し入れてきた。〔現代、359、中〕

긴 시간 적대관계에 있었던 이웃 나라가 강화를 제시해왔다.

⑬ 北海道に渡った人々は、荒涼たる原野を耕し、田畑を広げていった。〔現代、359、上〕

홋카이도에 건너간 사람들은 황량한 벌판을 경작해 논밭을 넓혀 갔다.

⑭ かれこれするうちに、祖父の乗った汽車の着く刻限がきた。〔現代、362、下〕

이것저것 하는 동안에 할아버지가 타고 온 기차의 도착 시간이 다가왔다.

cf) ⇒ ⑭′ かれこれするうちに、祖父の乗る汽車の着く刻限がきた。
→「미래」(할아버지가 탈 열차)

나. 文末술어에 의하여 나타나는 사항 以前에「실현되는 것을 상정할 경우」에 표현한다.(장래의 일, 가정적인 일) — 예 ⑮~⑰

⑮ 一泊程度の心積もりで出かけた温泉だったが、 つい一週間も逗留してしまった。〔現代、367、上〕
일박정도 예상하고 외출했던 온천이었지만 결국 일주일이나 머물러버렸다.

⑯ 相手を甘く見たのが大きな誤算だった。〔現代、368、上〕
상대를 무르게 봤던 것이 큰 오산이었다.

⑰ 今度の仕事に関しては委細心得たつもりだったが、とんだ失敗をしてしまった。〔現代、366、中〕
이번 일에 관해서는 자세하게 알았는데 엉뚱한 실패를 하고 말았다.

다.「지속적인 상태」를 나타낸다. (「~ている」와 대체 가능)
→ 사태가 이미「실현된 결과」를 표시한다. (예⑱~⑳)

⑱ ホテルの窓からは、美しい紅葉に彩られた山々が見えた。〔現代、357、下〕

호텔의 창문에서 보면, 아름다운 단풍으로 채색된 산들이 보였다.

⑲ 疲れた顔をした女が、やせこけた少女の手を引いて、とぼとぼ歩いていた。〔現代、364、中〕
피곤한 얼굴을 한 여자가, 앙상한 소녀의 손을 잡고서 터벅터벅 걸어가고 있었다.

⑳ お母さんは、帰ってきた男の子の凍えた手を胸にあて、温めてくれました。〔現代、365、上〕
어머니는, 돌아온 남자아이의 언 손을 가슴에 품고서 따뜻하게 해주었습니다.

5.「사실 관계」에 대하여,「想起」「確認」「決意」「命令」등을 나타낸다. (예㉑～㉖)

㉑ としおは、「太平洋」という言葉の持つ語感から、白い帆の浮かぶ青く広 々とした海を思い描くのでした。〔現代、361、下〕
도시오는 태평양이라는 말의 어감에서 하얀 돛단배가 떠있는 넓고 넓은 푸른 바다를 그려낸 것입니다. - 상기 -

㉒ わたしの祖父は、大陸へ渡り、荒野にくわを下ろした開拓農民でした。〔現代、357、中〕
나의 할아버지는, 대륙에 건너와 황야에 괭이질을 한 개척농민이었다. - 상기 -

㉓ まったく、きみの強引なのには負けたよ。〔現代、342、上〕
정말 너의 고집에는 졌다. - 확인 -

㉔ この作家は、病床にあっても口述筆記で作品を完成させるべく全力を傾けた。〔現代、348、中〕
이 작가는, 병상에 있으면서도 구술필기로 작품을 완성시키기 위해 전력을 기울였다. - 결의 -

㉕ 「さあ 起きた。もう少しで頂上だ。どうせ休むなら及第してから、緩っくり休もう。さあ 起きろ。」〔夏目漱石、『虞美人草』〕
자. 일어나! 조금 더 가면 정상이야. 어차피 쉬려면 합격하고서 여유 있게 쉬자. 자, 일어나! - 명령 -

㉖ 「さあ、行った、行った、ここはお前達などの立ってるところぢゃない。」〔島崎藤村、『夜明け前』〕
자. 가라, 가! 여기는 너희들이 서 있을 데가 아니야. - 명령 -

참고문헌

単行本

<기본서>

・国立国語研究所 報告3,『現代語の助詞・助動詞』(1951, 秀英出版)
・松村明,『現代語・古典語 助詞助動詞詳説』(1969, 学灯社)
・吉田金彦,『現代語助動詞の史的研究』(1971, 明治書院)
・森田良行,『基礎日本語1』(1977・10, 角川書店)
・グル－プ・ジャマシイ 編,『日本語文型辞典』(1998・2, くろしお出版)

<심화서-1>

・山田孝雄,『日本文法論』(1910, 再版, 1970, 宝文館)
・三矢重松,『増訂 高等日本文法』(1910, 明治書院)
・細江逸記,『動詞時制の研究』(1932, 泰文堂, 新版 1974, 篠崎書林)
・松尾捨治郎,『国語法論攷』(1936, 文学社, 追補版 1961, 百済社)
・森重敏,『日本文法の諸問題』(1971・10, 笠間書院)
・鈴木一彦・林巨樹編,『品詞別日本文法講座7・8 助動詞Ⅰ・Ⅱ』(1972, 明治書院)
・久野暲,『日本文法研究』(1973・6, 大修館)
・此島正年,『国語助動詞研究』(1973, 桜楓社)
・阪倉篤義,『文章と表現』(1975, 角川書店)

<심화서-2>

- 富士谷成章,『脚結抄』(1778)
- 本居宣長,『玉霰』(1792)
- 草野清民,『草野氏日本文法』(1903, 富山房)
- 春日政治,『西大寺本 金光明最勝王経古点の国語学的研究』(1942, 岩波書店, 再版 1970, 勉誠社)
- 時枝誠記,『日本文法 文語篇』(1954, 岩波書店)
- 佐伯梅友,『新古典文法』(1959, 三省堂)
- 佐藤喜代治,『日本文法要説 古語篇上』(1962, 日本書院)
- 馬渕和夫,『古文の文法』(1963, 武蔵野書院)
- 築島裕,『平安時代の漢文訓読語につきての研究』(1963, 東京大学出版会)
- 根来司,『平安女流文学の文章の研究 続編』(1973, 笠間書院)
- 原田章之進,『太安万呂の表記意識』(1979・7 風間書房)

論文

<기본논문>

- 宮島達夫,「どう違うか - バとトとタラ」(『講座現代語6』, 1964・1, 明治書院)
- 田中章夫,「過去<回想>・完了の助動詞 - た(だ)<現代語>」(『国文学 解釈と教材の研究』9-13, 1964・10)
- 原田武雄,「<た>と<て>と<テンス?>」(『言語と文芸』8-4, 1966・7)
- 川合郁三郎,「日本語<タ><テイル>のテンス」(『英語教育』18-2, 1969・5, 大修館)
- 藤井健三,「日本語助動詞<た><ている>の英語学的考察」(『英語教育』18-4, 1969・7, 大修館)

・山口尭二,「現代語の仮定条件法 – <ば> <と> <たら> <なら> について」(『月刊文法』2-2, 1969・12)
・板坂元,「日本語不審派(7)<た・ている>(『月刊文法』3-3, 1971・1)
・永野賢,「<もしも私が家を建てれば> の文法 – 条件表現 <ば> <と> <たら> <なら>」(『新日本語講座 2』, 1975・3, 汐文社)
・野尻朱美·中島清,「日本語研修の現場から 条件表現の<たら·れば·と>について(1) <と> と <たら>」(『研修』187, 1976・9)
・佐藤尚孝,「助動詞<た>について」(『信州大教養部 紀要』1-11, 1977・3)
・大倉美和子,「<た>をめぐる一考察」(『日本語・日本文化』8, 1978・9)
・半沢幹一,「仮定表現と<た> – 確認・強調の意味について」(『表現研究』28, 1978・9)
・遠藤織枝,「条件を表わす <ば> <たら> <なら> について」(『東海大 紀要 留学生別科』2, 1979・3)
・紙谷栄治,「<た>の特殊な用法について」(『京都府立大学 学術報告 人文』31, 1979・11)

<심화논문-1>

・岡沢鉦次郎,「文典の時の論」(『国学院雑誌』, 1903・6・8・9・11・12, 1904・3・4・6)
・松下大三郎,「動詞の時法の研究」(『国学院雑誌』, 1923・6・7)
・森中敏,「<て·って> <てば·ってば> <たら·ったら> について」(『国語国文』23-11, 1954・11)
・金田一春彦,「日本語動詞のテンスとアスペクト」(『名古屋大学文学部 研究論集』10, 1955・3)
・＿＿＿＿＿,「古典文法の弟一総合探究・助動詞編」(『国文学』, 1958・12, 臨時増刊)
・小林賢次,「条件表現形式としての <なら> <たら> の由来」(『言語と文芸』

9-5, 1967・9)
・大野晋, 「日本人の思考と述語様式」(『文学』, 1968・2)
・寺村秀夫, 「<た>の意味と機能」(『岩倉具実教授退官記念 論文集 言語学と日本語問題』, 1971・9, くろしお出版)
・＿＿＿＿, 「<た>意味と機能 - アスペクト・テンス・ムードの構文的位置づけ」(『論集日本語研究7助動詞』, 1979・2, 有精堂)
・此島正年, 「助動詞<た>の存在用法」(『金田一博士米寿記念 論集』, 1971・10, 三省堂)
・辻田昌三, 「<た止め>と<現在止め>」(『四天王寺女子大 紀要』7, 1975・3)
・紙谷栄治, 「助動詞<た>の一解釈 - 形式名詞〈とき〉につづく場合を中心に」(『京都府立大学 学術報告 人文』29, 1977・11)
・正宗美根子, 「たら・ば・と・ならについて」(『研究報告 日本語の基本構造に関する理論的・実証的研究』, 1978)

<심화논문-2>

・小林好日, 「上代に於ける助動詞<ぬ><つ>の本質」(『国語学の諸問題』, 1941, 岩波書店)
・宮田和一郎, 「語法的に見た助動詞<り>の性格」(『国語国文』, 1952・10)
・春日和男, 「助動詞<たり>形成について」(『万葉』7, 1953・4)
・福田良輔, 「古代日本語における接尾辞<り>について」(『国語国文』, 1958・11)
・馬渕和夫, 「助動詞<キ>と<ケリ>の区別はなんとみるべきか」(『国文学 解釈と鑑賞』, 1962・10)
・竹岡正夫, 「助動詞<けり>の本義と機能」(『言語と芸術』31, 1963・11)
・伊藤慎吾, 「源氏物語に見える助動詞ツ・ヌの用例 上・中・下」(『武庫川女子大学 紀要』10～12, 1963～65)
・＿＿＿＿, 「源氏物語の助動詞キ・ケリの用例 上・中・下」(『武庫川女子大学

紀要』15, 16, 1968・3, 1969・5, 1970・8)

・井手至, 「古代日本語動詞の意味類型と助動詞ツ・ヌの使いわけ」(『国語国文』, 1966・5)

・伊藤慎吾, 「助動詞ツ, ヌ, タリ, リの関連について 上・下」(『武庫川女子大学紀要』13・14, 1966, 67)

・国田百合子, 「<たり>起源考 - <たり>と<てあり>について -」(『日本女子大学紀要』16, 1967・3)

・遠藤好英, 「今昔物語集における助動詞<り>について」(『国語学研究』7, 1967・8)

・堀田要治, 「特集日本語の助動詞の役割 記憶〈き・けり・た〉」(『国文学 解釈と鑑賞』33-12, 1968・10)

・竹内美智子, 「完了存続<つ・ぬ・り・たり>」(『国文学 解釈と鑑賞』, 1968・10)

・小池清治, 「<来し方>と<来し方>」(『言語と芸術』63, 1969・3)

・森昇一, 「完了の助動詞<たり>と<り>と」(『野州国文学』4, 1969・12)

・小林芳規, 「中世片仮名文の国語史的研究」(『広島大学文学部 紀要』特輯号3, 1971・3)

・飛田良文, 「完了の助動詞」(『品詞別日本文法講座8』, 1972, 明治書院)

・桑田明, 「<ぬ><つ>の意味」(『佐伯梅友博士喜寿記念 国語学論集』, 1976, 表現社)

・蜂谷清人, 「狂言古本における仮定条件表現 - <ならば> <たらば> とその周辺」(『成蹊国文』10, 1977・3)

・小杉商一, 「助動詞<た>の意味 - 三条方言における」(『三条市史研究』 3, 1978・3)

・小林賢次, 「仮定表現形式としてのタラバとナラバ - キリシタン資料・狂言台本を中心に」(『新大国語』5, 1979・3)

10. 比況의 表現

· 定義

어떤 대상을 표현하는 데, 그것을 다른 것과 비교·비유하여 나타내는 것을 말한다. 「비유법(比喩法)」이라고도 하는데, 수사학(修辞学)에서는 「직유(直喩)」와 「은유(隠喩)」로 구별한다. 즉, 어떤 대상의 특수한 성질과 다른 대상의 일반적 성질을 비교하는 것이 「직유」(simile)이고, 양방(兩方)의 대상을 동일시하면 「은유」(metaphor)가 된다(Herbert Read, 『散文論』). 표현형식에는 「ようだ」「みたいだ」「ごとき」「ごとく」 등이 있다.

⇒ · 彼は獅子のように躍りかかった。(직유)
　 · 獅子が躍りかかった。(은유)

1 ようだ

1. 「비유(比喩)」하여 표현한다. (=「~に似ている」) — 예①~⑤

① 親戚がみんな集まるなんて、盆と正月が一緒に来たようだねえ。〔現代、499、上〕
친척이 모두 모인 것을 보니 추석과 정월이 함께 온 것 같네.

② 天使のような赤ちゃんの寝顔は、お母さんにとって何にもまさる宝物です。〔現代、750、下〕
천사와 같이 잠자는 아기의 얼굴은, 어머니에게 있어서 무엇에도 비길 수 없는 보물입니다.

③ ふわりと泡のようなクリームをなめると、甘美な味が口の中にひろがった。〔現代、229、中〕

살짝 거품 같은 크림을 맛보니 감미로움이 입 속으로 퍼졌다.

④ 昨日まであったはずの小屋が、今日は煙のように消えていた。〔現代、234、中〕

어제까지 있었던 오두막집이 오늘은 연기처럼 사라졌다.

⑤ 久しぶりにあっためいは、すっかり人が変わったように明るく美しい少女に成長していた。〔現代、216、上〕

오랜만에 만난 조카딸은, 완전히 사람이 바뀐 듯 밝고 아름다운 소녀로 성장하고 있었다.

cf) 비유의 형식이 「관용화」되어 사용된다.

⇒ ・調子はどうですかとたずねたら、まあねと、木で鼻をくくるような答えが返ってきた。〔現代、233、上〕

(컨디션은 어떠냐고 물으니까, 뭐 그저 그렇다고 무뚝뚝한 대답으로 대했다.)

・山のように宿題が出たから、土日は遊んでいられないや。〔現代、747、上〕

(산처럼 많이 숙제를 내줬기 때문에 토・일요일은 놀고 있을 수 없어.)

・急に、いなずまがひらめき、天をも引きさくような雷鳴がとどろいた。〔現代、747、下〕

(갑자기 번개가 번쩍이고 하늘이 찢어질 것 같은 천둥소리가 울렸다.)

・彼女の書いた本は飛ぶように売れ、全国の書店から追加注文が殺到した。〔現代、789、上〕

(그녀가 쓴 책은 날개 돋힌 듯이 팔려, 전국의 서점으로부터 추가 주문이 쇄도했다.)

* 그밖에 다음과 같은 표현도 있다.

⇒・ まるでコンパスのように、細く、長い脚。
(마치 콤파스와 같이 가늘고 긴 다리.)
・ 記憶が電光のようによみがえる。
(기억이 전광같이 되살아나다.)
・ 雪のような白い肌。
(눈처럼 흰 피부.)
・ いもを洗うような混雑。
(감자를 씻는 듯 혼잡함.)
・ 駒子の唇は美しい蛭(ひる)の輪のように滑らかだった。〔川端康成、『雪国』〕
(고마코의 입술은 아름다운 거머리 테두리같이 미끄러웠다.)

2. 「예시(例示)」를 표현한다.

(1) 사항을 구체적으로 「예시」한다. (표현의 목적은, 하나의 예를 나타내는 데에 있지 않고 「사항 자체」를 나타낸다.) – 예①～③

① マガモは、北海道のような涼しい気候の所でなければ夏を越さない。〔現代、240、中〕
물오리는, 홋카이도 같은 서늘한 기후의 지역이 아니면 여름을 나지 못한다.

② 日本語の中には、「タバコ・ガラス」のように、日本語として定着した外来語が多い。*
일본어 가운데에는 「담배・유리」처럼 일본어로 정착한 외래어가 많다.

③ 動物の中には、うさぎや雷鳥(らいちょう)のように周りの環境に合わせて、体の色が変わるものがいる。〔現代､219､上〕
동물 중에는 토끼와 뇌조같이 주위환경에 맞춰 몸의 색깔이 변하는 것이 있다.

(2)「대표적이고 전형적인 예시」를 나타낸다. (예④~⑦)

④ なんという恥知らずな……。きみのような鉄面皮は見たことがない。〔現代､742､中〕
얼미나 뻰뻔스러운지……. 너 같은 철면피는 본적이 없어.

⑤ 彼女は、ブレスレットのような素敵な腕時計をはめています。〔現代､778､上〕
그녀는, 블래스렛트 같은 멋진 손목시계를 끼고 있습니다.

⑥ 現代っ子は、みんな君のようにドライな性格をしているのかしら。〔現代､792､下〕
요즘 아이들은, 모두 너처럼 현실적인 성격을 하고 있는 걸까?

⑦ ドライアイスのように、固体が直接気体になることを昇華という。〔現代､498､下〕
드라이 아이스와 같이 고체가 직접 기체로 되는 것을 승화라 한다.

(3)「예시적 용법」의 일종으로「특수한 의미」를 내재한다. (예⑧~⑫)

⑧ ついに感きわまって、こらえていた涙がせきを切ったようにあふれ出した。〔現代､217､上〕

결국 너무 감동해서 참고있었던 눈물이 펑펑 쏟아지기 시작했다.

→ 勢いよく流れ出る様子

⑨ 汗をぬぐい、焼けつくようなのどの渇きにあえぎながら歩き通した。〔現代、216、上〕

땀을 닦으며 타는 듯한 갈증에 허덕이면서 계속 걸어갔다.

→ ひどい様子

⑩ 優勝をかけて、手に汗を握るような熱戦が展開された。〔現代、727、下〕

우승을 놓고 손에 땀을 쥐는 것 같은 열전이 전개되었다.

→ はらはらする様子

⑪ 父が死んだら、今までペコペコしていた人が手のひらを返すようにいばりだした。〔現代、743、中〕

아버지가 죽자, 이제까지 굽실거렸던 사람이 손바닥 뒤집듯이 거만하게 굴었다.

→ 露骨(極端)に態度を変える様子

⑫ そんな虎の尾を踏むような危険なことはやめておきましょう。〔現代、792、下〕

그런 호랑이의 꼬리를 밟는 것 같은 위험한 일은 그만두세요.

→ 非常に危ない様子

3.「内容」을 표현한다 →「어떤 상태로 받아들이는 사항」이나「일반적인 경향으로 인정되는 것」을 가리킨다. (예⑬～⑮)

⑬ ぎりぎりになって気ぜわしい思いをしないように、夏休みの宿題は早

目に片づけておきなさい。〔現代、217、上〕
기한이 다되어 부산떨지 않도록, 여름 방학 숙제는 일찌감치 정리해 두어요.

⑭ 裁判官は検事に、新たな証拠を提示するよう求めた。〔現代、730、下〕
재판관은 검사에게 새로운 증거를 제시하도록 요구했다.

⑮ 大勢の子供を引率して行くのですから、途中で手違いが起らないよう気をつけてください。〔現代、740、中〕
많은 아이들을 인솔해 가는 것이기 때문에, 도중에서 차질이 생기지 않도록 조심해 주세요.

cf)「~ようにする」와「~ことにする」의 비교

⇒ (a) たばこを吸わないようにしている。 - 일반 경향
(담배를 피우지 않도록 하고 있다.)
(a′) たばこを吸わないことにしている。 - 결정적 사태
(담배를 피우지 않기로 하고 있다.)

* 예(a)는, 피우는 것을 「그만 둔다」는 정도의 표현으로「가능하면 삼가한다는 정도」의 표현, 즉「일반적인 경향」을 나타내지만, (a′)는,「담배를 피우지 않기로 한다」는 어떤 행위를「결심하고 그대로 실행한다」고 하는「결정적인 사태」를 나타낸다.
몇 가지 예를 더 들어보기로 한다.

⇒ · 自分の考えは、できるだけ易しい言葉で、相手に分かりやすく述べるようにする。〔現代、218、上〕
(자신의 생각은, 가능한 한 쉬운 말로 상대에게 이해하기 쉽게 서술하도록 한다.)

・長時間働きつづけると、能率が低下しますから、休み時間をとるようにしてください。〔現代、729、中〕
(오랜시간 계속 일하면 능률이 떨어지니까, 휴식시간을 갖도록 해 주세요.)

・先例にかんがみて、 今回の過失はとがめないことにする。〔現代、229、中〕
(선례로 보아 이번 과실은 비난하지 않기로 한다.)

cf-1)「～ようになる」와「～ことになる」의 비교

(「～ようにする」와「～ことにする」의 경우와 同一)

⇒ (b) 上野から仙台まで新幹線で二時間で行けるようになった。〔現代、225、上〕
(우에노에서 센다이까지 신칸센으로 두 시간에 갈 수 있게 되었다.)

(b′) 上野から仙台まで新幹線で二時間で行けることになった。
(우에노에서 센다이까지 신칸센으로 두 시간에 가게 되었다.)

＊ 예(b)「～ようになる」는, 우에노에서 센다이까지 신칸센으로「두 시간에 갈 수 있는 상태가 된 것」을 서술하는 경우에만 사용하는 반면에, 예(b′)「～ことになる」는, 지금까지 두 시간에 갈 수 없었지만 이제는「두 시간으로 가는 것이 확정적인 상태」를 나타낸다. 실제로「～ことになる」의 내용을 보통「～ようになる」로 사용하는데, 그 반대로「～ようになる」의 내용을「～ことになる」로는 사용하지 않는다. 몇 가지의 예를 더 들어보기로 하자.

⇒ ・弥生時代になって農耕が始まると、人々は定住生活をするようになった。〔現代、731、上〕
(야요이시대가 되어 농경이 시작되자, 사람들은 정착생활을 하게 되었다.)

・明るい所へ出ると、瞳孔が収縮して光の量を加減するようになっている。〔現代、479、上〕

(밝은 곳에 나가면, 동공이 수축되어 빛의 양을 조절하게 되어 있다.)

・一時の感情にかられて行動すると、後で取り返しのつかないことになります。〔現代、223、上〕

(일시의 감정에 사로잡혀서 행동하면, 나중에 돌이킬 수 없게 됩니다.)

・この度の複雑な事情を勘案して、今回は祝賀会はなしで式典だけをとり行うことになった。〔現代、217、下〕

(이번의 복잡한 사정을 감안해서, 이번은 축하모임은 없고 식전 행사만 거행하게 되었다.)

4. 행위의 「목적」을 나타낸다. - <前述의 3>과 구분된다. 「～よう(に)」는 「～ようにするために」가 간략화 된 것이다. (예⑯～⑳)

⑯ 子供たちが安心して遊べるように、環境を整えてやりたいものです。〔現代、219、上〕

아이들이 안심하고 놀 수 있도록 환경을 정돈해주고 싶습니다.

⑰ 食中毒を出して営業停止にならないよう、当店は気を配っています。〔現代、730、下〕

식중독을 내고 영업정지가 되지 않도록 당점은 주의하고 있습니다.

⑱ わたしたちの考えに反対する人が出ないように、前もって、手を打っておいた方がよい。〔現代、727、中〕

우리들의 생각에 반대하는 사람이 나오지 않도록 미리 손을 써두는 편이 좋다.

⑲ これ以上火が燃え広がらないように、早急に手立を講じる必要がある。〔現代、740、上〕
이 이상 불이 퍼지지 않도록 조속히 대책을 강구할 필요가 있다.

⑳ 自分中心の考え方から、広い視野に立った物の見方、考え方ができるように、頭を転換させた方がよい。〔現代、749、上〕
자기중심의 사고방식으로부터 넓은 시야로 보는, 사물의 관점이나 사고방식이 가능하도록 머리를 전환시켜 보는 쪽이 좋다.

cf) 「ように」의 용법 중, 구별하기 어려운 경우도 있으므로 주의한다. **〔문제제기〕**

⇒ 就寝の前には、火の元や戸締まりの点検を忘れないようにしましょう。〔現代、749、下〕
(취침 전에는 불씨나 문단속 점검을 잊지 않도록 합시다.)

* 즉, 위의 예는 두 가지로 생각할 수 있다. 즉, 「火の元や戸締まりの点検を忘れないうちに言っておこう」(불씨나 문단속 점검을 잊어버리기 전에 주의합시다)의 의미라면 행위의 「목적」으로 사용되는 용법이다. 「忘れないようにしてください」(잊어버리지 않도록 해주세요)라는 말이라면 <前述의 3>과 같이 그 「내용」을 나타낸다.

5. 「願望」「의뢰」「권고」 등을 나타낸다. (예㉑~㉓)

㉑ 今後ともなにとぞ一層のご愛顧を賜りますようお願い申し上げます。*
아무쪼록 앞으로도 한층 더 보살펴주시기를 바랍니다.

㉒ 大切な取引先の客だから、盛大に歓迎するように。〔現代、220、上〕
중요한 거래처의 손님이기 때문에 성대하게 환영하도록.

㉓ あの店は、最近芳しくないうわさが立っているので、取り引きを中止したほうがいいようだ。〔現代、229、中〕

그 가게는, 최근 좋지 않은 소문이 돌고 있어서 거래를 중지하는 편이 좋을 것 같다.

cf) 「～ようにしましょう」와 「～なさい」

(a) 子供同士でどこかへ行くときは、必ず家の人に行き先を告げるようにしましょう。〔現代、761、上〕

(아이들끼리 어딘가에 갈 때는, 반드시 가족 누군가에게 행선지를 알리도록 합시다.)

(a′) 子供同士でどこかへ行くときは、必ず家の人に行き先を告げなさい。

(아이들끼리 어딘가에 갈 때는, 반드시 가족 누군가에게 행선지를 알려요.)

* 예(a′)의 「必ず家の人に行き先を告げなさい」라는 표현은 직접적인 「요구」나 「명령」을 나타내는 것이고, 예(a)는 「완곡한 표현」이다.

6. 「다음에 서술한다」(「これから述べる」) 또는 기(既) 서술한 내용과 일치함을 「지시」한다. (예㉔～㉗)

㉔ その事件の当時の事を、当時の新聞は、次のように報道しています。〔現代、760、下〕

그 사건의 당시 일을 그때의 신문은, 다음과 같이 보도하고 있습니다.

㉕ 元大使は、手記のなかで当時の心境を次のように述懐している。〔現代、489、中〕

전 대사는, 수기에서 당시의 심경을 다음과 같이 술회하고 있다.

㉖ この問題について自民党の幹事長は次のように語った。〔現代、221、上〕
이 문제에 대해서 자민당 간사장은 다음과 같이 말했다.

㉗ このように多種類のぶっぴんが網羅されていて、彼等の欲しいと思うものは、市場へ行けば殆ど用(よう)が足りるのであった。〔谷崎潤一郎、『小さな王国』〕
이와 같이 많은 종류의 물품이 망라되어 있어, 그들이 갖고자 생각하는 것은 시장에 가면 거의 구할 수가 있었다.

* <前述 2>의 「구체적 예시」와 상통하는데 「거의 똑같은 것」(「まったく同じ物」)의 의미로서 「지시」하는 경우에도 사용한다. 위의 예㉔~㉗은 「지시」의 용법이며 「예시」와는 다르다.

[2] みたいだ

1.「비유(比喩)」를 나타낸다. (예①~③)

① 体調でも悪いのか、誘ってもあまり気分がのらないみたいだ。〔現代、253、中〕
몸의 상태가 나쁜지 권유해도 그다지 기분이 내키지 않은 것 같다.

② 食べてばかりで運動しないから、おなかに脂肪がついたみたい。〔現代、465、上〕
먹기만 하고 운동을 안하기 때문에 배에 지방이 쌓인 것 같다.

③ せっかく張り切って来たのに、相手が小学生ばかりで肩透かしをくったみたいだ。〔現代、194、下〕

모처럼 긴장하여 왔는데, 상대가 초등학생이어서 허탕을 친 것 같다.

cf) 「みたいだ」를 예문 <前述 ようだの 1>에 대체하면, 「구어적이며 스스럼없는 표현」이 된다. 그러나 형식을 다음의 예(a)와 같이 「고정된 용법」에 대체하면, 예(a′)와 같이 「부자연스러운 표현」으로 되는 경우가 많으므로 주의한다.

⇒ (a) 十五歳のつぼみのような若さで逝ったアンネ。
(15세의 꽃봉오리 같은 젊음으로 죽은 안네.)
(a′) 十五歳のつぼみみたいな若さで逝ったアンネ。(×) (「みたいな」로 대체 불가능)

2. 구체적인 「例示」를 나타낸다. (예④⑤)

④ おじいさんは、スイカみたいな縞の綿入(わたい)れを着ていた。〔現代、465、下〕

할아버지는, 수박 같은 줄무늬의 무명옷을 입고 있었다.

⑤ ぼくみたいな粗雑な頭では、この問題は解けないや。〔現代、613、中〕

나 같은 조잡한 머리 갖고는 이 문제 풀 수 없어.

3. 「제시한 사항 자체」에 대하여 표현한다. (예⑥⑦)

⑥ そんな夢みたいな事ばかり言ってないで、ちっとは地道に働く事を考えたらどうなんだい。〔現代、467、上〕

그런 꿈 같은 말만 하지 말고, 조금은 착실하게 일하는 것을 생각하면 어때?

⑦ きみたちみたいな遊び好きの社員とつき合うと出世の妨げになるかな?
〔現代、490、下〕
너희들 같이 놀기 좋아하는 사원과 어울리면 출세에 방해가 안될까?

3 ごとき・ごとく

1. 어떤 사항이, 다른 어떤 사항과 「닮아 있음」(「似ている」)을 나타낸다. (예①②)

① 濁流は、メロスの叫びをせせら笑う如く、ますます激しく躍り狂う。
〔太宰治、『走れメロス』〕 =ように
탁류는, 메로스의 절규를 비웃듯 점점 심하게 미쳐 날뛴다.

② 十年一日のごとく、朝早く勤めに出て夕方帰るという毎日を繰り返している。〔現代、482、中〕 =ように
십년을 하루같이 아침 일찍 일하러 나가 저녁때에 돌아오는 나날을 되풀이하고 있다.

2. 서술 사항과 일치하는 관계에 있음을 「지시」한다. (예③④) - 「ようだ」 용법의 일부에 해당하므로 대체 가능

③ 二十歳になったみさは、もはや昔日のごとき無口な少女ではなかった。
〔現代、577、中〕 =ような
20세가 된 미사는, 이제 옛날 같은 말없는 소녀가 아니었다.

④ 軍縮問題を話し合っていた米ソの代表は、会談後次のごとき共同声明を発表した。〔現代、574、中〕 =ような

군축문제를 논의하고 있던 미소 대표는, 회담 후 다음과 같은 공동 성명을 발표했다.

＊ 위의 예①②는 「ように」로, ③④는 「ような」로 대체할 수 있다.

3. 「비난」 「경멸」을 나타낸다. (예⑤⑥) → 「ごとき」 뒤에 있는 체언과 「ごとき」 앞에 있는 「の」가 각각 생략되어 사용된다.

⑤ 通貨増発のごときは、この階級的収奪政策から必然的にもたらされる結果的現象にすぎない。〔『エコノミスト』、1949.5.11.10面〕
통화증발과 같은 것은, 이 계급적인 수탈정책에서 필히 초래되는 결과적인 현상에 지나지 않는다.

⑥ 私ごとき若輩(じゃくはい)がせんえつな言い方かも知れませんが、この責任は私にとらせてください。〔現代、588、下〕
나 같은 젊은 놈이 분수에 넘칠지 모르지만, 이 책임은 내가 지게 해주십시오.

4. 「문장어적인 표현」으로 사용된다.

＊「ようだ」 「みたいだ」가 구어체적 비유인데 반해, 「ごとき」 「ごとく」는 文語 조동사 「ごとし」의 연체형・연용형이 현대어 속에 남아 있는 잔존형태이다. 많은 「문장체」의 표현이나 「ことわざ」 등에 사용되며 현대어 「ようだ」의 용법 중 일부분에 해당된다. 일반적으로 일본어의 조동사는 용언에 많이 접속하지만, 「ごとし」는 격조사 「の」 「が」 「かの」에 접속한다.

⇒ · 光陰矢(こういんや)**の**ごとし。〔教育、345〕
(세월이 화살 같다.)
· 師は針**の**ごとく弟子は糸**の**ごとし。〔ことわざ、146〕
(스승은 바늘 같고 제자는 실과 같다.)
· 銭なき男は帆(ほ)なき舟**の**ごとし。〔ことわざ、118〕
(돈 없는 남자는 돛대 없는 배와 같다.)
· 過ぎたるは及ばざる**が**如し。〔筑波-中-2、12〕
(지나친 것은 미치지 않은 것과 같다.)
· 「盗作(とうさく)する」とは, 他人の作品を自分の作品である**かの**ごとく発表することである。〔文型、116〕
(「도작한다」는 것은, 타인의 작품을 자기 작품 같이 발표하는 것이다.)

참고문헌

単行本

<기본서>

・国立国語研究所 報告3,『現代語の助詞・助動詞』(1951, 秀英出版)
・松村明,『現代語・古典語 助詞助動詞詳説』(1969, 明治書院)
・吉田金彦,『現代語助動詞の史的研究』(1971, 明治書院)
・森田良行,『基礎日本語1・2』 (1977・10, 1980・6, 角川書店)
・________,『日本語の表現』(1983, 創林社)
・日本語教育学会,『日本語教育事典』(1982)
・国広哲弥,『ことばの意味3』(1982・5, 平凡社)
・ジャパンタイムズ,『日本語基本文法辞典』(1986)
・森田良行・松木正慧,『日本語表現文型』(1989, アルク)
・グル－プ・ジャマシイ 編,『日本語文型辞典』(1998・2, くろしお出版)

<심화서-1>

・山田孝雄,『日本口語法講義』(1922, 宝文館)
・松下大三郎,『改撰標準日本文法』(1928, 勉誠社, 1984 改訂弟二刷)
・__________,『標準日本口語法』(1930, 勉誠社, 1977 増補改訂)
・橋本進吉,『新文典別記』(1934, 富山房)
・時枝誠記,『国語学原論』(1941, 岩波書店)
・________,『日本文法 口語篇』(1950, 岩波全書)
・波多野完治,『文章心理学入門』(1953, 新潮文庫)

・桑門俊成,『国語文体論序説』(1959, 誠信書房)
・国立国語研究所 報告21,『現代雑誌九十種の用語用字(1)』(1962)
・松村明,『国語史概説』(1972, 秀英出版)
・阪倉篤義,『日本文法の話』(1974, 教育出版)
・吉田金彦,『国語意味史序説』(1977・11, 明治書院)
・諸橋轍次・外編,『広漢和辞典』(1982, 小学館)
・寺村秀夫,『日本語のシンタクスと意味Ⅱ』(1984, くろしお出版)
・山田襄太,『国語語源辞典』(1985, 校倉書房)

<심화서-2>

・富士谷御杖,『俳諧天爾波抄』(1807)
・安田喜代門,『国語法概説』(1928, 中興社)
・三矢重松,『国語の新研究』(1932・9, 中文館書店)
・山田孝雄,『漢文の訓読によりて伝へられたる語法』(1935・5, 宝文館)
・松尾捨治郎,『国語文法論攷』(1936, 文学社)
・今泉忠義,『国語発達史大要』(1944, 東京図書出版)
・大坪併治,『訓点語の研究』(1961, 風間書房)
・杉本つとむ,『近代日本語の新研究』(1967, 桜楓社)
・吉田金彦,『上代語助動詞の史的研究』(1973, 明治書院)
・中田祝夫,『古語大辞典』(1983, 小学館)
・武田孝,『研究資料日本文法7』(1985, 明治書院)

論文

<기본논문>

- 中村通夫, 「みたいだ」(『NHK国語講座 現代語の傾向』, 1948・1, 宝文館)
- 金田一春彦, 「不変化助動詞の本質」(1953, 『日本の言語学3 文法1』, 1979, 大修館)
- 島田勇雄, 「ごとしの意味について」(『神戸大学 研究』7, 1955・3)
- 杉捷夫, 「再び<みたい>について」(『言語生活』62, 1956・11)
- ＿＿＿, 「ことば百科<…っぽい><…みたい> − ぼかし語尾表現のはんらん」(『放送文化』 37−3, 1982・3)
- 森田良行, 「いわゆる比況の助動詞 − <ごとし>の研究」(『国文学 解釈と教材の研究』4−22, 1959・1)
- 永野賢, 「比況の助動詞 − ようだ<現代語>」(『国文学 解釈と教材の研究』9−13, 1964・10)
- 仁田祥男, 「『聖家族』における<…やうだ>の考察」(『広島大教育学部 国語教育研究』10, 1965・4)
- 宮地辛一, 「<…みたやうだ>から<みたいだ>への漸移相」(『学芸 国語国文学』3, 1968・7)
- 春日和男, 「特集.日本語の助動詞の役割 比況<ごとし, ようだ>」(『国文学 解釈と鑑賞』33−12, 1968・10)
- 岡村和江, 「らしい」(『月刊文法』1−8, 1969)
- 北原保雄, 「比況の助動詞」(『品詞別日本文法講座8』, 1972, 明治書院)
- 西出郁代, 「研究ノート(2) <ようだ>による表現」(『日本語・日本文化』3, 1972・3)
- 原口裕, 「<みたやうだ>から<みたいだ>へ」(『静岡女子大 国文研究』7, 1974・3)
- 日野資純, 「<雨がふりそうだ>と<雨がふるそうだ> − 二つの「そうだ」の違いは何か −」(大久保忠利外編, 『新日本語講座2』, 1975, 汐文社)

・内田徳賢, 「<ようだ><みたいだ>の転用について」『国語国文』46-5, 1977・5)

・柏岡珠子, 「ヨウダとラシイに関する一考察」(『日本語教育41』, 1980・7, 日本語教育学会)

・鈴木二三雄, 「漱石文学初期の文体研究 - 助動詞 <ようだ>を中心に」(『島田勇雄先生古稀記念 ことばの論文集』, 1981・11, 明治書院)

・柴田武, 「ようだ・らしい・だろう」(『ことばの意味3』, 国広哲弥, 1982, 平凡社選書73)

<심화논문-1>

・原田芳起, 「副詞<ことしも>の意味について」(『解釈』, 1958・1~3)

・春日和男, 「ゴトシといふ語の形態と位相」(『文芸と思想』18, 1959)

・桜井茂治, 「古代日本語の<ごとし>について」(『国学院雑誌』, 1962・6)

・五十嵐三郎, 「比況の助動詞 - ごとし<古典語>」(『国文学 解釈と教材の研究』9-13, 1964・10)

・山崎馨, 「形容詞系助動詞の成立(2) - らし・じ・しむ」(『国語と国文学』, 1965・3)

・稲垣瑞穂, 「比況の助動詞ごとし」(『静岡女子短期大学 研究紀要』14, 1968・3)

・伊藤恵子, 「助動詞<やうなり>の意味構造 - 比況の助動詞<如し>との比較考察(研究発表要旨)」(『女子大 国文』58, 1970・7)

・藤岡教登, 「文相当の単位を承接するもの - <ダロウ・ヨウダ・ラシイ>等(研究発表要旨)」(『国語学』86, 1971・9)

・佐々木峻, 「院政・鎌倉時代に於ける<類同・例示>等の表現法<如し>と<やうなり>について」(『鎌倉時代語研究』4, 1981・5, 武蔵野書院)

・早津恵美子, 「らしいとようだ」(『日本語学』, 1988・4, 明治書院)

<심화논문-2>

- 堀田要治, 「如シと様ナリから見た今昔物語集の文章」(『国語と国文学』, 1941・10)
- 島田勇雄, 「口語資料としての日蓮聖人御遺文から」(『立正大学　文学部論叢』1, 1953・11)
- 築島裕, 「中古の語法」(『日本文法講座3』, 1957, 明治書院)
- 富田正一, 「平安時代の<ごとし>」(『解釈』4-9・10, 1958・10)
- 太坪併治, 「訓点語で<等>をゴトシと読む場合について」(『訓点語と訓点資料』10, 1958・10)
- ________, 「<如>の訓二つ」(『訓点語と訓点資料』13, 1960・2)
- ________, 「訓点語における<如し>の用法」(『訓点語と訓点資料』28, 1964・4)
- 福田良輔, 「万葉集の解釈と文法上の問題点 – 活用語尾.助動詞.東国方言における解釈と文法上の問題点 –」(『講座解釈と文法 2』, 1960, 明治書院)
- 斉木一馬, 「国語資料としての古記録の研究 – 近世初期記録語の例解」(『仏教史研究』3, 1968・11)
- 山根巴, 「茂吉短歌の一表現 – <ごとし>の用法について」(『国文学攷』53, 1970・5)
- 内川賢徳, 「<ゴト>と<ゴトシ>直喩の述語」(『帝塚山学院 研究論集』11, 1976・12)
- 吉田金彦, 「万葉のことばと文学7・8」(『短歌研究』, 1977・3・4)

11. 伝聞의 表現

· **定義**

話者가 다른 사람으로부터 들은 말이나 확신할 수 없는 것을, 전해들은 것으로 서술하는 표현이다. 「전승(伝承)」표현 「타설(他説)」표현이라고도 한다. 표현형식으로 「そうだ」「～ということだ」「～とのことだ」「～んだって」 등이 있다.

1 そうだ

1. 외부로부터 정보를 얻은 화자가, 「현시점에서」 그 정보내용이 현실과 모순되지 않을 경우, 「자기판단으로 바꾸어」 서술하는 표현이다. (예①~④)

① この論文は彼が大学の四年間、全力を注ぎ込んだ研究の成果だそうです。〔現代､614､下〕
이 논문은, 그가 대학 4년간 전력을 쏟은 연구의 결과라고 합니다.

② 父は空襲が激しくなり始めた昭和二十年の春に、東京から故郷の福島県へ疎開したのだそうです。〔現代､603､中〕
아버지는, 공습이 심해지기 시작한 1945년 봄, 도쿄에서 고향인 후쿠시마현으로 소개했다고 합니다.

③ 獣を生け捕りにする時には、麻酔銃で体をしびれさせて動けなくするそうです。〔現代､463､中〕
짐승을 생포할 때에는, 마취 총으로 몸을 마비시켜 움직일 수 없게

한다고 합니다.

④ 事業を始めるために、銀行からかなりの額の借金をしたそうです。

〔現代、473、下〕

사업을 시작하기 위해 은행으로부터 상당한 액수의 자금을 빌렸다고 합니다.

2. 타인의 말에 근거한다는 것을 명시하기 위한 형식으로, 화자자신의 발언에 대해 「최종적인 책임이 없음」을 암시하는 표현이다. (예⑤⑥)

⑤ 彼は水泳に熟練していて、何キロでも泳げるそうです。〔現代、486、中〕

그는, 수영을 잘하여 몇 킬로라도 수영할 수 있다고 합니다.

⑥ この映画は、実際にあった話をもとにして作られたものだそうです。

〔現代、454、下〕

이 영화는, 실제로 있었던 이야기를 바탕으로 만들어진 것이라고 합니다.

3. 외부에서 취득한 정보를 명확히 하기 위해 그 정보원(情報源)을 명시하는 경우가 많다 → 정보의 취득 시점에 관계없이 항상 「현재형」(「そうだ」)으로 사용한다. (예⑦⑧)

⑦ 彼女のお父さんは有名な俳優ですが、話によると家族四人で、ごく地味に暮らしているそうです。〔現代、466、下〕

그녀의 아버지는 유명한 배우입니다만, 이야기에 의하면 가족 4명이 매우 검소하게 생활하고 있다고 합니다.

⑧ 担当の医師の所見では、彼女の病気は精神的なストレスによるも

のだそうだ。〔現代、513、下〕

담당의사의 소견으로는, 그녀의 병은 정신적인 스트레스에 의한 것이라 한다.

4. 「転換」이 가능하다 – 정보내용은 不変

⇒ 정보 : 明日リンダ金は記者会見をする。
내일 린다김은 기자회견을 한다.
전문 : 今日リンダ金は記者会見をするそうだ。
오늘 린다김은 기자회견을 한다고 한다.

5. 정보가 「일반적인 사실」이나 「과거의 사항」일 때, 언제나 사용 가능하다. (예⑨~⑪)

⑨ たむら : こんでいませんか。
붐비지 않습니까
はやし : 日よう日は込むそうですが、わたしが行くときはいつもすいています。〔Intensive-初-2、394〕
일요일은 붐빈다고 하는데 내가 갈 때는 늘 조용했어요.

⑩ 1キロの牛肉を生産するには18キロの飼料が必要だが、ダチョウの場合は6キロですむ。乾燥地帯で粗食に耐えてきた生き物だから効率がいい。発育盛りには日に1センチずつ背が伸び、1年で35キロの肉がとれる。赤身で脂肪が少なく、健康にもいいそうだ。〔『朝日新聞』、天声人語、2001.6.6〕

1킬로의 쇠고기를 생산하기에는 18킬로의 사료가 필요하지만, 타조의 경우는 6킬로로 된다. 건조지대에서 조식에 단련되어 있는 생물이기 때문에 효율성이 있다. 발육이 왕성할 때에는 하루 1센치씩

키가 자라 1년에 35킬로의 고기가 생산된다. 살코기로 지방이 적고, 건강에도 좋다고 한다.

⑪ 死んだ画家が気にいっていた作品だけあって、その絵には非常に高い値が付いたそうです。〔現代、710、上〕
죽은 화가가 마음에 들어했던 작품이었던 만큼, 그 그림에는 꽤 높은 가격이 붙여졌다고 합니다.

6. 문말에 위치하여 連用中止法이나 접속조사를 동반하는「종속了」에 사용된다. (예⑫~⑭)

⑫「明日は麻布の旦那様がいらっしゃるそうで。」〔志賀直哉、『和解』〕
내일은 아자부의 주인께서 오신다고 그래서.

⑬「あの医者様が院長様からおことづけがありますさうで」「あ、さう」〔有島武郎、『死と其の前後』〕
「그 의사선생님이 원장선생님으로부터 전언이 있다고 하셔서」「예, 그렇습니까?」

⑭ 夜は雨が降るそうだから、かさを持っていらっしゃい。〔教育、386〕
밤에는 비가 온다고 하니까 우산을 갖고 가요.

cf) 明日は雨が降るそうだから降るにちがいない。(×)
(내일은 비가 온다고 하니까 옴에 틀림없다.)

⇒ 위의 표현은,「そうだ」자체에「그럼에 틀림없다」(「そうであるにちがいない」)를 포함하고 있기 때문에 비문법적이다.

[2] ～ということだ・～とのことだ

1. 현재형「～だ」로 사용되는 경우, 정보내용을 언제 얻었는지에 대하여는 영향 받지 않는다. (예①～③)

① この展覧会について総じて言えることは、ていねいに描かれた作品が多いということです。〔現代、603、下〕
이 전람회에 대해 대체적으로 말할 수 있는 것은, 정성스레 그려진 작품이 많다는 것입니다.

② 戦争が激しくなると、危険だということで、動物園にいる猛獣たちは射殺されました。〔現代、472、下〕
전쟁이 심해지자 위험하다고 하여, 동물원에 있는 맹수들은 사살되었습니다.

③ 統計によると、拾得物で一番多いのは、傘だということだ。〔現代、481、下〕
통계에 의하면 습득물로 제일 많은 것은 우산이라고 한다.

2.「～だった」로 사용되는 경우, 정보내용이 과거에 얻은 것이라는 것을 명시하기 위해 주로 사용한다. (예④⑤)

④ 本署の刑事が来て捜査した結果、賊(ぞく)は二人ということだった。〔現代、603、上〕
본서의 형사가 와서 수사한 결과 범인은 2명이라는 것이었다.

⑤ あのピアニストの演奏はすばらしいはずだということだったが、聞いてみたら、それほどでもなかった。〔筑波-中-2, 74〕
그 피아니스트의 연주는 훌륭하다고 했지만 들어보니 그 정도는 아니었다.

3. 「～とのことだ」는, 「～だそうだ」「～ということだ」의 의미로 「だ」가 생략되어 「～とのこと」로 자주 사용된다. (예⑥～⑦) → 문장어적인 표현에 자주 사용되며 「～とのこと。」같이 文의 종지(終止)는 물론 답장편지에도 자주 보인다.

⑥ この度は競争率の激しい東京外国語大学に御入学なされたとのこと、ほんとうにおめでとうございます。〔『日本語II』、209〕
이번, 경쟁률이 심한 동경외국어대학에 입학 하셨다는데 정말로 축하드립니다.

⑦ 小出さんと米田さんは、前から婚約中と聞いていたが、いよいよめでたく挙式とのこと。〔早稲-中、二部十一課〕
고이데씨와 요네다씨는 전부터 약혼중이라고 들었는데, 드디어 경사스러운 결혼식을 올린다고 한다는데.

＊「～ということだ」「～とのことだ」와 「そうだ」의 비교

「～ということだ」「～とのことだ」	「そうだ」
1. 객관적 전달 2. 정보내용 표현 → 정보내용과 현실사이에 모순	1. 주체적 판단 (현시점에서) 2. 정보내용 표현 → 정보내용과 현실이 모순 안됨

3 ~んだって

1. 「~んだって」는 「~のだと」의 変化形이다. (「~いうことだ」의 축약형) - 예①② (「~って」: 「~と言った」「~という話だ」「~と聞いた」의 의미)

① A : 鈴木さんがあす田中さんに会うんだって?
스즈키가 내일 다나카를 만난다고 그래?
B : うん、約束しているんだって。〔文型、233〕
그래, 약속했다는데.

② 来週ピアノのコンサートがあるんですって。〔筑波-中-2、77〕
다음주 피아노 연주회가 있대요.

* 「~んですって」는 원래 공손체이지만 여성들이 사용하는 말이며, 손위사람에게는 말하지 않는다.19) 「あの人は社長なんだそうです」와 같이 사용한다.

2. 친한 사람(「親しい者どうし」)끼리의 사적(私的)인 대화에 사용한다. (예③④)

③ おととし日本へ初めていらしたんですってよ。〔筑波-中-2、77〕
재작년 일본에 처음 오셨대.

④「今の電話、会社の人からだけど、今から私に来てほしいんだって。」〔表現、170〕

19) グループ・ジャマシイ(1998.2), 『日本語表現文型辞典』, 233頁

지금 온 전화, 회사에서 온 것인데 지금 와 주었으면 하는데.

3. 「そうだ」보다는 적극적이지 않고 사실을 인정하려는 느낌이 약하다. ―「믿기 어려운 일이다」(「信じがたいことだ」)라는 기분이 내포되어 있다. (예⑤⑥)

⑤ 弟は何も知らないんだって。〔筑波-中-2、77〕
남동생은 아무 것도 모른대.

⑥ あの選手はオリンピックに出たこともあるんですって。〔上同〕
저 선수는 올림픽에 나간 적이 있다는데요.

4. 상승조의 인터네이션을 동반하는 경우, 「反問」의 기분을 나타낸다. (「それは本当か」의 뜻) → 예⑦

⑦ えっ、さいふを落したんだって。↗ どこで。いつ。〔上同〕
그래, 지갑을 빠뜨렸대. 언제 어디에서.

참고문헌

単行本

<기본서>

・国立国語研究所 報告3,『現代語の助詞・助動詞』(1951, 秀英出版)
・吉田金彦,『現代語助動詞の史的研究』(1971, 明治書院)
・森田良行,『基礎日本語2』(1980・6, 角川書店)
・________,『日本語の表現』(1983, 創林社)
・国広哲弥,『ことばの意味』(1982, 平凡社選書 73)
・松村 明, 『古典語・現代語 助詞助動詞詳説』(1984, 学灯社, 5版)
・森田良行・松木正慧,『日本語表現文型』(1989, アルク)
・グル－プ・ジャマシイ 編,『日本語表現文型辞典』(1998・2, くろしお出版)

<심화서-1>

・三矢重松,『増訂 高等日本文法』(1926, 明治書院)
・松下大三郎,『改撰標準日本文法』(1928, 勉誠社, 1984 改訂弟二刷)
・松尾捨治郎,『国語法論攷』(1936, 文学社, 追補版 1961, 百済社)
・__________,『助動詞の研究』(1943, 文学社)
・山田孝雄,『日本文法学概論』(1936, 宝文館, 1984, 9刷)
・春日和男,『存在詞に聞する研究 -ラ変活用語の展開-』(1968, 風間書房)
・橋本進吉,『助詞・助動詞の研究』(1969, 岩波書店)
・此島正年,『国語助動詞の研究 -体系と歴史-』(1973, 桜楓社)
・阪倉篤義,『日本文法の話』(1974, 教育出版)

· 北原保雄, 『日本語助動詞の研究』(1981, 大修館)
· 寺村秀夫, 『日本語のシンタクスと意味Ⅱ』(1984, くろしお出版)

論文

<기본논문>

· 松尾捨治郎, 「降りさうだ・降るさうだ」(『国語論叢』, 1943・12, 井田書店)
· 風間力三, 「死にそうだ」と「死ぬそうだ」(『口語文法講座3』, 1964, 明治書院)
· 黒木総一郎, 「<聞く>と<聴く> – きくことの本質と機能」(『言語生活』198, 1968・3)
· 西出郁代, 「研究ノート(1) <らしい> および <そうだ>」(『日本語・日本文化』1, 1969・6)
· 三浦昭, 「<と> と <って>」(『日本語教育』24, 1974・8)
· 日野資純, 「<雨が降りそうだ>と<雨が降るそうだ> – 二つの<そうだ>の違いは何か」(『新日本語講座2』, 1975・3, 汐文社)
· 宮地幸一, 「助動詞 <そうだ> 考 – 滑稽本詞章の考察」(『田辺博士古稀記念国語助詞助動詞論叢』, 1979・8, 桜楓社)

<심화논문-1>

· 阪倉篤義, 「地の文と会話文」(『講座 解釈と文法』1, 1960, 明治書院)
· 金田一春彦, 「不変化助動詞の本質」(『日本の言語学 3』, 1979, 大修館)
· 平野尊識, 「助動詞 <そうだ> についての一考察」(『山口大学 文学会志』31, 1980・11)

<심화논문-2>

- 浅野信, 「所謂指定の<なり>と詠歎の<なり>」(『国学院雑誌』8-9)
- 佐伯梅友, 「いはゆる詠歎の<なり>について」(『国文研究』1)
- 松村明, 「よかりそうだ」「なかりそうだ」(『実践国語』1-2, 1956)
- 能勢佐十郎, 「万葉集の<聞く><寒し>など」(『国文学攷』24, 1960・11)

12. 推量의 表現(1)

· 定義

「추량(推量)」이란, 불확실한 판단이나 상상상(想像上)의 사실에 대하여 화자의 상상이라는 형으로 서술하는 표현을 말한다. 미래의 사실을 상상할 뿐 아니라 현재 또는 과거의 사실에 대한 추량도 있다. 현실과 다른 조건을 가설하여 서술하는 반실가상(反実仮想), 또한 어떠한 객관적인 상황을 판단의 근거로 하는 「추정(推定)」 등의 경우도 있다. 표현형식에는 「だろう」「でしょう」「～のだろう」「～のでしょう」「であろう」「う」「よう」「まい」「～かもしれない」「らしい」「ようだ」「みたいだ」 등이 있다.

1 だろう (でしょう)

여러 가지 정보(情報)나 주위상황(周囲状況)을 근거로 사실이라고 인정할 수 있는 가능성이 있음을 화자가 판단하는 표현형식이다. 「でしょう」는, 「だろう」와 文体의 차이만 있고 그 외는 동일하다.

1. 어떠한 판단(추량)을 현재 내렸음을 직접 표현한다. (예①~⑤)

① このままの状態が続くと、両国間の軍事的衝突は、避けられないだろう。〔現代、507、中〕
이 상태가 계속되면 양국간의 군사적 충돌은 피할 수 없을 것이다.

② 彼は、きっと、将来のプロ野球界を背負って立つ大物になるだろう。〔現代、576、上〕

그는, 장래 꼭 프로 야구계를 짊어지고 나갈 거물이 될 것이다.

③ 日本で生産する石油はほんのわずかなので、石油産出国に輸出を止められたら、パニックになるでしょう。〔現代､578､中〕
일본에서 생산하는 석유는, 소량에 불과하기 때문에 석유 산출국으로부터 수출을 멈춰 버리면 공황상태가 될 것입니다.

④ 二人の実力は接近しているので、この試合は白熱したおもしろいものになるでしょう。〔現代､580､下〕
둘의 실력은, 비슷하기 때문에 이번 시합은 매우 재미있는 시합이 될 겁니다.

⑤ 今日のことを、ぼくは生涯忘れることがないでしょう。〔現代､499､上〕
오늘의 일을 나는 평생 잊지는 않을 거예요.

2. 객관화할 때에는「～と思う」「～と考える」「～と推測する」등을 첨가한다. (예⑥⑦)

⑥ さびれた食堂だったが、とにかく何か食事ができるだろうと思い、中へ入った。〔現代､512､中〕
쇠퇴한 식당이었지만, 어쨌든 뭔가 식사를 할 수 있을 거라고 생각하고 안으로 들어갔다.

⑦ 野々宮さんと美禰子との関係がおのづから明瞭になってくるだろうと思ふ。〔夏目漱石､『三四郎』〕
노노미야씨와 미네코와의 관계가 자연히 명료해 질 것이라고 생각한다.

3. 판단의 대상은 단정할 수 없는 모든 사항을 포함한다. (현재 · 미래 · 일반사항 · 단순상상 등) - 예⑧~⑫

⑧ 今十二時頃だから飯を食ってゐるだらうと思ひ返した。〔武者小路実篤、『お目出たき人』〕

지금 12시쯤이니까 밥을 먹고 있을 거라고 생각했다. - 현재 -

⑨ 石油の埋蔵量には限りがあるので、このままどんどん使っていったら、いつかはなくなる時がくるだろう。〔現代、578 、中〕

석유매장량에는 한계가 있기 때문에, 이대로 계속해서 사용해 가면 언젠가는 없어질 때가 올 것이다. - 미래 -

⑩ よい本をたくさん読むことは、あなたがたの心の成長を助けることになるでしょう。〔現代、571、中〕

좋은 책을 많이 읽는 것은, 여러분들의 마음에 성장을 돕는 일이 될 것입니다. - 일반사항 -

⑪ 現代人が、もし、石器時代に戻されたなら、厳しい自然の試練を受けて耐えられるだろうか。〔現代、521、上〕

현대인이 만약 석기시대로 돌아간다면, 엄한 자연의 시련을 받고 견딜 수 있을 것인가? - 단순상상 -

⑫ たとえ敵(かたき)同士でも、一つ屋根の下に暮らせば、自然と情合いは出るものだろう。〔現代、498、上〕

비록 원수라 하여도 한 지붕 아래에서 살면, 자연히 정은 생길 것이다. - 단순상상 -

4. 과거의 사항이나 이미 실현된 사항의 추량 판단은「～ただろう」「～たでしょう」의 형식을 취한다. (「～たろう」의 형도 보임) - 예 ⑬～⑮

⑬「早かったら買って貰えただろうが。」〔正宗白鳥、『人生の幸福』〕
「이르면 살 수 있었을 텐데.」

⑭「噂が立つと知ってゐたら、そんなに来なかったでせうが。」〔武者小路実篤、『その妹』〕
「소문이 난다고 알고 있었으면 그렇게 오지 않았을 텐데.」

⑮ 裸一貫で上京して、今の身代を築き上げるには、口では言えない苦労があったろう。〔現代、530、下〕
맨몸으로 상경하여 지금의 그의 재산을 쌓아 올린 데에는, 말로는 할 수 없는 고생이 있었을 것이다.

5. 과거 시점의 추량 판단은「～だろうと思った」의 형식을 취한다. (예⑯～⑱)

⑯ せんべいを焼く手際がよく、ああいうのを職人芸というのだろうと思った。〔現代、512、下〕
센베이 굽는 솜씨가 훌륭한데, 그런 것을 장인의 기술일 것이라고 생각했다.

⑰ 彼のことだからきっと遅れてくるだろうと思ったのに、案に相違して、先に来て待っていた。〔現代、600、上〕
그의 일이므로 틀림없이 늦어질 것이라고 생각했는데, 기대와는 달리 먼저 와서 기다리고 있었다.

⑱ ふいに淋しくなってきたが朝になって霧が晴れ、眩しい木もれ陽を見たらまた楽しい気分になれるだろうと思った。〔宮本輝、『眉墨』〕
문득 고독감이 엄습해왔지만 아침이 되어 안개가 걷히고 나뭇잎 사이로 비치는 눈부신 햇살을 바라보면, 다시 즐거운 기분이 될 수 있으리라고 생각했다.

6. 청자・제3자의 추량 판단은「～と思う」「～と考える」「～という」를 첨가한다. (예⑲～㉑) - 제3자의 경우,「らしい」등이 자주 등장한다. (예⑳)

⑲ 君はぼくがまだ知らないだろうと思って、わざわざ知らせに来てくれたのか。〔国際、113〕
너는, 내가 아직 모를 거라고 생각하고 일부러 알리러 왔어?

⑳ 人々は、いざとなればどうにかなるだろうと考えていたらしい。〔教育、386〕
사람들은, 정작 위급하게 되면 어떻게 되겠지 하고 생각하고 있었던 것 같다.

㉑ 仲間の中にも、彼があれだけ上手にやったのには何か特別の秘密があるんだろうと言う者がいます。〔現代、503、下〕
동료 중에도, 그가 저만큼 능숙하게 한데에는 뭔가 특별한 비밀이 있을 것이라고 하는 자가 있습니다.

7.「질문」「확인」을 표현한다. (예㉒～㉔)

㉒ 長年の計画を実行するには、今が絶好の時ではないだろうか。〔現代、581、上〕

여러 해의 계획을 실행하기 위해서는 지금이 절호의 찬스가 아닐까?

㉓ 三歳から四歳くらいまでの間に、基本的な人格がつくられるのではないでしょうか。〔現代､523､中〕
세 살에서 네 살까지가 기본적인 인격이 만들어지는 것이 아닐까요?

㉔ 最近、文房具の消耗が早いけれど、無駄使いしているのではないでしょうね。〔現代､510､上〕
최근 문방구의 소모가 있는데 낭비가 심한 것이 아니에요?

[2] ～のだろう（～のでしょう）

1.「원인」「이유」를 추량하여 판단하는 표현이다.（예①～④）

① 随分時間をかけて考えてきたのだろう、彼の話はよく条理が立っていた。〔現代､510､下〕
많은 시간을 들여 생각했을 거야. 그의 이야기는 조리가 있었어.

② 帰りの遅い子に、事故に遭ったのだろうかと不安が生じた。〔現代､503､上〕
귀가가 늦은 아이에게 사고가 있었던 것이 아닐까하는 불안감이 생겼다.

③ よほど疲れたのだろう、帰りの電車の中で、子供たちは、正体なく眠っていた。〔現代､505､中〕

상당히 피곤했을 거야. 돌아오는 전차 안에서 아이들은 정신없이 자고 있었다.

④ だれかがたき火でもしているのだろうか、煙が一すじ、ゆらゆらと空に立ち上っている。〔現代、620、中〕
누구가 모닥불을 태우고 있는 걸까? 한줄기 연기가 하늘하늘 오르고 있다.

2. 「사실을 근거」로 도출되는 판단의 표현이다. (「だろう」보다 자연스러운 표현) - 예⑤⑥

⑤ 今の子供たちは、テストや進学準備に追われ、勉強ばかりで遊ぶひまはあるのだうろか。〔現代、523、中〕
지금 아이들은, 시험과 진학준비에 쫓겨 공부만 하여 놀 시간은 있을까?)

⑥ あの社長の経営方針はまちがっているわけではないが、時流に乗れなかったのだろう。〔現代、519、中〕
그 사장님의 경영방침은, 틀린 것은 아니지만 시류를 타지 못했기 때문일 것이다.)

3. 「～から～だろう」와 「～から～のだろう」의 비교

가. 「～から～だろう」: 어느 정도 객관적인 인과(因果)관계의 표현이다. (예⑦)

⑦ 世故に通じた叔父だから、この問題も上手に処理してくれるだろう。〔現代、578、下〕

세상물정에 통달한 숙부이기 때문에, 이 문제도 능숙하게 처리해 줄 것이다.

나. 「~から~のだろう」:

(1) 배후에 그와 같은 사실을 떠받치는(「ささえている」) 원인·이유를 추측한다. (예⑧)

⑧ 甘いものを食べすぎたから虫歯ができたのだろう。〔Lighthouse、1051〕
단 것을 너무 많이 먹었으니 충치가 났을 거야.

(2) 만약 「~から~だろう」로 대체하면, 사실의 개연성이 크다. (예⑨⑩)

⑨ 心配したから疲れたのだろう。〔表現、262〕
근심걱정을 했으니 피곤했을 것이다.

⑩ すばらしく話のうまい父だから、かわいそうに姉は子供のくせに、敗者哀感をさとらされてしまったのだろうと思う。〔幸田文、『みそっかす』〕
멋있게 이야기를 잘하시는 아버지이니까, 가엾게도 누나는 아이의 입장에서 패자의 슬픔을 깨달았을 것으로 생각한다.

(3) 「~と、~のだろう」로도 사용한다. (예⑪)

⑪ 靴がないところを見ると、客はもう帰ったのだろう。〔教育、390〕
구두가 없는 것을 보니까, 손님은 이제 돌아갔을 것이다.

4. 「~のだ」와 「~のだろう」의 비교

- 사용조건 : 「~のだろう」는 「~のだ」에 거의 준한다.
- 대응관계 : → A —— A のだ (예⑫′)
  B だろう —— B のだろう (예⑫)

⑫ これは隕石の跡な<u>のだろう</u>か、それとも火口な<u>のだろう</u>か。〔現代、621、中〕

이것은 운석의 자취일까? 그렇지 않으면 화구일까?

⑫′ これは隕石の跡な<u>のだ</u>か、それとも火口な<u>のだ</u>か。

이것은 운석의 자취인가? 그렇지 않으면 화구인가?

5. 「의문사(疑問詞)」와 자주 호응한다. (예⑬~⑮)

⑬ <u>どうして</u>世の中には戦争がある<u>のだろう</u>、戦争のない平和な世界になればいいのに。〔現代、594、上〕

왜 이 세상에는 전쟁이 있는 걸까? 전쟁이 없는 평화로운 세계가 되었으면 좋을 텐데.

⑭ 妻の深い情愛を、夫は一体<u>どのように</u>受け止めていた<u>のだろう</u>。〔現代、498、上〕

부인의 깊은 애정을 남편은 도대체 어떻게 인식하고 있었을까?

⑮ 母との間に考え方の相違が生じたのはいったい<u>なぜ</u>な<u>のだろう</u>か。〔現代、600、上〕

엄마와의 사이에 사고방식의 차이가 생겨난 것은 대체 왜 일까?

6. 「감탄」의 표현에 사용한다. (예⑯⑰) → 「믿을 수 없을 정도」의 「경탄」의 의미가 있다. (배후에 원인·이유를 찾으려는 성격이 내재됨)

⑯ 油絵は初めてだなんて本当かい? なんで上手なんだろう。〔現代、503、下〕
유화는 처음이라니 정말? 어쩌면 그렇게 잘 그리는가!

⑰ わたしたちの住む世界に、もしも言葉が存在しなかったらどうなるのだろう。〔現代、622、下〕
우리들이 사는 세계에 만약 말이 존재하지 않았더라면 어떻게 될까?

7. 단호형(短呼形)인 「~(の)だろ」 「~(ん)だろ」와 「~(の)でしょ」 「~(ん)でしょ」는, 「질문」 「확인」 「강조」를 나타낸다. (예⑱~⑳)

⑱ 事の真相を知ったら、彼はどんなに嘆くことだろ(う)。〔現代、530、上〕
일의 진상을 안다면 그는 얼마나 한탄할 것인가?

⑲ 恨み続けながら死んで行った人々の魂は成仏できずに、やみをさまよっているのだろ(う)か。〔現代、509、上〕
원망을 계속하면서 죽어간 사람들의 혼은, 성불하지 못하고 어둠을 헤매고 있는 걸까?

⑳ ぼくの純粋な気持ちをどうやって彼女に伝えたらいいんだろ(う)。〔現代、496、中〕
나의 순수한 마음을 어떻게 그녀에게 전하면 좋아?

8. 「문장체」인 경우, 「~(の)であろう」를 사용한다. (예㉑~㉓)

「だろう」 → 「であろう」
「さむいだろう」 → 「さむいであろう」 (단,「さむいであろう」 보다 「さむかろう」가 일반적임)

㉑ 経済的な繁栄がただちに個人の心豊かな生活を築き上げるとは、何と雑駁な認識であろうか。〔現代、414、中〕
경제적인 번영이 곧 개인의 윤택한 생활을 영위한다고 하는 것은, 얼마나 조화롭지 않은 인식일까?

㉒ 今に玉ちゃんが「papa御飯ですよ」と云って走って来るであらう。〔森鴎外、『半日』〕
이제 곧 다마가 「아빠 식사예요」라고 하면서 달려올 것이다.

㉓ それに気候がよく、暖国らしい感じがした。ここなら友達がしきりとやりたがっているオリーブもよく育つであろう。〔武者小路実篤、『土地』〕
게다가 기후도 좋고 따뜻한 나라 같은 느낌이 들었다. 여기라면 친구가 몹시 주고 싶어하는 올리브도 잘 자랄 것이다.

cf) 「~であろう」 표현은, 절대자의 미래형표현에 많이 사용되는데, 특히 성서원전(聖書原典)의 번역이나 논문의 문체로 사용되면 단언성(断言性)을 느끼게 하며 중후(重厚)한 뉘앙스를 갖게 한다.[20)]

〔문제제기〕

⇒・ほうびを取らせるであろう。(殿様 → 家来)
(포상을 주리라.)

20) 永野 賢(1956. 3), 日本語の未来形,『聖書協会報』13巻1号 (『伝達論にもとづく 日本語の文法研究』, 1970, 東京堂 所収, 226~231頁)

・叩けよ、さらば開かれるであろう。(聖書)

(두드려라. 그러면 열릴 것이리라.)

참고문헌

単行本

<기본서>

· 国立国語研究所 報告3,『現代語の助詞・助動詞』(1951, 秀英出版)
· 辻村敏樹,『現代の敬語』(1967・11, 弘文社)
· 阪倉篤義,『日本文法の話』(1974, 教育出版)
· 森田良行,『日本語の表現』(1983, 創林社)
· 松村明,『古典語・現代語 助詞助動詞詳説』(1984, 学灯社, 5版)
· 森田良行・松木正慧,『日本語表現文型』(1989, アルク)
· グル－プ・ジャマシイ 編,『日本語文型辞典』(1998・2, くろしお出版)

<심화서-1>

· 松下大三郎,『改撰標準日本文法』(1928, 勉誠社, 1984, 改訂弟2刷)
· ＿＿＿＿＿,『標準日本口語法』(1930, 勉誠社, 1977, 増補改訂)
· 山田孝雄,『日本文法学概論』(1936, 宝文館, 1984, 9刷)
· 時枝誠記,『国語学原論』(1941, 岩波書店)
· ＿＿＿＿,『日本文法 口語篇』(1950, 岩波全書)
· 三尾砂,『話言葉の文法』(1942, 帝国教育会)
· 橋本進吉,『国語法研究』(1948, 岩波書店, 1972, 19刷)
· ＿＿＿＿,『助詞・助動詞の研究』(1969, 岩波書店)
· 波多野完治,『文章心理学入門』(1953, 新潮文庫)
· 金田一春彦,『日本語』(1957, 岩波書店)

・桑門俊成,『国語文体論序説』(1959, 誠信書房)
・佐久間鼎,『現代日本語の表現と語法』(1966, 厚生閣)
・芳賀綏,『日本文法教室』(1969, 東京堂)
・永野賢,『日本文法の研究』(1970, 東京堂)
・国広哲弥,『ことばの意味』(1982, 平凡社選書73)
・寺村秀夫,『日本語のシンタクスと意味Ⅱ』(1984, くろしお出版)

<심화서-2>

・三矢重松,『増訂 高等日本文法』(1926, 明治書院)
・今泉忠義,『国語発達史大要』(1944, 東京図書)
・杉本つとむ,『近代日本語の新研究』(1967, 桜楓社)
・吉田金彦,『現代語助動詞の史的研究』(1971, 明治書院)
・此島正年,『国語助動詞の研究 －体系と歴史－』(1973, 桜楓社)
・北原保雄,『日本語助動詞の研究』(1981, 大修館)

論文

<기본논문>

・中村通夫, 「東京語における意志形と推量形」(『東京語の性格』, 1948・11, 川田書房所収)
・金田一春彦,「不変化助動詞の本質」1953 (『日本の言語学3』文法Ⅰ, 1979, 大修館)
・森千樹,「だろうの二種」(『言語生活』22, 1953・7)
・永野賢,「日本語の未来形」(『聖書協会報』13-1, 1956・3/『伝達論にもとづく 日本語の文法研究』, 1970, 東京堂 所収)

・林大, 「であろう・だろう」の表現価値」(『口語文法講座3』, 1964, 明治書院)
・辻村敏樹, 「助動詞のすべて」(『国文学 解釈と鑑賞』, 1964・10)
・菅野謙, 「降るでしょう」と「降りましょう」(『講座現代語6』 口語文法の問題点, 1967, 明治書院)
・殿塚照美・野口マリ, 「日本語研修の現場から伝聞・様態・推量の<よう・そう・らしい>について」(『研修』184・185, 1976・6・7)
・柴田武, 「ようだ・らしい・だろう」(『ことばの意味』3, 1982, 国広哲弥, 平凡社選書)
・虫明吉治郎, 「助動詞 ウ・ヨウ」(『操山論叢』17巻, 1982・3)
・外山映次, 「う・よう項」(『古典語・現代語 助詞助動詞詳説』5版, 1984, 学灯社)
・奥村三雄, 「まい項」(上同)

<심화논문-1>

・山本正秀, 「デアルの沿革」(『国語学論集』, 1944. 10, 橋本博士還歴記念会, 岩波書店)
・武田孝, 「推量の助動詞」(『研究資料日本文法』, 1985, 明治書院)
・佐伯哲夫, 「ウとダロウの職能分化史」(『国語学』174, 1993)

<심화논문-2>

・塚原鉄雄, 「推量の助動詞 – その国語史的考察 –」(『国語国文』26-8, 1957・7)
・大塚光信, 「助動詞マイの成立について」(『国語学』50, 1962・9)
・芳賀綏, 「陳述とは何もの?」(『日本の言語学3』, 1979, 大修館)
・山田孝雄, 「述格」(上同)
・三宅武郎, 「述詞」(上同)
・渡辺実, 「叙述と陳述」(上同)

13. 推量의 表現(2)

1 う・よう

＊ 추량의 표현「(よ)う」는, 意志의「(よ)う」(後述의 유형표현 16. 意志의 表現), 勧誘의「(よ)う」(後述의 유형표현 15. 勧誘・勧告의 表現)와는 구별해야 한다.

1. 문장체 표현

가. A・助V (형용사형 활용)의 경우,「～かろう」의 형식을 취한다. (예①～③)

① 「苦しかろう。体を蜘蛛が抱きしめて居るのだから。」〔谷崎潤一郎、『刺青』〕
괴로울 거야. 몸을 거미가 감고 있으니까.

② 笹は毒だから、よしたらよかろうというと、いえこの笹がお薬でございますといってうまそうに食っている。〔夏目漱石、『坊っちゃん』〕
갈대 잎은 해로우니까 먹지 않는 게 좋으리라고 했더니, 아니 이 갈대 잎이 약이랍니다 하면서 맛있게 먹고 있다.

③ 不況は長引くのではなかろうか。〔文型、269〕
불황은 오래 끄는 것이 아닐지?

＊ 위의 예③의「～ではなかろうか」표현은, 약간 고풍스러운 표현으로 논설문의 문장체에 사용된다.

나. V의 경우, 다음과 같은 V에 접속하여「추량」을 나타낸다. (예④～⑨)

(1)「일반동사(V)」

④ 妻「実は毎月(家計が)余らないんです。」余ろうとは健三にも思えなかった。〔夏目漱石、『道草』〕
아내「사실은 매달 남지 않아요.」남을 거라고 겐죠도 생각하지 않았다.

(2)「存在를 나타내는 V」(「ある」「いる」)

⑤ 彼ほどの人にどうしてできないわけがあろう。〔国際、119〕
그만한 사람이 못할 이유가 있을까?

(3)「可能을 나타내는 V류」(「できる」「言える」「～られる」등)

⑥ あの学生なら、このくらいの問題はできよう。〔文化庁、1545〕
그 학생이라면 이 정도의 문제는 할 수 있을 것이다.

⑦ スエズ運河は、人間が自然を征服した一つの例といえよう。〔現代、447、中〕
스에즈 운하는, 인간이 자연을 정복했던 하나의 예라고 말할 수 있을 것이다.

⑧ 丈夫ならこの寒さにも耐えられよう。〔表現、79〕
몸이 튼튼하면 이러한 추위도 참을 수 있을 것이다.

⑨ 今日のような暖かい日は春だと言えよう。＊
오늘 같은 따뜻한 날은 봄이라고 말할 수 있을 것이다.

＊ 결국, 위의 예와 같이 A(형용사)나 상태동사에 붙는 추량「う」「よう」는, 의지의「う」「よう」(後述 유형표현 16)와 구분된다.

2.「과거」의 사항에 대한 추량표현은,「～たろう」「～ただろう」「～たでしょう」의 형식을 취한다. (예⑩～⑬)

＊ 구어체・문장체 모두「～ただろう」「～たでしょう」가 많이 쓰인다.「～たろう」는 문말에서는 사용이 비교적 적고, 예⑪과 같이「～たろうと思う」의 형식이 많이 보인다.

⑩「いつ、お話し下さいました?」「さ、五月でしたろうか。」〔獅子文六、『娘と私』〕
「언제, 말씀하셨어요?」「그러니까, 5월이었을까?」

⑪ 制作に取りかかってから一カ月半もたつのだから、もうそろそろでき上ったろうと思う。〔語研、253〕
제작에 착수하고서 일개월반이나 경과했으니 이제 완성됐을 것으로 생각한다.

⑫ 心配したから疲れただろう。〔表現、262〕
걱정했으니까 피곤했을 것이다.

⑬ おたん生日だったのならごちそうがあったでしょう。〔早稲一中、一部四課〕
생신이었다면 맛있는 음식이 있었겠죠?

cf) 남자들끼리 스스럼없는 표현으로, 상대에 대한 「질문」「확인」「다짐」을 나타내는 경우에 「~たろ」로 단호(短呼)한다.

⇒ A：おなかがすいたろ(う)。
(배고프지?)
B：うん、ちょっとね。〔文型、217〕
(그래, 좀 고파)

3. 「ましょう」「ございましょう」의 형식

가. 「ましょう」는, 구어체에서 「의지」「권유」에 주로 사용하나 「추량」에는 드물게 사용한다. (오히려 「でしょう」를 사용) — 예 ⑭~⑯)

⑭ 娘 「お父さん、葛湯を一杯あげましょうか?」
아버지, 갈 탕 한잔 드릴까요?
主人「うむ、一杯もらおうか? お父さんのはごく濃くしておくれ。」〔秋田雨雀、『国境の友』〕
그래, 한잔 줄래? 아버지 것은 진하게 타 줘.

⑮ 明日は雨が降りましょう。時々雪も降りましょう。〔天気予報〕 *
내일은 비가 내리겠습니다. 때때로 눈도 내리겠습니다.

⑯ この毛布は暖かくて軽いから、年寄りに喜ばれましょう。〔国際、121〕
이 담요는, 따뜻하고 가벼우니까 노인들이 기뻐하시겠죠.

나. 「ございましょう」형식으로 「추량」의 표현을 나타낸다. (예⑰~⑲)

⑰ 休日なら静かでございましょう。〔表現、76〕
휴일이면 조용하겠지요.

⑱ お寒うございましょうから、 おからだにお気をつけ下さいませ。〔国際、121〕
추울 것 같으므로 몸조심하세요.

⑲ すると東京はよいところでございましょうといったから当たり前だと答えてやった。〔夏目漱石、『坊っちゃん』〕
그랬더니 도쿄는 좋은 곳일 테지요라고 하기에, 물론이라고 대답했다.

4. 「~うが~まいが」「~うと~うと」의 형식 - 관용어 (예⑳㉑)

＊「~うが~まいが」「~うと~うと」의 관용적인 형식으로 사용되며, 추량의 의미는 거의 없다. (「~ても~ても」의 의미)

⑳「肉体を生かして行くために、好もうと好むまいと必然的に戦わなければならんのだ。」〔三好十郎、『その人を知らず』〕
육체를 소생시키기 위하여 좋던 싫던 필연적으로 싸워야하는 거야.

㉑「子供が二人あろうと、年をとっていようと、そんな事なんかどうだってかまいません。」〔森本薫、『女の一生』〕
「아이가 둘이 있든 나이를 먹었든 그런 일은 어떻든 개의치 않습니다.」

5. 「う・よう+ 접속조사」의 형식 (종속구)

→「추량」의 의미로 사용되나 제한적이다. (「~だろう、それなのに」의 의미) - 예㉒㉓

㉒ 雨がふったらこまろうに、あの子はかさをもたずに出かけた。〔文化庁、92〕

비가 오면 곤란할 텐데, 그 아이는 우산을 갖지 않고 나갔다.

㉓ あの人は人もあろうに、あんな馬鹿な女と結婚したよ。〔上同〕

(= その人のほかにも人がいただろう、それなのに)

저 사람은 하필이면 (그 사람 외에도 사람이 있었을 텐데, 그런데도) 저런 바보 같은 여자와 결혼했어요.

㉔ 成ろうことなら一緒に東京に居て、時々顔をも見、言葉をも交えたかった。〔田山花袋、『蒲団』〕

만약 그렇다면, 함께 도쿄에 있으면서 가끔 얼굴도 보고 말도 주고받고 싶었다.

㉕ 吾輩の方で少しでも手出しをしようものなら、家内総がかりで追い回して迫害を加える。〔夏目漱石、『吾輩は猫である』〕

내 쪽에서 조금이라도 손을 내밀기 만하면 온 집안의 인간들이 나를 쫓아다니면서 박해를 가한다.

* 이 형식은, 추량 용법의 하나이지만, 관용적인 표현으로「하나의 부사구」같이 사용된다. 이밖에「事もあろうに」(그런 일을 하지 않고도 더 좋은 딴 방법도 있는데, 그럼에도)「場所もあろうに」의 표현도 보인다.「実際には~しないだろう」라는 예측이 암시되어 있어「

빈정」「야유」「반박」을 표현할 수 도 있다.21) 이 어법과 조금 다르만, 「なろうことなら」「あろうことなら」(=「～うものなら」「もし～たら」)형태도 보인다. (예㉔㉕)

[2] まい

＊ 의지의 표현 「まい」(後述 표현유형 16)와 구별해야 한다.

1. 「부정적인 추량」을 나타낸다. (「ないだろう/ないでしょう」로 대체 가능) - 예①～③ 「～まいと思う」는, 대부분 「문장체」에 사용된다.

① 「近い将来に、大地震があるだろうか。」「いや、あるまい。」〔Lighthouse、1620〕

「가까운 장래에 대지진이 있을까?」「아니, 없을 거야.」

② あの鼻では誰も妻になる女があるまいと思ったからである。〔芥川竜之介、『鼻』〕

그 코로는 누구도 아내가 될 여자는 없을 거라고 생각했기 때문이다.

③ 今度は生徒にも逢わなかったから、だれも知るまいと思って、翌日学校へいって、一時間目の教場へはいると団子二皿七銭と書いてある。〔夏目漱石、『坊っちゃん』〕

이번에는 학생도 만나지 않았으니까, 아무도 모르려니 하고 이튿날 학교에 가서 첫시간째 교실에 들어가니 경단 두 접시 7전이라고 쓰여 있었다.

---

21) グループ・ジャマシイ(1998.2), 上同, 94頁

2. 「A+く(は)あるまい」「N・Av+で(は)あるまい」의 형식

* A(형용사)에 접속할 경우 「~く(は)あるまい」를, Av(형용동사)에 접속할 경우 「~で(は)あるまい」의 형태를 취한다. (예④~⑥)

④ もう4月だから、北海道もそれほど寒くはあるまい。〔国際、122〕
벌써 4월이므로 홋카이도도 그 정도로 춥지는 않을 것이다.

⑤ ここばかり米ができるわけでもあるまい。どこの果てへいったって、のたれ死にはしないつもりだ。〔夏目漱石、『坊っちゃん』〕
여기만 쌀이 나는 것도 아닐 테지. 산수갑산 어디를 간다해도 길가에 쓰러져 죽지는 않을 것이다.

⑥ 彼女の話は本当ではあるまい。〔Lighthouse、1622〕
그녀의 이야기는 정말이 아닐 것이다.

3. 「~じゃあるまいし」「~でもあるまいし」의 형식 → 관용적인 표현(「~じゃないのだから」의 의미) - 예⑦~⑩

⑦ 泥棒じゃあるまいし、裏口からこっそり入ってこないですよ。〔文型、136〕
도둑도 아닌데 뒷구멍으로 몰래 들어가지 말아요.

⑧ 若い娘じゃあるまいしそんなはでなかっこうはやめなさい。〔文典、79〕
젊은 아가씨가 아닌데 그런 화려한 모습은 그만두어요.

⑨ 田舎回りのヘボ絵師じゃあるまいし、そんなものはいらないといったら、今度は華山とかなんとかいう男の花鳥の掛け物をもってきた。〔夏目漱石、『坊っちゃん』〕

촌으로 돌아다니는 엉터리 화가도 아닐 테고, 그런 것은 소용없다고 했더니, 이번에는 가잔(華山)인가 무엇인가 하는 사람의 화조(花鳥) 족자를 가지고 왔다.

⑩ 子供でもあるまいし、自分のことは自分でしなさい。〔文型、534〕
어린애도 아닌데 자기 일은 자기 스스로 해요.

* 위의 예⑦는, 「泥棒じゃないだろう」(도둑이 아닐 것이다)의 의미가 아니고 「泥棒ではない」라는 사실을 강하게 지적하여 「필연적인 결론」으로 결부시킨다는 표현이다. 즉, 상대를 「충고」하거나 「비난」하는 느낌이 강하다. 「泥棒なら仕方がないが」(도둑이라면 하는 수 없지만)의 의미로 실질적으로 추량의 의미가 거의 없다.

4. 접속방법의 다양성 **〔문제제기〕**

가. 「5단V」「ます」는, 「종지형」에 접속한다. (예⑪⑫)

⑪ 試験はそれほど難しくあるまい。〔教育、388〕
시험은 그렇게 어렵지 않을 것이다.

⑫ そこまで流行を模倣することもありますまい。〔『文芸春秋』、1949.6、89〕
거기까지 유행을 모방하는 일은 없을 것이다.

나. 「그 이외의 활용 V」(「れる」「られる」「せる」「させる」 포함)는, 「미연형」에 접속한다. (예⑬~⑮)

⑬ 北海道でも来月になれば、もうはスキーはできまい。〔教育、388〕
홋카이도도 다음달이 되면 이제 스키는 탈 수 없을 것이다.

⑭ しようがしまいが、私の勝手でしょう。〔教育, 388〕
하든 말든 내 맘이죠.

⑮ 彼はぼくに何も言わせまいとした。〔文典, 49〕
그는 나에게 아무 것도 말하게 하지 않으려 했다.

cf) 「5단활용 이외의 V」가 「종지형」에 접속하는 경우도 있으며, 「する」는 「すまい」의 형태를 취하는 경우도 있다.

* 「来る」 → 「くるまい」 (「こまい」보다 일반적임)
「きまい」
「こまい」 (사용빈도 적음)

⇒ ・「山田君は来るでしょうか。」「いや来るまい。」〔スーパー, 1463〕
(「야마다군은 오겠지요?」「아니, 안 올거야.」)
・「近い将来、富士山は噴火するでしょうか。」「いや噴火はすまい。」〔Lighthouse, 1463〕
(「가까운 장래에 후지산은 분화하겠지?」「아니, 분화는 안 할걸.」)

3 ～かもしれない

1. 사실의 내용을 부정하는 다른 가능성이 「言外」에 내재되어 「하나의 가능성」으로 받아들일 수 있는 기분으로 추량하는 표현형식이다. (예①②)

① この意見は、諸君には理解してもらえないかもしれない。〔現代, 520, 下〕
이 의견은, 여러분이 이해해 주지 않을지도 모르겠다.

② 今はいい天気だが、すこし雪が出て来たから、もしかしたら、雨が降るかもしれない。〔文型、584〕

지금은 날씨가 좋은데, 눈이 조금 왔으니까 어쩌면 비가 올지도 모른다.

2. 「진술부사」와 호응한다. (개연성이 적음, 우연성 기대)
→「もしかしたら」「あるいは」「ことによると」「案外」등 – 예③~⑥

③ もしかしたらあの人は出かけたかもしれない。〔文典、84〕

혹시 그 사람 외출했는지도 모릅니다.

④ もし少し早く手術をしていれば、あるいはたすかったかもしれない。〔文型、85〕

좀 더 빨리 수술을 했더라면, 어쩌면 목숨을 건졌을지 모른다.

⑤ ことによると今のも夢かもしれない。〔夏目漱石、『坊っちゃん』〕

어쩌면 지금 것도 꿈인지도 모른다.

⑥ 動物の生態を研究している学者は、案外簡単な説明を下すかもしれない。〔島木健作、『赤蛙』〕

동물의 생태를 연구하고 있는 학자는, 예상외로 간단한 설명을 내릴지도 모른다.

3. 「만일의 경우」를 상정하여 어떠한 대책을 세운다는 기분이 내재되어 있다. (예⑦~⑨)

⑦ 交通事故はいつ起るかもしれないので、つね日ごろから保険に加入するわけだ。*

교통사고는, 언제 일어날지 모르니까 평상시 보험에 가입하는 것이다.

⑧ お小遣いがなくて困るかもしれないから、為替で十円あげる。〔夏目漱石、『坊っちゃん』〕

용돈이 없어서 곤란할는지 모르겠으므로 우편환으로 10엔 부친다.

⑨ 近い将来に、大きな地震があるかもしれないので、日ごろから対策を考えねばなりません。〔現代、510、中〕

가까운 미래에 큰 지진이 있을지도 모르기 때문에, 평소에 대책을 생각하지 않으면 안됩니다.

4. 실현에 대한 양적 규정은 표현별로 다르다. (50% 또는 그 이상, 그 이하) - 예⑩⑪ **〔문제제기〕**

⑩ A：来週のパーティ、行くの?

다음주 파티 가니?

B：まだ決めてないんだ。行くかもしれないし、行かないかもしれない。〔文型、84〕

아직 결정하지 않았어. 갈지도 모르고 안 갈지도 몰라.

⑪ 1時間待っても現れないところをみると、彼はもう来ないかもしれない。*

1시간 기다려도 나타나지 않는 것을 보니까, 그는 이제 오지 않을지도 모른다.

5. 「だ」「だろう」로 표현이 불가능한 사실이나 명확한 근거를 얻을 수 없을 때 표현한다. (예⑫)

⑫ のんびりした田舎暮らしが、わたしの性分に合っているのかもしれません。〔現代、509、上〕

느긋한 시골생활이 내 천성에 맞을지도 모르겠습니다.

6. 「완곡 표현」의 하나로 사용된다. - 명확한 근거를 제시하지 않으려는 심리가 내재되어 있다. (예⑬⑭)

⑬ 地元の皆様には蛇足になるかもしれませんが、 会場までの道順をご説明します。〔現代、650、中〕
현지인 여러분들께는 사족이 될지 몰라, 회장까지 가는 방법을 설명하겠습니다.

⑭ あなたには明るい色よりも、 むしろ地味な色のほうが似合うかもしれませんね。〔現代、466、下〕
당신에게는 밝은 색보다 오히려 수수한 색이 어울릴지도 모르겠어요.

7. 객관적으로 확정적인 경우라도 의도적으로 자신의 말에 「책임지고 싶지 않을 경우」에 사용한다. (단순한 가능성으로 암시) - 예⑮

⑮ アメリカのSF映画 「未知との遭遇」は、 将来本当に人間が遭遇するかもしれない世界を描いたものだ。〔現代、601、下〕
미국의 SF영화 「미지와의 조우」는, 미래에 정말로 인간이 조우할지도 모르는 세계를 그린 것이다.

8. 억지로 「빈정」대면서 완곡하게 표현한다. (예⑯⑰)

⑯ あなたはおなかがすいていないかもしれないが、 私は昨日から何にも食べていない。*
너는 배가 고프지 않을지 모르지만, 나는 어제부터 아무 것도 먹지 않았어.

⑰ よく考えてみると世の中はみんなこの生徒のようなものから成立しているかもしれない。〔夏目漱石、『坊っちゃん』〕
잘 생각해 보니 세상은 모두가 이 학생들 같은 놈들로 이루어져 있는 것인지도 모른다.

9. 과거 사항의 추량 : 「~たかもしれない」(예⑱)
과거 시점의 추량 : 「~かもしれないと思っていた」(예⑲)
「~かもしれなかった」(예⑳㉑)

⑱ 作者が言葉を用いて造形した主人公の像は、作者自身の姿だったかもしれません。〔現代、601、下〕
작가가 말을 사용해서 조형한 주인공의 상은, 작가 자신의 모습이었을지도 모릅니다.

⑲ かねて、二つに一つは助からないかもしれないと思っていたのだが……。〔原民喜、『夏の花』〕
전부터, 둘 중에 하나는 살아나지 못할지도 모른다고 생각하고 있었지만 …….

⑳ このままでは、達彦自身の会社も危なくなるかもしれなかった。〔文型、85〕
이대로는 다츠히코 자신의 회사도 위험해 질런지 몰랐다.

㉑ ジョーンがいれば、深夜でも空港へ見送りに行ったかもしれなかった。〔山本道子、『魔法』〕
존이 있었다면, 심야에라도 공항에 배웅하러 갔을지도 모른다.

참고문헌

単行本

<기본서>

· 三尾砂,『話言葉の文法』(1942, 帝国教育会)
· 国立国語研究所 報告3,『現代語の助詞・助動詞』(1951, 秀英出版)
· 森田良行,『基礎日本語2』(1980, 角川書店)
· 国広哲弥,『ことばの意味3』(1982, 平凡社)
· 松村明,『古典語・現代語 助詞助動詞詳説』(1984, 学灯社, 5版)
· 外山滋比古,『日本語の個性』(1986, 中央公論社)
· 森田良行・松木正慧,『日本語表現文型』(1989, アルク)
· グル－プ・ジャマシイ 編,『日本語文型辞典』(1998・2, くろしお出版)

<심화서-1>

· 土井忠生・森末義彰編,『日本語の歴史4』(1964, 平凡社)
· 永野賢,『日本文法の研究』(1970, 東京堂)
· 吉田金彦,『現代語助動詞の史的研究』(1971, 明治書院)
· 広田栄太郎・外二人編,『文章表現辞典』(1972, 東京堂)
· 日本大辞典刊行会編,『日本国語大辞典』(1974, 小学館)
· 松村明,『日本文法大辞典』(1980, 明治書院)

<심화서-2>

· 山田孝雄,『日本口語法講義』(1922, 宝文館)

· 三矢重松, 『増訂 高等日本文法』(1926, 明治書院)
· 今泉忠義, 『国語発達史大要』(1944, 東京図書)
· 杉本つとむ, 『近代日本語の新研究』(1967, 桜楓社)
· 此島正年, 『国語助動詞の研究 - 体系と歴史 -』(1973, 桜楓社)
· 北原保雄, 『日本語助動詞の研究』(1981, 大修館)

論文

<기본논문>

· 金田一春彦, 「不変化助動詞の本質」(1953, 『日本の言語学3』文法1, 1979, 大修館)
· 森千樹, 「だろうの二種」(『言語生活』22号, 1953・7)
· 辻村敏樹, 「助動詞のすべて」(『国文学 解釈と教材の研究』13号, 10月臨時号, 1964・10)
· 倉持保男, 「'推量' 項」(『文法2 - 助動詞を中心にして -』, 1980・3, 国際交流基金)
· 柴田武, 「ようだ・らしい・だろう」(国広哲弥, 『ことばの意味』3, 1982, 平凡社選書 所収)

<심화논문-1>

· 永野賢, 「日本語の未来形」(『聖書協会報』13巻1号, 1956・3/『伝達論にもとづく 日本語の文法研究』, 1970, 東京堂 所収)
· 林大, 「であろう・だろうの表現価値」(『口語文法講座3』, 1964, 明治書院)
· 奥村三雄, 「打消の助動詞 - まい<現代語>」(『国文学 解釈と教材の研究』9-13, 1964・10)

・岡村和江, 「推量」(『国文学 解釈と鑑賞』12号, 1968・10)
・藤岡教登, 「文相当の単位を承接するもの<ダロウ・ヨウダ・ラシイ>等」(『国語学』86, 1971・9)
・堀口和吉, 「助動詞<ダロウ>の意味」(『山辺道』24, 1980・3)
・佐伯哲夫, 「ウとダロウの職能分化史」(『国語学』174号, 1993)

<심화논문-2>

・林田明, 「虎清本における助動詞<まい>」(『詩論』5, 1960・9)
・大塚光信, 「助動詞マイの成立について」(『国語学』50, 1962・9)
・中出惇, 「穂久迩文庫本大学抄における<マイ>系の助動詞」(『文学語学』3, 1967・3)
・上村良作, 「天草版平家物語における助動詞<まじい><まい>について」(『今泉博士古稀記念 国語学論叢』, 1973・3, 桜楓社)
・芳賀綏, 「陳述とは何もの?」(『日本の言語学3』, 1979, 大修館)
・山田孝雄, 「述格」(上同)
・三宅武郎, 「述詞」(上同)
・渡辺実, 「叙述と陳述」(上同)

14. 推量의 表現(3)

1 らしい

1. 「꽤 확신이 가능한 객관적 근거」에 의해 그러한 행위를 해도 좋은 상황・사태의 판단 표현이다. - 사실이라고 단정지을 수 없지만 그 장면의 상황이나 정보를 근거로 「사실이라고 충분히 생각할 수 있는 상태」의 표현이다. (예①②)

① 双子の兄弟は一人の成績が上がると一方も上がり、相互作用というのか互いに影響し合うことがあるらしい。〔現代、602、中〕
쌍둥이 형제는, 한 쪽 성적이 오르면 다른 쪽도 오르는 상호작용이 되는 것인지 서로 영향을 주고받는 데가 있는 듯하다.

② 国境付近で激しい戦闘があり、双方にかなりの死傷者が出たらしい。〔現代、607、下〕
국경부근에 격렬한 전투가 있어 쌍방간에 상당한 사상자가 나온 것 같다.

2. 「타인이 매체의 정보를 신뢰하여 판단」하며, 화자의 지식・체험에 의하여 판단하지 않는다. (예③~⑤)

③ 車内の人たちの意見を総合すると、どうもこの脱線事故の原因は運転者の不注意にあるらしい。〔現代、602、中〕
차안에 있던 사람들의 의견을 종합해 보면, 아무래도 탈선사고의 원인은 운전자의 부주의에 있는 듯하다.

④ いたずら息子がまた何か騒動を起こしたらしい。〔現代、607、上〕
장난꾸러기 아들이 또 뭔가 소동을 일으킨 듯하다.

⑤ 警察の調べによると、犯人はビルの屋上からライフルで狙撃しようとしたらしい。〔現代、612、上〕
경찰 조사에 의하면, 범인은 빌딩 옥상에서 권총으로 저격하려고 한 것 같다.

3. 「사실이라고 단정할 수 없을 경우」나 「단정을 주저하는 경우」에 사용한다. (예⑥⑦) - 매체에 의한 정보라도 話者가 사실로 단정하면 「らしい」가 不必要하다.

⑥ 自由な市民の発想から始まった運動の阻止を企てる動きが一部にあるらしい。〔現代、613、中〕
자유로운 시민의 발상으로부터 시작된 운동을 저지하는 움직임이 일부에 있는 듯하다.

⑦ 工事がスムーズに進まないのは、現場と本社との間に意思の疎通が欠けているかららしい。〔現代、616、上〕
공사가 순조롭게 진척되지 않는 것은, 현장과 본사와의 사이에 의사소통이 잘되지 않고 결여되어 있기 때문인 것 같다.

4. 「자기 이외 사람」의 감각・심정 등에 대한 서술 표현의 경우, 객관적으로 표현할 수 있지만 단정형으로는 표현이 불가능하다. (예⑧⑨) - 예⑩의 표현은, 화자를 객관화하여 판단하고 있다.

⑧ 母は素振りにも見せなかったが、その時具合が悪いのを我慢していたらしい。〔現代、618、下〕

엄마는 기색도 내보이지 않았지만 그때 상황이 나쁜 것을 참고 있었던 듯하다.

⑨ 彼は何か心配事があるらしい、ぼくの話をうわの空で聞いていた。〔現代、620、中〕

그는 무언가 걱정스러운 일이 있는 듯 나의 이야기를 건성으로 듣고 있었다.

⑩ 試験に臨んだわたしは緊張のあまり顔面蒼白となっていたらしい。〔現代、607、中〕

시험에 임한 나는 긴장한 나머지 안면이 창백해 진 것 같았다.

5. 단정을 회피하기 위한「완곡적인 표현」이다. (상대・제3자의 심정・입장을 배려) - 예⑪

⑪ あの男は自分が偉いと思っているらしく、反り返って歩いてるよ。〔現代、621、上〕

저 남자는, 자신이 잘났다고 생각하고 있는지 거만스럽게 걷고 있어.

6. 자기자신의 発言에 대한「무책임한 판단」을 표현한다. (예⑫⑬)

⑫「雨、やみましたね。」「うん、そうらしいね。」〔教育、385〕

「비, 그쳤네요.」「응, 그런 것 같아요.」

⑬ どうやら味方の中に、敵と通じてスパイしている者がいるらしいな。〔現代、703、中〕
아무래도 아군 중에 적과 내통하여, 스파이 짓을 하고 있는 자가 있는 것 같아.

7. 상대가 제기한 화제 거리에 대하여「무관심한 판단」을 표현한다. (예⑭⑮)

⑭ どうやら犯人は屋根を伝(つた)って逃走したらしい。〔現代、714、上〕
어쩌면 범인은 지붕을 타고 도주한 것 같다.

⑮「昨夜も地震がありましたね。」「ええ, そうらしいですね。」〔国際、133〕
「어제 밤도 지진이 있었지요.」「예, 그런 것 같아요.」

8. 조동사「らしい」와 접미어「らしい」의 비교

＊ **조동사「らしい」** ⇒ 正門の前に立っている人は大学生らしい。 (정문앞에 서 있는 사람은 대학생 같다.)	＊ **접미어「らしい」** ⇒ 大学生らしい態度が全く見られない。 (대학생다운 태도가 전혀 보이지 않는다.)
・접속방법 : 체언・活用語 +「らしい」 ・구별 : 문맥에 의존 ・부정 :「～(では)ないらしい」(◯) 「～らしくない」(×) ⇒ 社長はまだ帰らないらしい。	・체언+「らしい」 ・문맥에 의존 「자못 거기에 어울리는 성질을 겸비」 진술부사 「いかにも」「全く」「見るからに」와 호응 ・「～らしくない」(◯) (体+「らしい」→ 하나의 A로 취급) ⇒ 冬らしくない日が続いている。

[2] ようだ

1. 정보를 근거로 하여 불확실하지만 화자가 그렇게 판단한다.
   - 「らしい」와 표현성이 흡사하지만 「꽤 객관성」이 있다.(예① ②) **〔문제제기〕**

① 欧米を模倣してきた日本も、 そろそろ受動から能動へ転じる時期がきたようだ。〔現代、492、上〕

구미를 모방해 왔던 일본도, 서서히 수동에서 능동으로 바뀌는 시기가 온 것 같다.

② カラーテレビの普及により、白黒テレビの需要は急激に減り、現在はほとんど生産されていないようだ。〔現代、493、中〕

컬러 TV의 보급에 의해 흑백 TV의 수요는, 급격히 감소해서 현재는 거의 생산되고 있지 않는 것 같다.

2. 극히 「주관적인 판단」을 표시하며 명확한 근거가 없다. (예③~⑥) - 「らしい」에 대체하려면 꽤 객관적 정보가 필요하기 때문에, 「ようだ」는 「らしい」보다 폭이 넓은 표현이다.

③ そろそろ雨も上がったようだから、みんな、出発の準備をしてくれ。〔現代、491、中〕

슬슬 비도 갠 것 같으니까 모두 출발 준비를 해 줘!

④ やむをえない事情のためとはいえ、社員の給料の支払いを引き延ばすようなことはしたくなかった。〔現代、916、中〕

어쩔 수 없는 사정 때문이라 하지만, 사원의 급료 지급을 연장하는 일은 하고 싶지 않다.

⑤ 人生の指針となるような座右の書を持ちたいものです。〔現代、497、中〕
인생의 지침이 될 것 같은 좌우명에 관한 책을 갖고 싶습니다.

⑥ ちょっとしたミスによって勝敗が決まるような微妙なゲームもある。〔現代、508、上〕
대수롭지 않는 실수로 승패가 결정되는 것 같은 미묘한 게임도 있다.

3. 이렇다할 근거가 없어서 매우 「직관적」인 판단으로 표현한다. (예⑦⑧)

⑦ 満たされない欲望が、 わたしの深層心理に黒々とうねっているようであった。〔現代、530、上〕
채워지지 않는 욕망이, 우리의 심층심리에 새까맣게 넘실거리고 있는 것 같았다.

⑧ おいしそうな食べ物は、見ただけで、だ液の分泌を促進するようだ。〔現代、609、下〕
맛있어 보이는 음식은, 본 것만으로도 침의 분비를 촉진하는 것 같다.

4. 객관적인 근거가 부족한 판단이며 「책임회피용」으로 사용한다. (예⑨⑩)

⑨ 今回の事故では、 責任の所在をめぐってあれこれともめて、 対応が遅れてしまったようだ。〔現代、514、上〕
이번 사고에서는, 책임의 소재를 둘러싸고 이래저래 옥신각신하여 대응이 늦어버렸던 것 같다.

⑩ おじいさんとおばあさんは、なんだか新しい宗教を信じているようだ。〔現代、528、中〕
할아버지와 할머니는 뭔가 새로운 종교를 믿고 있는 것 같다.

5. 단정을 회피하여 상대방의 「심정」이나 「입장」을 고려한다. (예⑪~⑭)

⑪ 氏(うじ)より育ちといって、人は血筋より環境に左右されることが多いようです。〔現代、615、中〕
가문보다 가정교육이 중요하다고 하는데 사람은 핏줄보다 환경에 좌우되는 것이 많은 것 같습니다.

⑫ お忙しいようでしたら、こちらから出向えますので、ご都合をお知らせください。〔現代、745、下〕
바쁘시다면 제가 마중 나갈테니까 사정 형편을 알려주세요.

⑬ 不平不満のはけ口を酒に求めるような生活をしていたら、自滅するのは時間の問題だろう。〔現代、468、下〕
불평불만의 배출구를 술로 찾으려는 생활을 하고 있다면, 자멸하는 것은 시간문제일 것이다.

⑭ こうして二人並んでみると、妹の方が若干背が高いようです。〔現代、473、中〕
이렇게 두 사람 나란히 보면, 여동생 쪽이 약간 키가 큰 것 같습니다.

6. 「적극적인 관심이 없음」을 표현한다. (예⑮)

⑮ 私の青春にも終止符を打つ時が来たようだ。〔現代、478、中〕

나의 청춘에도 종지부를 찍을 때가 온 것 같다.

7. 과거시제「~たようだ」와「~ようだった」 **〔문제제기〕**

┌ 현시점에서 회상 → 예) ⑯⑰
└ 과거시점에서 회상 → 예) ⑱

⑯ しぶといことでは定評のある彼も、 今度の件では音(ね)を上げたようだ。〔現代、464、上〕
고집이 세기로 정평이 나 있는 그도, 이번 건에서는 두 손을 든 것 같다.

⑰ 泳がせておいたスパイがそろそろ動き出したようだ。〔現代、649、上〕
틈바구니를 헤집고 나간 스파이가 슬슬 움직이기 시작한 것 같다.

⑱ 彼らは私のことについて何も知らないようだった。〔教育、377〕
그들은 나의 일에 대해서 아무 것도 모르는 것 같았다.

* 「~たらしい」와「~らしかった」도 위와 같은 관계이지만,「~らしい」라는 판단을 이전에 내렸을 때「~らしかった」보다 오히려「~ようだった」로 많이 쓰인다.

[3] みたいだ

1. 추량의「ようだ」와 의미용법이 동일하다. (단,「비유」「예시」의「ようだ」와는 완전히 대응하지 않는다.) - 예①~③

① かぜをひいたみたいだ。〔語研、273〕
감기 든 것 같아.

② あなたみたいに無責任な人に、重要な仕事を任せるわけにはいかない。〔現代、483、下〕
당신같이 무책임한 사람에게 중요한 일을 맡길 수는 없다.

③「まるで運命だと締めてるみたいだ。」〔小山祐士、『二人だけの舞踏会』〕
「마치 운명인 것 같이 얽매이는 듯하다.」

2. 극히「주관적」인 판단의 표현이다. (예④⑤)

④ お母さんには、石けんとお日さまの香りが染み込んでいるみたい。〔現代、466、下〕
어머니에게는 비누와 햇님의 향기가 스며들어 있는 것 같다.

⑤ 今度発売された辞書は、すごくいいみたいだよ。〔文型、562〕
이번에 발매된 사전은 대단히 좋은 것 같다.

3. 단정을 회피하는 표현이다. (예⑥~⑧)

⑥ 何が焦げているみたいだ。へんなにおいがする。〔文型、562〕
뭐가 타는 것 같다. 이상한 냄새가 나.

⑦ A：小林さんはもうアメリカにいったのかな?
고바야시씨는 이제 미국에 갔을까?
B：ええ、きのう出発したみたいですよ。〔文型、562〕
예, 어제 출발한 것 같아요.

⑧ 玄関で音がするから、だれか来たみたいだよ。〔文化庁、979〕

현관에서 소리가 나니까 누군가 온 것 같아.

4. 「허물없는」(「くだけた」) 사이에서 사용되는 일상적인 「구어체」이다. → 「ようだ」와 문체의 차이는 있지만 거의 동일하다. (예⑨~⑩′)

⑨ 彼は怒ってるようだ。

⑨′ 彼は怒ってるみたいだ。〔Lighthouse、1667〕

그는 화난 듯하다.

⑩ 彼は何でも知っているような顔をする。

⑩′ 彼は何でも知っているみたいな顔をする。〔上同〕

그는 뭐든 알고 있는 듯한 얼굴을 한다.

5. 타인의 의지・감정에 대한 「단정 회피용」의 「ようだ」는, 「みたいだ」에 대체할 수 없다. (예⑪) **〔문제제기〕**

⑪ 受験生がいる家庭では、家族全員がとても気をつかっているようです。〔現代、486、下〕≠みたいだ

수험생이 있는 가정에서는, 가족 전원이 상당히 신경을 쓰면서 돌보고 있는 것 같습니다.

참고문헌

単行本

<기본서>

・三尾砂,『話言葉の文法』(1942, 帝国教育会)
・国立国語研究所 報告3,『現代語の助詞・助動詞』(1951, 秀英出版)
・松村明,『現代語・古典語 助詞助動詞詳説』(1969, 明治書院)
・阪倉篤義,『日本文法の話』(1974, 教育出版)
・森田良行,『基礎日本語1・2』(1977・10, 1980・6, 角川書店)
・_______,『日本語の表現』(1983, 創林社)
・グル－プ・ジャマシイ 編,『日本語文型辞典』(1998・2, くろしお出版)

<심화서-1>

・山田孝雄,『日本口語法講義』(1922, 宝文館)
・松下大三郎,『改撰標準日本文法』(1928, ,勉誠社, 1984, 改訂弟二刷)
・_________,『標準日本口語法』(1930, 勉誠社, 1977, 増補改訂)
・時枝誠記,『国語学原論』(1941, 岩波書店)
・_________,『日本文法 口語篇』(1950, 岩波全書)
・国立国語研究所 報告21,『現代雑誌九十種の用語用字』(1962)
・波多野完治,『文章心理学入門』(1953, 新潮文庫)
・桑門俊成,『国語文体論序説』(1959, 誠信書房)
・吉田金彦,『現代語助動詞の史的研究』(1971, 明治書院)
・松村明,『国語史概説』(1972, 秀英出版)
・北原保雄,『日本語助動詞の研究』(1981, 大修館)

・国広哲弥,『ことばの意味3』(1982・5, 平凡社)
・寺村秀夫,『日本語のシンタクスと意味Ⅱ』(1984, くろしお出版)
・武田孝,『研究資料日本文法7』(1985, 明治書院)

<심화서-2>

・橋本進吉,『新文典別記』(1934, 富山房)
・今泉忠義,『国語発達史大要』(1944, 東京図書出版)
・杉本つとむ,『近代日本語の新研究』(1967, 桜楓社)

論文

<기본논문>

・金田一春彦,「不変化助動詞の本質」(『日本の言語学3 文法1』, 1953, 大修館, 1979)
・永野賢,「比況の助動詞 - ようだ <現代語>」(『国文学 解釈と教材の研究』9-13, 1964・10)
・西出郁代,「研究ノート(2) <ようだ>による表現」(『日本語・日本文化』3, 1972・3)
・Janet Ashby,「日本語らしい<らしい>」(『飜訳の世界』6巻9, 1981・9)
・森田良行,「<少し酔ったようだ>か<少し酔ったらしい>か」(『日本語 表現』, 1983, 倉林社)
・________,「<先生も賛成らしかった>か<先生も賛成だったらしい>か」(上同)
・早津恵美子,「<らしい>と<ようだ>」(『日本語学』, 1988・4月, 明治書院)
・黒田徹・宇田川義明,「<らしい>と<ようだ>は<だろう>と違う」(『国文学 解釈と鑑賞』53-7, 1988・7月, 至文堂)

・杉本和之, 「目的・結果・依頼の<ように>」(『日本語教育』47号, 82・6月, 日本語教育学会)

・小林幸江, 「推量の表現及びそれと呼応する副詞について」(『日本語学校論集』7号, 東京外大附日本語学校)

<심화논문-1>

・佐伯梅友, 「推量の助動詞について」(『丘』, 1932・6)

・中村通夫, 「東京語における意志形と推量形」(『コトバ』, 1941・4)

・金田一春彦, 「不変化助動詞の本質」(『国語国文』22巻2・3号, 1953・2・3月/『日本の言語学3』文法1, 1979, 大修館)

・築島裕, 「中古の語法」(『日本文法講座3』, 1957, 明治書院)

・仁田祥男, 「『聖家族』における<～やうだ>の考察」(広島大教育学部 『国語教育研究』10, 1965・4)

・福田良輔, 「助動詞の機能 - 接尾語・複語尾 附属形式 -」(『口語文法講座2』各論研究, 1965・4, 明治書院)

・春日和男, 「特集 日本語助動詞の役割 比況(ごとし・ようだ)」(『国文学 解釈と鑑賞』33-12, 1968・10)

・岡村和江, 「らしい」(『月刊文法』1巻8, 1969)

・藤岡教登, 「文相当の単位を承接するもの - <ダロウ・ヨウダ・ラシイ> 等(研究発表要旨)」(『国語学』86, 1971・9)

・原口裕, 「活用語に接続する<ラシイ>」(『語文研究』31・32, 1971・10)

・日野資純, 「<雨がふりそうだ>と<雨がふるそうだ> - 二つの「そうだ」の違いは何か -」(『新日本語講座2』, 大久保忠利外編, 1975, 汐文社)

・阪倉篤義, 「推量助動詞」(『改稿 日本文法の話』, 1976, 4刷, 教育出版)

・大野晋・外6人, 「らしい・ようだ」(『日本語7』文法2, 1977, 岩波書店)

・寺村秀夫, 「ムードの形式と意味(1) - 概言的報道表現 -」(『文芸言語研究』4巻, 1979, 筑波大学文芸言語系)

・柏岡珠子,「ヨウダとラシイに関する考察」(『日本語教育』41, 1980・7)
・鈴木二三雄,「漱石文学初期の文体研究 – 助動詞「ようだ」を中心に–」(『島田勇雄先生古稀記念 ことばの論文集』, 1981, 明治書院)
・村上昭子,「接尾辞ラシイの成立」(『国語学』124, 1981・3)
・寺村秀夫,「心的態度(ムード)の表現」(『日本語の文法(上)』, 1982, 国立国語研究所)
・柴田武,「ようだ・らしい・だろう」」(国広哲弥,『ことばの意味3』, 1982, 平凡社選書73)
・田中俊子,「いわゆる推量のラシイとヨウダ – モダリティの強弱とコトの内容の構造の観点から –」(『日本語教育研究論集』3号, 1988, 東北大学)

<심화논문-2>

・野村宗朔,「助動詞<らむ>の意義用法について」(『国語学論集』, 1944・10, 岩波書店, 橋本博士還歴記念会)
・福田良輔,「万葉集の解釈と文法上の問題点 – 活用語尾・助動詞・東国方言における解釈と文法上の問題点 –」(『講座解釈と文法2』, 1960, 明治書院)
・山崎馨,「形容詞系助動詞の成立(2) – らし・じ・しむ」(『国語と国文学』, 1965・3)
・佐田智明,「中世の注釈書における推量語の把握 – 古今秘註抄を中心に –」(『福田良輔教授 退官記念論文集』, 1969・10月)
・沢田治美,「日英語主観的助動詞の構文論的考察 – 特に「表現性」を中心として –」(日本言語学会,『言語研究』68, 1975)
・内田徳賢,「<ようだ> <みたいだ>の転用について」(『国語国文』46-5, 1977・5)
・芳賀綏,「陳述とは何もの?」(『日本の言語学3』, 1979, 大修館)
・山田孝雄,「述格」(上同)
・三宅武郎,「述詞」(上同)

・渡辺実, 「叙述と陳述」(上同)

・寿岳章子, 「日本人のキイワ-ド<らしさ>」(『国語学』133集, 1983・6)

・奥田靖雄, 「おしはかり(1)」(『日本語学』, 1984・12月, 明治書院)

・________, 「おしはかり(2)」(上同, 1985・2月)

15. 勧誘・勧告의 表現

1 권유(勧誘)

・定義

화자자신이 뭔가 하려는 의지를 품고, 상대에게도 자기자신과 「똑같은 행동」을 취할 것을 권하는 표현이다. 표현형식에는 「う」 「よう」 「～ないか(ませんか)」 등이 있으나 「의지표현」의 「う」「よう」(後述 유형표현 16)와 구분된다.

가. う・よう

1. 「권유」를 표현한다. (예①～③)

① 横断する時は左右の車に注意しよう。〔文型、610〕
횡단할 때에는 좌우의 차에 주의하자.

② 一度通読して話の筋がわかったら、今度はじっくりと味わって読んでみよう。〔現代、704、上〕
한번 통독하고 이야기의 줄거리를 이해했다면, 이번에는 차분히 음미하며 읽어보자.

③ 実現の不可能なことより、自分たちにできることから始めよう。〔現代、957、上〕
실현 불가능한 것보다 자기스스로 할 수 있는 것부터 시작하자.

2. 종조사「よ」「ね」를 붙여 표현하면, 상대에게「재촉」「동의」의 기분이 첨가된다. (예④~⑥)

④ きみの誕生日にはステーキでも食べようよ。〔スーパー、1625〕
너의 생일에는 스테이크라도 먹자꾸나.

⑤「下らない話はもう止そうよ。」〔正宗白鳥、『人生の幸福』〕
시시한 이야기는 이제 그만둬.

⑥ あの映画、ご覧になったでしょうね。〔スーパー、1187〕
그 영화 보셨지요.

3. 형식적으로는「권유」이지만 실질적으로는「완곡한 命令」을 나타낸다. - 공손체「ましょう」형으로 多用된다. (예⑦~⑨)

⑦ みなさん、ちゃんと正面を向いて、校長先生のお話をよく聞きましょう。〔現代、510、上〕
여러분들. 똑바로 정면을 향해 교장선생님의 말씀을 잘 들읍시다.

⑧ 夏休みの間も、規則正しい習慣を守るようにしましょう。〔現代、476、下〕
여름방학 동안도 규칙 바른 습관을 지키도록 합시다.

⑨ 健康のためには、夜は早めに就寝し、十分な睡眠を取るようにしましょう。〔現代、479、中〕
건강을 위해서는 밤에는 일찍 취침하여 충분한 수면을 취하도록 합시다.

나. ～ないか(ませんか)

＊「う」「よう」와「～ないか(ませんか)」의 비교

「う」「よう」	「～ないか(ませんか)」
1. 적극적으로 상대를「권유」한다 2. 제안자의「강한 意向」의 표현	1.「상대의 意向」을 묻는 기분이「강하다」 2. 강요하는 느낌이「꽤 약하다」 3. 약간 조심스러운 표현

⇒ ⑩ この冬休みは、いっしょに漢拏山に登ろう。＊
(이번 겨울방학에는 함께 한라산에 오르자.)
⑩′この冬休みは、いっしょに漢拏山に登らないか。
(이번 겨울방학에는 함께 한라산에 오르지 않을래?)
⑪ 久しぶりにトンカツでも食べよう。＊
(오랜만에 돈카스라도 먹자.)
⑪′久しぶりにトンカツでも食べませんか。
(오랜만에 돈카스라도 먹지 않을래요?)

cf)「～じゃないか（「～じゃありませんか」）

- 「자신의 意向」을 나타낸다.
- 「찬부(贊否)」를 묻는 표현이다.
- 자기의 의향에 무리하게 따르게 하는 적극성이 결여되어 있다.
- 오히려 뭔가 하려고 하는 것을「제안」하는 데에 중점을 둔다.

⇒ ·「郵便局 どこ?」「あそこに映画館があるじゃないか。あのとなりだよ。」〔文型、144〕
(「우체국이 어디지?」「저기에 영화관이 있지 않아. 그 옆이야.」)

・このまま腕をこまねいて待つよりも、ぼくたちでできることをやろうじゃないか。〔現代、379、上〕

(이대로 수수방관하며 기다리기보다, 우리들도 할 수 있는 것을 하지 않을래?)

・「そうか、其れじゃ何うだろう、近い中に何処か海の見える処へでも行って、三味線を聴かして貰おうじゃないか。」〔小衫天外、『初すがた』〕

(「그래? 그럼 어떻게 하지? 가까이 어디 바다가 보이는 곳에 가서 샤미센을 들려 주지 않을래?」)

2 권고(勧告)

・定義

「우열(優劣)」의 표현에 대하여 특정 상대에게 그렇게 할 것을 적극적으로 권하는 표현이다. 경우에 따라 「명령」 표현으로 이전된다. 표현 형식에 「～ほうがいい」「～たらどうか」「～たらどうですか」「～たらいかがでしょうか」「～ことだ」「～すること。」 등이 있다.

가. ～ほうがいい

1. 상대적인 「우열의 표현」을 특정 상대에게 그렇게 할 것을 「권하는 표현」이다. (예①②)

① 外交辞令という言葉もあるから、日本を訪問した外国人の賛辞は額面通りに受け止めないほうがよい。〔現代、520、下〕

겉치레 말이라는 것도 있으니까, 일본을 방문한 외국인의 찬사는 액면대로 인식하지 않는 게 좋다.

② 遮蔽物を取り除き、向こう側がよく見えるようにしたほうがいい。〔現代、474、下〕
차폐물을 없애버리고 맞은 편이 잘 보이게 하는 편이 좋다.

2. 적극적으로 권고하여 강제성이 강하다. - 경우에 따라서는 「명령표현」과 동일하다. (예③)

③ 熱があるようだから、早めに床をとって休んだほうがいいよ。〔現代、778、下〕
열이 있는 것 같으니까, 일찍 잠자리를 들어가 쉬는 편이 좋아.

3. 문말에 「~と思う」「でしょう」를 첨가하여 「~하는 것이 바람직하다」의 의미를 나타낸다. (강제성 약화) - 예④⑤

④「他国の文学を日本人が味わうに日本の方がいいと思います。」〔武者小路実篤、『愛と死』〕
타국문학을 일본인이 감상하기에는 일본 쪽이 낫다고 생각합니다.

⑤「巴里にゆかず欧洲にゆかずとも、本を読めば知識的にはその方がずっといいだろう。」〔上同〕
「지식적으로는 파리나 유럽에 가지 않고, 책을 읽는 편이 훨씬 나으리라 생각합니다.」

4. 「～ほうがいい」와 「～たほうがいい」는 그다지 차이가 없다.

〔문제제기〕

* 그러나, 예⑥과 같이 「비교」를 나타내는 것이 명확할 경우에는 「～ほうがいい」를 사용한다. 그러나 예⑦과 같이 「～たほうがいい」는 비교를 명확하게 나타내지 않고 있다. 또한, 예⑧의 「～シナイほうがいい」는 그렇게 하지 않기를(「そうしない」) 권유하는 표현이다.(예⑦⑧)

⑥ A：料理は、つくるのと食べるのとどっちがいい?
요리는 하는 것과 먹는 것 어느 쪽이 좋지?
B：もちろん、食べるほうがいい。〔誤用、27〕
물론 먹는 쪽이 좋지.

⑦ いずれほんとうのことがわかってしまうのだから、今白状したほうがいい。〔スーパー、1425〕
어쨌든 진실을 알았으니 이제 고백하는 쪽이 좋아.

⑧ 化学肥料は土をやせさせるので、使いすぎないほうがよい。〔現代、1149、上〕
화학비료는, 땅을 마르게 하기 때문에 지나치게 사용하지 않는 쪽이 좋다.

나. ～たらどうか・～たらどうですか・～たらいかがでしょうか

1. 「내 생각으로는, 좋은 결과를 얻을 거라고 생각하는데 어떻게 생각하느냐?」의 의미로, 「～ほうがいい」만큼의 적극성은 없다.

– 상대의 판단에 맡기려하는 뜻이 강하다. (예⑨~⑪)

⑨ 「あそこ(=応接間)に由希ちゃんを置いてあげたらどうかしら。」〔紫田翔、『立ち尽す明日』〕

저기에 유키를 놓아두면 어떨까?

⑩ 行く前に天気予報をたしかめたらどうですか。＊

가기 전에 일기예보를 확인해 보면 어떻습니까?

⑪ 「皆さん、たいへんお疲れのようですから、もうお休みになったらいかがでしょうか。」〔筑波-中-1、233〕

여러분. 대단히 피곤하신 것 같으니까 이제 휴식을 취하시면 어떤지요?

＊ 예⑪과 같은 표현은 공손의 정도가 높다.

2. 「どうか」가 생략된 「~たら。」의 형으로 자주 사용된다. (상승조의 억양 동반) – 예⑫

⑫ A : 吉田君、パーティーには出席しないって。

요시다군. 파티에는 참석하지 않는대.

B : もう一度誘ってみたら。↗ 〔文型、213〕

한번 더 권해 보면 어때?

다. ~ことだ・~すること。

1. 특정의 상대를 향해 사용하여 「그렇게 하는 것이 필요함」을

나타낸다. (당연・권고・요구) – 예⑬⑭

⑬ 病院にいる間は仕事のことなどさっぱり忘れて、十分に休養することだ。〔表現、205〕

병원에 있는 동안은 일 따위 깨끗이 잊어버리고 충분히 쉬어야 한다.

⑭ 物事をなしとげるうえで重要なことは、目的をはっきりさせることです。〔現代、1123、下〕

일을 완수하는 데 중요한 것은, 목적을 확실하게 하는 것입니다.

2. 「～すること。」는, 「～ことだ」에서 파생된 표현이다. (게시문 등) – 예⑮⑯

⑮ 当日は午前10時までに集合すること。〔スーパー、544〕

당일은 오전 10시까지 집합할 것.

⑯ この芝生でボール遊びをしないこと。〔表現、205〕

이 잔디밭에서 공놀이를 하지 말 것.

참고문헌

単行本

<기본서>

· 三尾砂,『話言葉の文法』(1942, 帝国教育会)
· 国立国語研究所 報告3,『現代語の助詞・助動詞』(1951, 秀英出版)
· 森田良行,『基礎日本語1』(1977・10, 角川書店)
· ________,『基礎日本語2』(1980・6, 角川書店)
· 日本語教育学会,『日本語教育事典』(1982, 大修館)
· 森田良行・松木正慧,『日本語表現文型』(1989, アルク)
· グル－プ・ジャマシイ 編,『日本語文型辞典』(1998・2, くろしお出版)

<심화서-1>

· 三尾砂,『話言葉の文法』(1942, 帝国教育会)
· 吉田金彦,『現代語助動詞の史的研究』(1971, 明治書院)
· 湯沢幸吉郎,『口語法精説』(1977, 明治書院)
· 松村明,『古典語・現代語 助詞助動詞詳説』(1984, 学灯社, 5版)

<심화서-2>

· 新村出,『東方言語史叢考』(1927, 岩波書店)
· 松下大三郎,『標準日本口語法』(1930 勉誠社, 1977 増補改訂)
· 山田孝雄,『日本文法学概論』(1936, 宝文館, 1984, 9刷)

- ________, 『日本文法論』(1966, 宝文館)
- 松尾捨治郎, 『助動詞の研究』(1943 文学社, 1961 白帝社)
- 今泉忠義, 『国語発達史大要』(1944, 東京図書)
- 時枝誠記, 『日本文法 口語篇』(1950, 岩波書店)
- 築島裕, 『平安時代の漢文訓読語についての研究』(1963, 東京大学出版会)
- 桜井光昭, 『今昔物語集の語法の研究 』(1966・3, 明治書院)
- 橋本進吉, 『助詞・助動詞の研究』(1969, 岩波書店)
- 此島正年, 『国語助動詞の研究 −体系と歴史−』(1973, 桜楓社)

論文

<기본논문>

- 佐藤喜代治, 「未然形に続く助動詞」(『国文学 解釈と鑑賞』, 1957・11)
- 田中章夫, 「語法からみた現代東京語の特徴」(『国語学』34, 1958・9)
- 奥村三雄, 「打消の助動詞 − まい<現代語>」(『国文学 解釈と教材の研究』9−13, 1964・10)
- 外山映次, 「推量の助動詞 −う・よう・らしい<現代語>」(『国文学 解釈と教材の研究』9−3, 1964・10)
- 松尾捨治郎, 「研究成果を文法指導に採り入れるポイント 助動詞①②」(『月刊文法』, 1969・5, 6)
- 大倉美知子, 「『坊ちゃん』における推量表現 <う> <よう>とそのスペイン語訳」(『日本語・日本文化』3, 1972・3)
- 佐田智明, 「<はず> と <つもり>」(『北九州大文学部 紀要』10, 1974・2)
- 殿塚照美・野口マリ, 「日本語研修の現場から伝聞・様態・推量の<よう・そう・らしい>について」(『研修』184, 185, 1976・6・7)

・竹内美智子, 「助動詞(1)」(岩波講座『日本語7』文法Ⅱ, 1977)

<심화논문-1>

・金田一春彦, 「不変化助動詞の本質」1953 (『日本の言語学3』文法Ⅰ, 1979, 大修館)
・__________, 「時・態・相および法」(『日本文法講座1』, 1957, 明治書院)
・金沢晋三郎, 「活用に関する私見の一節」(『国学院雑誌』, 1964・6)
・高羽四郎, 「日本語の助動詞の役割」(『国文学 解釈と鑑賞』, 1968・10)
・城田俊, 「<う/よう>の基本的意味」(『国語学』110, 1977・9/『論集日本語研究』7, 1979・2, 有精堂)
・虫明吉治郎, 「助動詞ウ・ヨウ」(『操山論叢』17, 1982・3)
・外山映次, 「う・よう項」(『古典語・現代語 助詞助動詞詳説』5版, 1984, 学灯社 所収)
・武田孝, 「推量の助動詞」(『研究資料日本文法』, 1985, 明治書院)
・佐伯哲夫, 「ウとダロウの職能分化史」(『国語学』174号, 1993)
・石田春昭, 「動詞未然形の性格」(『国文学 解釈と教材の研究』20)

<심화논문-2>

・土井忠生, 「口語の推量助動詞<う>の発生(1)～(3)」(『国語国文の研究』12, 16, 21, 1927・9, 1928・1・6)
・中村通夫, 「国語における東西方言交渉史上の諸問題」(『国語と国文学』14-7, 1936・7/『東京語の性格』, 1948・11, 川田書房)
・浜田敦, 「助動詞」(『万葉集大成6 言語篇』, 1955, 平凡社)
・大野晋, 「万葉時代の音韻」(『万葉集大成6』, 1955, 平凡社)
・中出惇, 「穂久迩文庫本大学鈔における<マイ>系の助動詞」(『文学語学』3, 1957・3)

・森田明,「虎清本における助動詞<まい>」(『試論』5, 1960・9)
・外山映次,「洞門抄物に見える助動詞<ヨウ>について」(『国語学』46, 1961・9)
・大塚光信,「助動詞ヨウについて − その成立と性格」(『国語国文』31-4, 1962・4)
・______,「助動詞マイの成立について」(『国語学』50, 1962・9)
・中出惇,「天草本伊曾保物語における助動詞 <ウ> と <ウズ> について」(『愛知大学 文学論叢』28, 1964・12)
・______,「ロドリゲス日本大文典における<ウ><ウズ><ウズル>の用法 − 法・時を中心として」(『愛知大学 国文学』6, 1965・2)
・______,「コリャード懺悔録における助動詞 <ウ> と <ウズ> について(1)」(『愛知大学 国文学』9, 1967・10)
・岡村和江,「特集・日本語の助動詞の役割 推量(む・らむ・けむ・う・よう・だろう)」(『国文学 解釈と鑑賞』33-12, 1968・10)
・山口佳紀,「平安時代語の源流について」(『東大人文科学科 紀要』48, 1969・12)
・蜂谷清人,「助動詞<う><うず><うずる>の語形・用法に関する一考察 − 狂言古本を中心に」(『国語学』86, 1971・9)
・安達隆一,「天草版平家物語の <ウ・ウズ・ウズル>について(1)(2)」(『解釈』18・29, 1972・2・8)
・山田潔,「推量の助動詞 <う> <うず> <うずる>の一考察 − キリシタン資料における実態」(『学芸 国語国文学』7, 1972・11)
・______,「史記抄における助動詞 <う> <うず> の考察」(『国学院雑誌』76-7, 1975・7)
・______,「蒙求抄における助動詞 <う> <うず> の考察 − 史記抄との比較を通して」(『学芸 国語国文学』12, 1976・1)
・上村良作,「天草版平家物語における助動詞<まじい><まい>について」(『今泉博士古稀記念 国語学論叢』, 1973・3, 桜楓社)

・福島邦道, 「助動詞 <よう> 再論」(『実践国文学』7, 1975・2/『続キリシタン資料と国語研究』, 1983・7, 笠間書院)
・江端義夫, 「中部地方域の方言についての方言地理学的研究(2)」(『広島大教育学部 紀要』2-26, 1978・3)
・通渡登, 「洞門抄物における助動詞ヨウについて」(『国学院雑誌』79-9, 1978・9)
・坂口至, 「助動詞ヨウの成立以前」(『文献探求』8, 1981・6)
・細江逸記, 「我が国語の動詞の相(Voice)を論じ活用形式の分岐の原理に及ぶ」(『岡倉先生 記念論文集』, 1928)

16. 意志의 表現

· 定義

발화행위(発話行為)의 주체의지를 표현하며 표현형식으로 「う」「よう」「まい」「つもりだ」 등이 있다. 의지표현은 화자(話者) 중심의 표현이지만, 그 표현 형식이 상대방에게 작용되면 「私が行こう」 → 「私と行こう」 → 「私たちと行きましょう」와 같이 권유(勧誘)・청유(請誘)의 표현으로 전환된다.

[1] う・よう

1. 「화자(話者)의 의지(意志)」를 직접 표현한다. (예①~④)

→ 화자 자신이 지금 결의(決意)한 것을, 그대로 「직접적으로 표명하는 것」으로 지속성(持続性)은 반드시 유지되지 않는다.

① 主な時事ニュースを追って、社会の動きをふり返ってみよう。〔現代、442、中〕

주된 시사뉴스를 추적하여, 사회의 움직임을 되돌아보자.

② 使ったあとはよく手入れをして、さびを落としておこう。〔現代、446、上〕

사용한 후는 잘 손질을 하여 녹을 없애두자.

③ 古典の代表的な和歌を読み味わい、詩歌の魅力にふれよう。〔現代、429、中〕

고전의 대표적인 和歌를 읽고 음미하여 詩歌의 매력에 빠져보자.

④ 競争に勝つために大方針を立てて戦略としよう。次に個々の状況に応じた戦術を決めよう。〔現代、598、中〕
경쟁에서 이기기 위하여 큰 방침을 세워 전략으로 하자. 다음으로 각각의 상황에 맞는 전술을 정하자.

2. 화자의 「독백성(独白性)」을 나타낸다. (예⑤~⑦)

⑤ 池のまわりを散策して、ひとつ俳句でもひねってみようか。〔現代、423、中〕
연못 주변을 산책하면서, 하이쿠라도 한번 지어 볼까?

⑥ 相手は力が強いから、どうして仕返ししてやろうかと、あれこれ頭をひねった。〔現代、432、上〕
상대는 힘이 세기 때문에, 어떻게 다시 시합해야 할지 이리저리 머리를 짜냈다.

⑦ 台風が近づいているので、庭木に何か支えになる棒を添えて縛っておこう。〔現代、608、下〕
태풍이 다가왔으니 정원수에 뭔가 받침이 되는 봉을 세워 묶어 두어야지.

3. 화자의 의지를 「객관적(客観的)」으로 서술한다.
–「~(よ)うと思う」「~(よ)うという」 등을 첨가한다. (예⑧~⑪)

⑧ 泥棒は、ほとぼりが冷めるまで盗んだお金を隠しておこうと思った。〔現代、418、中〕
도둑은 열기가 식은 후에도 훔친 돈을 숨기려고 생각했다.

⑨ 人から、こんな仕打ちを受けようとは思わなかった。〔現代、430、上〕
남에게서 이런 처사를 받으리라고는 생각하지 못했다.

⑩ 久しぶりに和服を着ようと思ったら、支度に手間どってしまった。〔現代、450、上〕
오랜만에 일본옷을 입으려 하니까 준비하는데 시간이 걸려 버렸다.

⑪ 困っている人を助けようという慈善の心を育てることは大切なことだ。〔現代、447、下〕
곤란한 사람을 돕고자 하는 자선의 마음을 키우는 것은 소중하다.

cf) 「～(よ)うと」의 뒤에 이어질 「～思う」「～考える」 등이 생략되는 경우도 있다.

⇒ ・ぼくを味方にひきいれようと(思って)、弟はあらゆる手を尽くした。〔現代、711、上〕
(나를 자기편으로 끌어넣으려고 동생은 있는 수단을 다했다.)
・いたずらもののガキ大将を懲らしめようと、和尚さんは知恵を絞った。〔現代、465、中〕
(장난꾸러기 골목대장을 혼내 주려고, 오쇼씨는 지혜를 짰다.)

4. 청자나 제3자의 의지를 나타낼 경우, 「추측」「전문(伝聞)」의 文末語(「らしい」「そうだ」)를 첨가한다. (예⑫⑬)
→ 이 경우도 「～と思う」와 「～と考える」「～と努力する」 등을 접속하거나 타인의 정의(情意)에 관한 것이므로 추측・전문을 나타내는 문말어가 첨가된다.

⑫ その頃鞠子さんは悩んだらしいが、自分の愛情や希望を殺そうと努

力したらしい。〔芹沢光治良、『巴里に死す』〕
그때 마리꼬는 괴로운 듯했지만 자기의 애정이나 희망을 억누르려 노력했던 것 같다.

⑬ 彼は一度は大学進学をあきらめようと思ったそうだ。〔国際、100〕
그는 한 번은 대학진학을 단념하려고 생각했다고 한다.

5. 「～(よ)うとする」의 型

가. 「직전(直前)의 상태」(목표의 실현성)를 나타낸다. (예⑭⑮)
- 실행 직전의 상태나 뭔가 실현을 「목표」로 하는 행동을 취하고 있음을 표현한다.

⑭ 大声で騒ぎ立てたら、賊は取ろうとしたかばんをほうり出して逃げていった。〔現代、420、下〕
큰소리로 소란을 피웠더니, 도둑은 뺏으려고 한 가방을 내팽개치고 도망갔다.

⑮ ぼくは目をつぶって、あのときの兄の姿を思い出そうとした。〔現代、719、中〕
나는 눈을 감고 그때의 형의 모습을 생각해 내려고 했다.

나. 「행위자의 의지와 무관계의 직전 상태」를 표현한다. - 시간 추이(推移)의 제한성 (예⑯⑰)
→ 행위자의 의지에 관계없이 객관적으로 어떤 사태가 실현되기 직전의 상태를 표현하는데 사용되며, 「시간의 추이」에 관련된 사항을 표현하는 경우에만 한정된다.

⑯ 港の裏山から月が上ろうとしている。〔石原慎太郎、『太陽の季節』〕
항구의 뒷산에서 달이 뜨려고 한다.

⑰ 秋もはや終ろうとしている。この浅草のアパートに六畳間十二万円のこの部屋を借りたのは、春が終ろうとする頃であった。〔高見順、『如何なる星の下に』〕
가을도 빨리 끝나려고 한다. 이 아사쿠사의 아파트에 다다미 6장에 12만엔 하는 이 방을 빌린 것은, 봄이 끝나려고 할 무렵이었다.

다.「의인적(擬人的)인 직전 상태」를 표현한다. (예⑱⑲)

⑱ 鼠は一生懸命に泳いで逃げようとする。鼠には首の所に七寸計りの魚串が刺し通してあった。〔志賀直哉、『城の崎にて』〕
쥐는 열심히 헤엄쳐 도망가려 한다. 쥐는 목 부분에 7치 정도의 생선 꼬챙이가 꿰어져 있었다.

⑲ 砂の不毛は、ふつう考えられているように、単なる乾燥のせいなのではなく、その絶えざる流動によって、いかなる生物をも、一切うけつけようとしない点にあるらしいのだ。〔安部公房、『砂の女』〕
모래의 불모는, 보통 생각할 수 있듯이 단순한 건조 탓이 아니라, 그 끊임없는 유동에 의하여 어떠한 생물도 일체 수용하려하지 않는 점에 있는 듯하다.

6.「非실현성」을 표현한다.

가.「～(よ)うとしない」의 型 (예⑳㉑)
→ 행위의 주체가 그렇게 하려는 의지를 품지 않아,「예측이나 기대에 반(反)하여 실현되지 않는 것」을 나타낸다.

⑳ こどもは、母親の背にしがみついたまま離れようとしない。〔現代、433、中〕

아이는, 엄마등에 매달린체로 떨어지려고 하지 않는다.

㉑ 自己主張の強い少女で、他人の気持を理解しようとしなかった。〔現代、439、上〕

자기주장이 강한 소녀로서 타인의 기분을 이해하려고 하지 않았다.

나. 「~(よ)うにも~ない」의 型 (예㉒㉓)

→ 문말 「~ない」와 호응하여, 그렇게 할 의지를 품고 있지만 뭔가에 방해받아 실현이 「불가능한 상태」에 있는 것을 표현한다.

㉒ 先に進もうにも足が疲れて一歩も踏み出せなかった。〔文型、454〕

앞으로 나가려해도 다리가 지쳐 한 발짝도 내딛을 수 없었다.

㉓ こんな恐ろしい事件は、忘れようにも忘れられない。〔文型、454〕

이런 무서운 사건은 잊으려 해도 잊을 수 없다.

7. 정중체 「~ましょう」 표현

가. 상대에 대한 「자신의 의지」를 표명한다. (예㉔~㉖)

㉔ 話を聞いて必要だと思われる事項はメモしておきましょう。〔現代、439、中〕

이야기를 듣고 필요하리라고 생각되어진 사항은 메모해 둡시다.

㉕ まな板やふきんは不潔になりやすいので、こまめに日に当てて消毒殺菌しましょう。〔現代、412、上〕
도마와 행주는 불결해지기 쉽기 때문에, 바지런히 햇볕에 쬐어 살균소독을 합시다.

㉖ 妻「だから私治りましょうね。屹度治りましょうね。」
그러니까 나 낫겠어요. 꼭 나을 거에요.
夫「そうだ、ほんとうに治ろうね。」〔有島武郎、『死と其の前』〕
그래, 정말로 나을 기야.

나. 상대에 대한 찬부(賛否)의 「의향(意向)」 표현은 「~ましょうか」로 나타낸다. (예㉗~㉙)

＊「~ましょうか」는, 자신에게 뭔가 할 의지가 있음을 표명하면서 상대에게 「찬부」를 묻는 형태를 취하고 있다. 표현의 목적은, 상대가 어떻게 해주기를 가장 바라는지 그 의향을 묻는 데에 있다. 보통체로는 「~(よ)うか」가 있다.

㉗ 原田：ええ。次にテキストですが、今まで概論ばかり読んできましたが、これからはどうしましょうか。
자. 다음으로 교재인데 지금까지 개론만 읽어왔는데 앞으로는 어떻게 하죠?
森：議長、今度は何か作品を取り上げてはどうでしょうか。〔早稲-中、4課〕
의장. 이번에는 뭔가 작품을 해 보는게 어때요?

㉘ 渋谷駅のどこで待ち合わせようか。〔学友-読1、127〕

시부야역 어디에서 만날까?

㉙ あそこでうまいコーヒーをのもうか。〔語研、14〕
저기에서 맛있는 커피를 마실까?

[2] まい

1. 「부정적(否定的)인 결의(決意)」를 나타낸다. (예①②)
→ 화자 자신이 하지 않겠다고 결의한 것을 그대로 직접 표명한다.

① 私は死ぬ時に辞世を作るまい。死んだ後は墓碑も建ててもらうまい。〔夏目漱石、『倫敦塔』〕
나는 죽을 때에 詩歌를 짓지 않겠다. 죽은 후에는 묘비도 만들지 않겠다.

② 江美子との別れはつらかった。もう二度と恋はすまい。〔スーパー、1464〕
에미코와 이별은 괴로웠다. 두 번 다시 사랑은 하지 않겠다.

2. 화자자신의 의지를 객관적으로 서술할 경우 「~と思う」 등을 첨가한다. (前述 16. 「う」「よう」의 1과 동일) – 예③④
→ 화자 자신의 의지라도 그것을 「객관화」하여 서술하는 경우, 「~と思う」 등을 첨가한다.

③ みんなの迷惑になるようなことはしまいと思う。〔国際、103〕
모두에게 폐가 되는 일은 하지 않으려고 생각한다.

④ 二日酔いの間はもう二度と飲みすぎるまいと思うが、ついまた飲み過ぎてしまう。〔文型, 533〕
숙취동안에 두 번 다시 과음하지 않으려고 하는데, 결국 또 과음해 버린다.

3. 「타인의 의지」를 나타낸다. → 문말 「ようだ」 「らしい」 「のだ」 등을 첨가한다. (예⑤~⑦)

⑤ 彼は酒を飲むまいと決心したようだ。*
그는 술을 마시지 않겠다고 결심한 것 같다.

⑥ 彼は、今は受験勉強に専念し、テレビなどは見まいと思っているらしい。〔国際, 103〕
그는, 지금은 수험공부에 전념하고 TV 등은 보지 않겠다고 생각하고 있는 듯하다.

⑦ A：佐々木とけんかしたんだって？
사사키와 싸움을 했다고?
B：そうなんだよ。人が親切で言ってるのに聞こうともしないんだ。あいつはもう何も言うまいと思っているんだ。〔文型, 533〕
그래. 남이 친절하게 말하는데도 들으려고도 않해. 그 놈은 이제 말도 않으려고 하는 거야.

4. 「~と思う」 등 생략하는 경우도 있다. (예⑧)

⑧ 君を悲しませまいと(思って)今まで黙っていたんだ。〔国際, 103〕
너를 슬프게 하지 않으려고 지금까지 잠자코 있었던 것이다.

5.「～まいとする」의 型

→ 어떤 부정적인 의지를 품고 그 의지대로 일이 실현될 것을 도모한다. (예⑨⑩)

⑨ (民子は) 眼にもつ涙をお増に見られまいとして、体を脇へそらしている。〔伊藤左千夫、『野菊の墓』〕

다미코는 눈에 눈물이 많이 고이는 것을 보이지 않으려고 몸을 옆으로 돌리고 있다.

⑩ 思うまいとしても、忘れようとしても、寝れば夢を見る。起きていれば唯其事が粉々と胸に集まる。〔尾崎紅葉、『多情多限』〕

생각하지 않으려고, 잊어버리려고 잠을 자면 꿈을 꾼다. 일어나 있으면 오직 그 일이 산산조각 가슴에 모인다.

3 ～つもりだ

1. 그렇게 할「의향(意向)」이 있음을 표현한다. (예①②)

① さまざまな障害に出会ったとしても、医者になろうという決意は、ぜったいに変えないつもりです。〔現代、499、上〕

여러 가지 장해를 만났다고 해도 의사가 되려고 하는 결의는, 절대로 바꾸지 않을 것입니다.

② このことは、だれにも知らせないで、わたしの胸に畳んでおくつもりです。〔現代、652、下〕

이 일은, 누구에게도 알리지 않고 내 가슴에 묻어 둘 것입니다.

2. 「～つもりだ」와 「う」「よう」비교

～つもりだ	「う」「よう」
·「つもり(명)」+「だ」(活用조동사) ·의지의 客観的표현 ·현재 지속(持続)의 의미를 내포한다. 「～(よ)うと思っている」와 같은 의미로 대체 가능하다. ·의지대로 실현하기 위한 적극적 행동의 의미를 내포한다.	·無活用 조동사 ·의지의 直接的표현 ·시제 변화와 객관화를 위해 다른 형식을 빌려야 한다. ·지속성이 없고 수시적인 표현이다.

3. 객관적인 심적상태를 표현한다. → 객관적으로 심적 상태를 표현하는 경우, 종속절 속에서 접속사「から」「が」「けど」등과 함께 사용된다. (예③～⑤)

③「試験はどうでしたか。」
시험은 어땠습니까?
「自分ではできた<u>つもりですが</u>、結果はまだわかりません。」〔文化庁、923〕
잘 친 것 같습니다. 결과는 아직 모르겠습니다.

④ ミスが多かったが、今日の試合は練習の<u>つもりだったから</u>、それほど気にしていない。〔文型、236〕
잘못이 많았지만 오늘 시합은 연습 셈이었으니까, 그렇게 신경 쓰지 않아.

⑤ まだまだ元気なつもりだったけど、あの程度のハイキングでこんなに疲れてしまうとはねえ。もう年かなあ。〔上同〕

아직도 건강하다고 생각했는데, 그 정도의 하이킹으로 이렇게 지치다니. 이제 나이가 들었나봐.

4. 화자자신이 청자나 제3자에 대해서도 사용 가능하다. (예⑥~⑧) → 이 경우, 타인의 의지에 관한 것이기 때문에, 당연히 화자의 「추측」이라고 하는 어휘를 명시하는 형식이 많이 동반된다.

⑥ いつまでしらを切るつもりだい？ 証拠はあがってるんだから、いさぎよく白状したらどうなんだ。〔現代、517、上〕

언제까지 시치미를 뗄 거니? 증거가 잡히고 있으니까 깨끗하게 자백하면 어때.

⑦ 彼女は来年結婚しないつもりらしい。*

그녀는 내년에 결혼하지 않을 것 같다.

⑧ UFOを見たいという人は、見たつもりでも、錯覚に陥っているのかもしれない。〔現代、412、中〕

UFO를 보고싶다고 하는 사람은, 보았다하더라도 착각에 빠질지도 모른다.

5. 명사용법의 「つもり」 - 개념화

→「의지」「의향」 내지는 단순히 「기분」「생각」 등 「개념화된 의미」를 표현하는 「명사」로도 사용된다. 이 경우, 화자나 타인에 관계없이 사용된다. (예⑨~⑩)

⑨ 今の仕事が仕上がったら、少し休みを取る<u>つもりだ</u>。〔現代、428、下〕
지금 일이 완성되면 좀 휴식을 취할 작정이다.

⑩ 正月はわずらわしい俗事から逃れて、山の温泉場で過ごす<u>つもりです</u>。〔現代、609、下〕
설날에는 성가신 세속으로부터 벗어나 산 온천장에 머물 생각입니다.

참고문헌

単行本

<기본서>

・三尾砂,『話言葉の文法』(1942, 帝国教育会)
・国立国語研究所 報告3,『現代語の助詞・助動詞』(1951, 秀英出版)
・土井忠生・森末義彰編,『日本語の歴史4』(1964・7, 平凡社)
・森田良行,『基礎日本語2』(1980・6, 角川書店)
・グル－プ・ジャマシイ 編,『日本語文型辞典』(1998・2, くろしお出版)

<심화서-1>

・時枝誠記,『日本文法 口語篇』(1950, 岩波全書)
・吉田金彦,『現代語助動詞の史的研究』(1971, 明治書院)
・湯沢幸吉郎,『口語法精説』(1977, 明治書院)

<심화서-2>

・松下大三郎,『標準日本口語法』(1930, 勉誠社, 1977 増補改訂)
・山田孝雄,『日本文法学概論』(1936, 宝文館, 1984, 9刷)
・今泉忠義,『国語発達史大要』(1944, 東京図書)
・橋本進吉,『助詞・助動詞の研究』(1969, 岩波書店)
・此島正年,『国語助動詞の研究 －体系と歴史－』(1973, 桜楓社)
・松村明,『古典語・現代語 助詞助動詞詳説』(1984, 学灯社, 5版)

論文

<기본논문>

· 外山映次, 「推量の助動詞 - う・よう・らしい<現代語>」(『国文学 解釈と教材の研究』9-3, 1964・10)
· 大倉美知子, 「『坊ちゃん』における推量表現 <う> <よう>とそのスペイン語訳」(『日本語・日本文化』3, 1972・3)
· 佐田智明, 「<はず> と <つもり>」(『北九州大文学部 紀要』10, 1974・2)

<심화논문-1>

· 金田一春彦, 「不変化助動詞の本質」(『日本の言語学3』文法 I, 1953, 1979, 大修館 所収)
· 奥村三雄, 「打消の助動詞 - まい<現代語>」(『国文学 解釈と教材の研究』9-13, 1964・10)
· 城田俊, 「<う/よう>の基本的意味」(『国語学』110, 1977・9/『論集日本語研究』7, 1979・2, 有精堂)
· 虫明吉治郎, 「助動詞ウ・ヨウ」(『操山論叢』17, 1982・3)
· 外山映次, 「う・よう項」(『古典語・現代語 助詞助動詞詳説』, 1984, 5版 学灯社 所収)
· 武田孝, 「推量の助動詞」(『研究資料日本文法』, 1985, 明治書院)
· 佐伯哲夫, 「ウとダロウの職能分化史」(『国語学』174, 1993)

<심화논문-2>

· 土井忠生, 「口語の推量助動詞<う>の発生(一)~(三)」(『国語国文の研究』

12・16・21, 1927・9, 1928・1・6)

・中村通夫, 「国語における東西方言交渉史上の諸問題」(『国語と国文学』14-7, 1936・7/『東京語の性格』, 1948・11, 川田書房)

・中出惇, 「穂久迩文庫本大学鈔における<マイ>系の助動詞」(『文学語学』3, 1957・3)

・______, 「天草本伊曾保物語における助動詞 <ウ> と <ウズ> について」(『愛知大学 文学論叢』28, 1964・12)

・______, 「ロドリゲス日本大文典における<ウ> <ウズ> <ウズル> の用法 - 法・時を中心として」(『愛知大学 国文学』6, 1965・2)

・______, 「コリャード懺悔録における助動詞<ウ> と <ウズ> について(1)」(『愛知大学国文学』9, 1967・10)

・森田明, 「虎清本における助動詞<まい>」(『試論』5, 1960・9)

・外山映次, 「洞門抄物に見える助動詞<ヨウ>について」(『国語学』46, 1961・9)

・大塚光信, 「助動詞ヨウについて - その成立と性格」(『国語国文』31-4, 1962・4)

・______, 「助動詞マイの成立について」(『国語学』50, 1962・9)

・岡村和江, 「特集・日本語の助動詞の役割, 推量(む・らむ・けむ・う・よう・だろう)」(『国文学 解釈と鑑賞』33-12, 1968・10)

・山口佳紀, 「平安時代語の源流について」(『東大人文科学科 紀要』48, 1969・12)

・蜂谷清人, 「助動詞<う><うず><うずる>の語形・用法に関する一考察 - 狂言古本を中心に」(『国語学』86, 1971・9)

・安達隆一, 「天草版平家物語の <ウ・ウズ・ウズル>について(1)(2)」(『解釈』18・29, 1972・2・8)

・山田潔, 「推量の助動詞<う><うず><うずる>の一考察 - キリシタン資料における実態」(『学芸 国語国文学』7, 1972・11)

・______, 「史記抄における助動詞 <う> <うず> の考察」(『国学院雑誌』76-7, 1975・7)

- _____, 「蒙求抄における助動詞 <う> <うず> の考察」 - 史記抄との比較を通して」(『学芸 国語国文学』12, 1976・1)
- 上村良作, 「天草版平家物語における助動詞<まじい><まい>について」(『今泉博士古稀記念 国語学論叢』, 1973・3, 桜楓社)
- 福島邦道, 「助動詞 <よう> 再論」(『実践国文学』 7, 1975・2/『続キリシタン資料と国語研究』, 1983・7, 笠間書院)
- 江端義夫, 「中部地方域の方言についての方言地理学的研究(2)」(『広島大教育学部 紀要』2-26, 1978・3)
- 通渡登, 「洞門抄物における助動詞ヨウについて」(『国学院雑誌』79-9, 1978・9)
- 坂口至, 「助動詞ヨウの成立以前」(『文献探求』8, 1981・6)

17. 許可 · 許容 · 禁止의 表現

· 定義

화자가 상대에 대하여 어떤 동작이나 상태를 허가・허용하는 뜻을 표현하거나 실행되지 않도록 명령하는 표현이다. 표현형식에는「～て(も)いい」「～て(も)かまわない」「～てはいけない」「～てはならない」「～べからず」등이 있다.

1 ～てもいい・～てもかまわない

*「～て(も)いい」는 적극적으로 인정하려는 표현의도인 것에 비하여,「～て(も)かまわない」는 환영은 하지 않지만 특별히 불평하지 않는(「文句は言わない」) 소극적인 태도의 표현이다.22) – 예①～⑤

① 外で遊んでもいいよ。〔教育、198〕
바깥에서 놀아도 좋아.

② 人にものを頼むときは、お世辞の一つぐらい言ってもいいと思うの。〔現代、578、下〕
다른 사람에게 일을 부탁할 때는, 상냥하게 인사말 하나정도는 해도 좋다고 생각하는데.

③ 勉強部屋の壁の色は、自分の好きなようにしていいと、父や母が言った。〔現代、544、中〕

22) 森田良行・松木正慧(1989),『日本語表現文型』, アルク、229頁 참조.

공부방의 벽 색깔은, 자신이 좋아하는 것으로 해도 좋다고 아빠 엄마가 말했다.

④「このいすをちょっとお借りしてかまわないでしょうか。」〔表現、233〕
「이 의자를 좀 빌려도 괜찮습니까?」

⑤「あちらのへやの絵は写真にとってもかまいませんか。」「あちらのへやの絵はかまいません。」〔初歩、215〕
「저쪽 방 그림은 사진을 찍어도 괜찮습니까?」「저쏙 방 그림은 괜찮습니다.」

2 ～てはいけない

1.「～하지 말라」(「～スルな」)라는「금지」의 표현이다. (예⑥～⑧)

⑥ トラックなどには、最大積載量何トンと表示がしてあり、これ超えてはいけないことになっている。〔現代、577、中〕
트렁크 등에는, 최대적재량 몇 톤이라고 표시되어 있고 그것을 넘어서는 안되게 되어 있다.

⑦ 終わりのベルが鳴るまで外へ出てはいけません。〔早稲-初、26課〕
끝나는 종이 울릴 때까지 바깥으로 나가서는 안됩니다.

⑧ 誓約書を取り交わした以上は、これを守らなくてはいけません。〔現代、574、下〕
서약서를 교환한 이상 이것을 지키지 않으면 안됩니다.

2. 「그렇게 하는 것은 바람직스럽지 않다」(「そうすることは好ましくない」)는 입장에서 표현하며, 「그러한 사실을 인정할 수 없는 경우」에도 사용한다. (예⑨~⑪)

⑨ わがままばかり言ってないで、少しは他人の気持ちも考えなくてはいけないよ。〔現代、547、下〕

제멋대로 말하지 말고, 조금은 다른 사람의 기분도 생각하지 않으면 안 된다.

⑩ アルバイトに熱心になって、本業の勉強の方がおろそかになってはいけません。〔現代、1031、下〕

아르바이트에 열중하여 본업인 공부를 소홀해서는 안됩니다.

⑪ 過ぎたことにいつまでもこだわってはいけないよ。〔現代、545、上〕

지나간 일에 대해 늘 트집 잡아서는 안돼.

3. 화자보다 상위자(上位者)에 대한 표현은 「강한 충고」를 나타낸다. → 오히려 의뢰의 표현 「~ないでください」「~ないでいただきたい」를 사용한다. (일종의 완곡 표현) - 예⑫~⑮

⑫ 根拠もないのに、当て推量でそんなことを言ってはいけない。〔現代、541、上〕

근거도 없는데 짐작으로 그런 것을 말해서는 안 된다.

⑬ どんな逆境でも捨て鉢になるな。最後まであきらめてはいけないよ。〔現代、553、上〕

어떤 역경이라도 포기하지마. 마지막까지 단념해서는 안돼.

⑭ 「子供だと思って、あんまり馬鹿にしないでくださいまし。」〔藤森成吉、『何が彼女をさうさせたか』〕

어린아이라고 해서 너무 깔보지 말아 주세요.

⑮ あの高い山には登らないでいただきたいんですが。*

그 높은 산에는 오르지 말았으면 하는데요.

③ ～てはならない

1. 「금지」를 나타내는 표현으로 「의무와 책임으로서 그렇게 하는 것이 당연함」이 내재되어 있다. (예⑯⑰)

⑯ 家を売るようなことになっても、家宝の刀(かたな)だけは決して手放してはならない。〔現代、744、上〕

집을 팔게 되어도, 가보인 칼만은 결코 놓아두어서는 안 된다.

⑰ 神のみこころを測ってはならない、神は人知を超えていらっしゃる。〔現代、531、上〕

신의 마음을 헤아려서는 안 된다. 신은 인간의 지혜를 초월하고 계신다.

2. 특정한 상대에 대해서, 어떤 행위를 금지시키는 경우보다 「어떤 경우라도 허가될 수 없다」(「どうあっても許されない」)는 의미를 나타낸다. (예⑱)

⑱ 武蔵野に散歩する人は、道に迷うことを苦にしてはならない。〔国木田独歩、『武蔵野』〕

무사시노로 산책하는 사람은, 길잃는 일을 걱정해서는 안 된다.

3. 자기 자신에게 사용하면 「결의(決意)」를 나타낸다. (예⑲)
   - 문장체로는 「~てはならぬ」의 표현 형식을 사용한다. (예⑳)

⑲ いつも週りの人々の厚意を謝する気持ちを忘れてはなりません。〔現代、473、上〕
언제나 주위 사람들의 온정에 감사하는 마음을 잊어서는 안됩니다.

⑳ 政府は遺跡保存のために莫大な予算を計上し、石ころひとつ動かしてはならぬ法律を作っているそうですけれど ……。〔木村治美、『黄昏のロンドンから』〕
정부는 유적보전을 위해서 막대한 예산을 계산에 넣고, 돌맹이 하나 움직여서는 안 되는 법률을 만들고 있다고 하는데 …….

4 ~べからず

1. 문장체의 표현으로 文語「べし」의 未然形으로 현대어에 자주 사용된다. (예①)

① 「酒は飲むべし飲まるるべからず。」〔ことわざ、34〕
「술은 마시되 술에 먹히지 말라.」

2. 팻말(「立札」)・격언 등에 「금지사항」으로 사용된다. (예②~④)

② 「はたらかざる者は食う<u>べからず</u>。」

「일하지 않는 사람은 먹지 마라.」

③ 「この池の魚をとる<u>べからず</u>。」

「이 연못의 고기 잡지 말 것.」

④ 「芝生に入る<u>べからず</u>。」

「잔디밭에 들어가지 말 것.」

참고문헌

単行本

<기본서>

· 国立国語研究所 報告3,『現代語の助詞・助動詞』(1951, 秀英出版)
· 森田良行,『基礎日本語1』(1977, 角川書店)
· ________,『基礎日本語2』(1980, 角川書店)
· ________,『基礎日本語3』(1984, 角川書店)
· ________,『日本語の表現』(1983, 創林社)
· 日本語教育学会,『日本語教育事典』(1982, 大修館)
· 松村明,『古典語・現代語 助詞助動詞詳説』(1984, 学灯社, 5版)
· 森田良行・松木正慧,『日本語表現文型』(1989, アルク)
· グル－プ・ジャマシイ 編,『日本語文型辞典』(1998・2, くろしお出版)

<심화서-1>

· 三尾砂,『話言葉の文法』(1942, 帝国教育会)
· 金田一京助,『日本の敬語』((1959・8, 角川書店)
· 辻村敏樹,『現代の敬語』(1967, 洪文社)
· 吉田金彦,『現代語助動詞の史的研究』(1971, 明治書院)
· 奥山益朗,『敬語用法辞典』(1976, 東京堂)
· 湯沢幸吉郎,『口語法精説』(1977, 明治書院)
· 国広哲弥,『ことばの意味』(1982, 平凡社選書73)

<심화서-2>

- 松下大三郎,『標準日本口語法』(1930, 勉誠社, 1977(増補改訂)
- 山田孝雄,『日本文法学概論』(1936, 宝文館, 1984, 9刷)
- ________,『日本文法論』(1966, 宝文館)
- 今泉忠義,『国語発達史大要』(1944, 東京図書)
- 時枝誠記,『日本文法 口語篇』(1950, 岩波書店)
- 橋本進吉,『助詞・助動詞の研究』(1969, 岩波書店)
- 此島正年,『国語助動詞の研究 -体系と歴史-』(1973, 桜楓社)

論文

<기본논문>

- 山下秀雄,「日本のことばとこころ - その発想と文法(その8) -」(『日本語教育研究』3号, 1971)
- 中村明,「表現の種類と待遇形式 - 白樺派の場合 -」(『日本語教育』19号, 1973)
- 竹内美智子,「助動詞(1)」(岩波講座『日本語4』文法II, 1977)
- 生田目弥寿,「感情を表す助詞 - 会話指導の一助として -」(『国際学友会日本語学校 紀要』19号, 1979)

<심화논문-1>

- 佐多稲子,「小説の中の会話」(『言語生活』86号, 1958・11)
- 小島俊夫,「後期江戸語における<デス><デアリマス><マセンデシタ>」(『国語学』39巻, 1959・12)

・辻村敏樹, 「助動詞のすべて」(国文学 解釈と鑑賞, 1964・10)
・_______, 「近世後期の待遇表現」(『敬語の史的研究』所収, 1968・10, 東京堂)

18. 依賴·要求의 表現

· 定義

화자가 상대에 대하여 어떤 행위를 의뢰・요구하는 표현으로「명령」의 표현과 유사하다. 표현 형식으로는「～てくれ」「～てください」「～てくれないか」「～てくれませんか」「～てくださいませんか」「～てもらえないか」「～ていただけませんか」「～(さ)せてください」「～(さ)せていただけませんか」「～(さ)せてもらう」「～(さ)せていただく」등이 있다.

1 ～てくれ・～てください

1. 상대에게 어떤 행위를「의뢰」「요구」하는 표현이며, 실질적으로「명령표현」에 가깝다. (예①～④) →「しろ」「しなさい」보다 어감이 부드럽다.

① おれが犯人だという証拠があるのか、 あるなら見せてくれよ。〔現代、500、下〕

내가 범인이라는 증거가 있는가? 있으면 보여줘.

② 子供ら、「何 かまうものか、ぼくたちがつかまえたのだもの。」と言って、なかなかききません。「そんならおじさんにそのかめを売っておくれ。」と言って、かめを買いとりました。〔学友-読2、11〕

아이들은「상관마요. 우리들이 잡은 걸요.」라고 하면서 좀처럼 말을 듣지 않았습니다. 「그럼, 아저씨한테 거북이를 팔아!」라고 하고서 거북이를 샀습니다.

③ 図書室の本は、個人の専有する物ではありませんから、大切に扱ってください。〔現代、597、下〕

도서실 책은, 개인의 전유물이 아니니까 소중하게 다루어 주십시오.

④ じっくり考えて決めてください、まだまだ選択の余地がありますよ。〔現代、594、中〕

곰곰이 생각해서 결정해 주십시오. 아직 선택의 여지가 있습니다.

2. 친한 사이의 대화에서는 생략형「～て(くれ)」「～ないで(くれ)」를 사용한다. (예⑤⑥)

⑤ ちょっと見せて(ね、よ)。〔教育、197〕

좀 보여줘.

⑥ 約束の時間までは絶対に行くから、心配しないでくれよ。〔現代、582、下〕

약속시간까지는 반드시 갈 테니까 걱정하지마.

[2] ～てくれないか・～てくれませんか・～てくださいませんか

* 부정(否定)의 질문형태로「정중한 느낌」과「염려스러운 기분」을 나타내는 의뢰표현이다. (예⑦～⑨)

⑦ 店にワープロを一台入れたいんだが、機種の選定を若いきみたちでやってくれないか。〔現代、595、上〕

가게에 워드프로세서를 한대 넣고 싶은데, 기종 선정을 젊은 너희들이 해주지 않을래.

⑧ 山下：先生、このあいだおかりした本、いつおかえしすればいいでしょうか。

선생님. 일전에 빌린 책 언제 돌려 드리면 좋을까요?

川上：ああ、あれはべつにいそがないから、いつでも都合のいいときうちへ持ってきてくれませんか。〔Modern、22課〕

아. 별로 급하지 않으니 언제라도 형편이 좋을 때, 우리 집으로 갖다주지 않겠나?

⑨「あの樹のところにある蒲団は私のですからここへ持って来て下さいませんか。」と哀願するのであった。〔原民喜、『夏の花』〕

저 나무가 있는 곳의 이불은 제 것이니까, 여기로 가지고 와 주시지 않겠습니까? 라고 애원하는 것이었다.

[3] ～てもらえないか・～てもらえませんか・～ていただけませんか

1.「의뢰표현」으로 상대방에게 호의 있는 조치를 취해줄 수 있을지를 질문하는 표현이다. 예⑩～⑫는, 예⑬⑭보다 공손도가 낮으며 조략한(「そんざいな」) 표현이다.

⑩ A：ねえ、悪いけどちょっと1000円貸してもらえない?

저. 미안한데 천엔 좀 빌려주지 않을래?

B：いいよ。〔文型、285〕

좋아.

⑪ 金：いま日本語で手紙を書いているんですけど…。
지금 일본어로 편지를 쓰고 있는데….
山下：そうですか。
그렇습니까?
金：ちょっと見てもらえませんか。〔Modern、21課〕
좀 봐 주시겠습니까?

⑫ 僕にもぜひお相伴させてもらえませんか。〔表現、277〕
나도 꼭 같이 가게 해 주시지 않겠습니까?

⑬ ちょっと手伝っていただけませんか。〔筑波-中-1、161〕
좀 도와주시지 않겠습니까?

⑭ 前におかしした本をお返しいただけませんか。〔上同〕
일전에 빌려드린 책 돌려주시지 않겠습니까?

2. 「～てくれないだろうか」「～てくださらないでしょうか」를 사용하여, 상대의 「의향」을 묻기도 한다. (예⑮⑯)

⑮ 頼むから、しずかにしてくれないだろうか。*
부탁인데 조용히 해주지 않을래?

⑯ ちょっとここで待っていてくださらないでしょうか。*
여기서 잠깐 기다려 주시지 않겠어요?

4 ～(さ)せてください・～(さ)せていただけませんか・～(さ)せていただけないでしょうか

＊ 자신의 행위에 대해서 상대방의 「허가」「승인」을 바라는 표현형식이다. (겸양표현) - 예⑰～⑲

⑰ 昨日は、おいそがしいところを特別に見学させてくださいまして、ありがとうございました。〔学友-読2、132〕
어제는 바쁘신데 특별히 견학시켜주셔서 고마웠습니다.

⑱「私、腕時計などには少しも覚えがございませんの。お持ちなら、一寸拝見させていただけませんかしら。」〔菊池寛、『真珠夫人』〕
「나. 손목시계 따위에는 조금도 기억이 없어요. 가지고 계신다면 잠깐 보여주실 수 있을지?」

⑲「急なことで大変申し訳ございませんが、明日から二、三日会社を休ませていただけないでしょうか。」〔表現、277〕
「갑작스러운 일이라 대단히 죄송합니다만, 내일부터 2, 3일 회사를 쉬게 해주실 수 없을까요?」

5 ～(さ)せてもらう・～(さ)せていただく

1. 일방적으로 상대에게 「통보」하는 기분이 강하게 나타나는 표현형식이다. (예⑳㉑)

⑳ 今日はお寺さんがおみえになる日ですから、午後からは休ませてもらいます。〔丹羽文雄、『菩提樹』〕
오늘은 스님이 오시는 날이니까 오후부터는 쉬겠습니다.

㉑ 申し訳ありませんが、やむをえない用ができましたので中座させていただきます。〔現代、1153、下〕
죄송하지만, 어쩔 수 없는 용무가 생겨 그만 자리를 일어나겠습니다.

2. 형식적으로는「상대방의 허가」를 얻어 뭔가를 행한다는 어감이 있다. (예㉒㉓)

㉒「弟が今度こちらに勤めさせていただいてをりますのですってね。お世話さまですわ。」〔川端康成、『雪国』〕
「동생이 이번에 이곳에서 근무하게 되어 있다고 합니다. 많이 보살펴 주십시오.」

㉓ 私の青と黒とを基調色にしてあなたの顔を描かせていただきたいものですね。〔佐藤春夫、『都会の憂欝』〕
나의 청색과 흑색을 바탕색으로 하여 당신의 얼굴을 그리고 싶어요.

3. 자기 자신만의 판단으로 마음대로 행하는 것이 아님을 표현한다. (예㉔)

㉔ 夏だったので、俺は水を浴びさせてもらひたいとたのんだ。〔三島由紀夫、『金閣寺』〕
여름이었기 때문에 나는 물을 끼얹고 싶다고 했다.

참고문헌

単行本

<기본서>

· 三尾砂, 『話言葉の文法』(1942, 帝国教育会)
· 国立国語研究所 報告3, 『現代語の助詞・助動詞』(1951, 秀英出版)
· 森田良行, 『基礎日本語1』(1977, 角川書店)
· ________, 『基礎日本語2』(1980, 角川書店)
· ________, 『基礎日本語3』(1984, 角川書店)
· ________, 『日本語の表現』(1983, 創林社)
· 日本語教育学会, 『日本語教育事典』(1982, 大修館)
· 松村明, 『古典語・現代語 助詞助動詞詳説』(1984, 学灯社, 5版)
· 森田良行・松木正慧, 『日本語表現文型』(1989, アルク)
· グル－プ・ジャマシイ 編, 『日本語文型辞典』(1998・2, くろしお出版)

<심화서-1>

· 金田一京助, 『日本の敬語』(1959・8, 角川書店)
· 辻村敏樹, 『現代の敬語』(1967, 洪文社)
· 奥山益朗, 『敬語用法辞典』(1976, 東京堂)
· 国広哲弥, 『ことばの意味』(1982, 平凡社選書73)

論文

<기본논문>

· 辻村敏樹, 「敬語の流れ」(『日本語教育』13号, 1969)
· 山下秀雄, 「日本のことばとこころ - その発想と文法(その8) -」(『日本語教育研究』3号, 1971)
· 中村明, 「表現の種類と待遇形式 - 白樺派の場合 -」(『日本語教育』19号, 1973)
· 生田目弥寿, 「感情を表す助詞 - 会話指導の一助として -」(『国際学友会日本語学校 紀要』19号, 1979)

<심화논문-1>

· 松村明, 「<ませんでした>考」(『東京語の性格』所収, 川田書房, 1957・4)
· 佐多稲子, 「小説の中の会話」(『言語生活』86号, 1958・11)
· 小島俊夫, 「後期江戸語における<デス><デアリマス><マセンデシタ>」(『国語学』39巻, 1959・12)・辻村敏樹, 「助動詞のすべて」(『国文学 解釈と鑑賞』, 1964・10)
· ________, 「近世後期の待遇表現」(『敬語の史的研究』所収, 1968・10, 東京堂)

색인

이 <색인편>에는, 일본어의 의미와 표현에 대한 용어(用語)·사항(事項)·어휘(語彙)·문형(文型)·어구(語句) 등을 쉽게 찾아 볼 수 있도록 그 주제어를 배열해 두었다. (단, 한국어·일본어로 구별하였으며 알파벳 V는 동사, A는 형용사, Av는 형용동사, 助v는 조동사를 말한다.)

한국어

(ㅈ)

일본어

<文型>

<用語・事項・語彙・語句>